应用技能型院校"十四五"规划教材
湖南省线上线下混合式一流本科课程配套教材

U0753851

会计学原理

王琼◎主编 郑蓝欣 李爱娥◎副主编

立信会计 出版社
LIXIN ACCOUNTING PUBLISHING HOUSE

图书在版编目（CIP）数据

会计学原理 / 王琼主编. -- 上海 ：立信会计出版
社, 2025. 6. -- ISBN 978-7-5429-7927-8

Ⅰ. F230

中国国家版本馆 CIP 数据核字第 2025QU4642 号

策划编辑	王斯龙
责任编辑	王秀宇
美术编辑	北京任燕飞工作室

会计学原理

KUAIJIXUE YUANLI

出版发行	立信会计出版社			
地　　址	上海市中山西路 2230 号		邮政编码	200235
电　　话	（021）64411389		传　　真	（021）64411325
网　　址	www.lixinaph.com		电子邮箱	lixinaph2019@126.com
网上书店	http://lixin.jd.com		http://lxkjcbs.tmall.com	
经　　销	各地新华书店			
印　　刷	浙江临安曙光印务有限公司			
开　　本	787 毫米 × 1092 毫米	1/16		
印　　张	15.25			
字　　数	342 千字			
版　　次	2025 年 6 月第 1 版			
印　　次	2025 年 6 月第 1 次			
书　　号	ISBN 978-7-5429-7927-8/F			
定　　价	49.00 元			

如有印订差错，请与本社联系调换

前　　言

在全球化竞争加剧、数字经济崛起以及智能化技术广泛应用的新时代背景下，会计作为商业语言的基石，正经历着前所未有的深刻变革。这一变革不仅体现在会计准则的不断更新与完善上，更体现在会计理论与实践同现代信息技术的深度融合中。同时，随着党的二十大报告明确提出要加快构建新发展格局，着力推动高质量发展，以及2024年全国教育大会对高校教育提出的新发展要求与时代使命，会计人才的培养也面临着更高的标准和更严峻的挑战。在这样的背景下，编写一本既反映现行会计准则又结合现代信息技术，同时兼顾思政融通的《会计学原理》教材，显得尤为重要和迫切。本书旨在为学生提供一个全面、前沿且实用的学习平台，帮助他们更好地适应未来会计行业的发展，为其职业生涯奠定坚实的基础。

在编写过程中，我们力求体现以下几个特点。

1. 紧跟时代步伐，融合现行准则

本书紧密结合国际财务报告准则的现行要求和我国会计准则的持续优化，确保理论内容的时效性和准确性。同时，本书还结合了大数据、云计算等新兴技术在会计领域的应用，引导学生关注会计行业的趋势，激发创新思维，强化实践能力，致力于为会计领域培养新时代人才。

2. 图解案例搭配，易于理解掌握

为了增强教材的可读性和趣味性，本书适量采用知识地图及思政元素、业务流程图、企业模拟案例等形式，直观展示会计原理和实践操作，旨在通过生动的案例来帮助学生将抽象的理论知识转化为具体的实践技能，提升其解决实际问题的能力。

3. 课程思政融入，兼顾德才培育

本书在传授会计专业知识的同时，注重思政元素的融入，通过讲述会计职业道德、中国会计文化等内容，引导学生树立正确的世界观、人生观和价值观。同时，本书配套了案例讨论、课堂讨论、拓展思考等内容，有助于激发学生的社会责任感和使命感，培养德才兼备的财会人才。

4. 技术融合创新，提升学习效率

本书充分利用现代信息技术手段，如利用二维码链接教学微视频、课后习题、财务工作真实场景等，为学生提供丰富多样的学习路径。这些技术的应用大大提升了学生学习的互动性和实效性，为学生未来的职业发展奠定坚实的专业基础。

5. 教师资源丰富，助力教学相长

本书配套提供完整的教师资源包，包括电子课件、教学大纲、习题集及解答、案例库等，方便教师备课和教学。同时，我们还建立了教师交流平台，定期分享教学心得、探讨教学方法，助力教师提升教学水平，实现教学相长。

6. 学生资源丰富，促进自主学习

为了满足学生自主学习的需求，本书配套提供了丰富的学生资源，包括教材每章配套的课后练习、线上平台学习资源、模拟实训系统等。这些资源不仅有助于学生巩固课堂所学知识，还能提升其实践能力和职业能力。

本书是湖南信息学院教材建设资助项目立项教材，由王琼担任主编，由郑蓝欣、李爱娥担任副主编，由周海鹰、钟璐、何珊敏、田静芝共同参与本书编写。编写团队在"会计学原理"课程教学中积累了丰富的教学经验，结合学生特点，精心挑选案例，巧妙设计习题，旨在帮助学生扎实掌握会计基本原理与技能，构建起坚实的会计知识体系，培养其解决实际问题的能力，为未来职业生涯奠定坚实基础。

本书既适用于以应用型、技术技能型人才培养为目标的会计学、财务管理、国际贸易等经管类专业，能为专业学习提供基础理论支撑，可作为院校教材；也可以作为广大经营管理者和会计工作者的实务参考书。

本书的编写得到了众多同仁的支持与帮助，在此表示衷心的感谢！同时，本书可能存在疏漏之处，敬请读者批评指正！我们期待通过本书，为学习者开启一扇通往会计世界的窗口，让他们在探索与实践中不断成长与进步。

编者
2025 年 5 月

目　　录

模块一　基础理论——会计的基本概念、原理与方法

模块二 实践运用——会计方法的实践与应用

模块一

基础理论

——会计的基本概念、原理与方法

第一章
会计概述

1. 理解会计的概念，明确会计的特点。

2. 了解会计的起源与发展历程。

3. 明确会计的基本职能与其他职能；明确会计信息使用者与会计的目标。

4. 理解会计核算的四项基本假设；理解并掌握权责发生制与收付实现制这两种会计核算基础，能运用不同的会计核算基础进行简单核算。

5. 理解会计信息的八项质量要求。

知识地图及思政元素

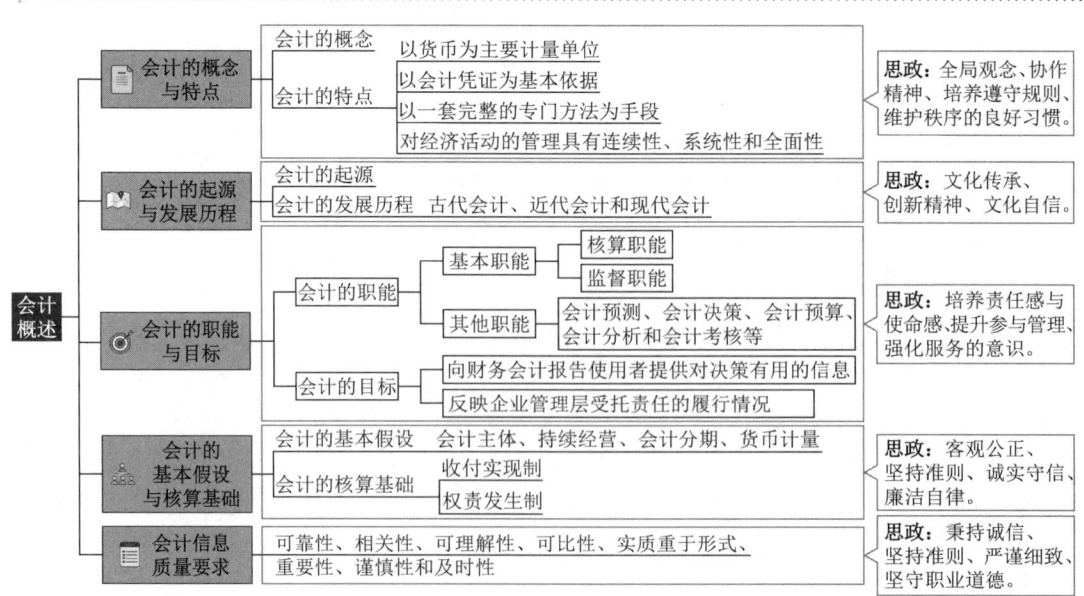

案例讨论

小新和小锐两兄弟就读于某财经院校的会计专业，作为大一新生的他们对于身边一切充满了好奇和求知欲，对自己所学的专业也非常期待。在第一次上课时，老师提出了这样一个问题让大家思考："什么是会计？提到会计你首先会想到什么？"

班上同学纷纷发表了自己的观点，有同学说："会计需要经常跟钱打交道，是给企业管钱的，会计的工作非常严谨。"也有同学说："会计是算账的，以前的账房先生就是现在的会计。"小新和小锐也对"什么是会计"这一问题展开了激烈的讨论。小新认为："会计不仅是管钱的，企业的其他财产物资也应该由会计进行核算。而且为了防止出现核算差错，后续应该还有复核和检查的过程。"小锐则认为："会计不仅是一种核算的工具，还是一门商业语言，能将企业发生的业务用专门的会计语言表达出来。"

【思考1】什么是会计？会计有哪些特点？

【思考2】会计是何时产生的？它经历了怎样的发展历程？

【思考3】会计的职能有哪些？会计的目标又是什么？

第一节　会计的概念与特点

会计的概念
与特点

一、会计的概念

关于会计的含义，我国清代学者焦循在其所编著的《孟子正义》中解释为"零星算之为计，总合算之为会"，即会计是计算和汇总的工作。随着会计实务与会计理论的不断发展，人们对于会计的认识也在发生变化。

20世纪50年代，会计管理工具论认为，会计的本质是管理经济活动的一种工具、方法或提供财务经济信息的一种规则与方法。20世纪60年代后期，随着信息论、系统论和控制论的发展，会计信息系统论兴起，会计的本质被认为是一个经济信息系统，旨在反映和控制会计主体的经济活动。此后，会计管理活动论继承了会计管理工具论的合理内核，汲取了新的管理思想，认为会计是一项经济管理工作。

综上所述，会计是以货币为主要计量单位，以会计凭证为依据，采用专门的程序和方法，对会计主体的经济活动进行连续、系统、全面的核算与监督，向会计信息使用者提供反映企业财务状况、经营成果和现金流量等信息的经济管理活动。

二、会计的特点

【课堂讨论】

2025年1月，某公司组织员工前往大理古城团建，花费10万元。针对该笔业务，你认为财务人员应该记录哪些信息？怎样证明这些信息的真实性？可以将信息记录在哪里？记录信息有没有一定的方法？

（一）以货币为主要计量单位

计量单位包括货币量度、实物量度与劳动量度。经济活动千差万别，若缺乏统一的计量尺度，就无法对经济活动进行综合反映，这在客观上提出了采用统一计量尺度的需求。货币是商品的一般等价物，是衡量其他一切有价物物价值的共同尺度，会计也采用货币量度作为统一的计量尺度对经济活动进行连续、系统、全面的反映。当然，会计对于一些经济活动也按实物量度或劳动量度进行计量和记录，但实物量度和劳动量度通常是会计货币量度的辅助量度。

（二）以会计凭证为基本依据

会计凭证是用于记载所发生的经济活动具体内容的书面证明。为了反映经济活动的真实情况，对于发生的所有经济活动，都必须取得或填制合法合规的会计凭证。会计核算严格地以合法合规的会计凭证为依据，这使提供的会计信息具有可靠性与可验证性。

（三）以一套完整的专门方法为手段

会计在发展过程中形成了一套完整的专门方法，包括会计核算、会计控制、会计分析、会计预测和决策等方法。其中，会计核算方法是基础，包括设置账户、复式记账、填制和审核凭证、登记账簿、成本计算、财产清查和编制财务会计报告。

（四）对经济活动的管理具有连续性、系统性和全面性

连续性表现在会计按照经济活动发生的时间顺序不间断地予以反映；系统性表现在会计对发生的各式各样的经济活动进行科学的分类别、分层次地予以反映；全面性表现在会计对所发生的经济活动无一遗漏地予以反映。

第二节　会计的起源与发展历程

会计的起源
与发展

一、会计的起源

会计起源于社会生产实践，它的产生是人类社会在其生存和发展中对物质资料生产过程中劳动消耗和劳动成果管理的必然要求。原始社会时期，人们为了掌握生产成果和安排日常生活，逐步产生了计数和计算的需求，并创造出记录的雏形。人们除了通过用大脑记忆，还采用"垒石计数""结绳记事""刻竹为书"等手段记录劳动耗费和劳动成果。这些原始简单的计量、记录行为，都是最初的会计核算方法。文字出现以后，人们对物质资料的生产与耗费开始有了专门的记载，这种文字与数字相结合的专门记载，就是最初形态的会计。由于生产过程简单，物质资料匮乏，生产规模不大，用来计算生产和耗费的记录也是极为简单的，它只是生产者在从事生产活动中的一项附带工作。随着生产力水平的提高、生产规模的日益扩大和复杂化，仅仅靠人们劳动过程中附带地进行计量、计算和记录已无法满足现实需要。为了对劳动成果和劳动耗费进行管理，会计逐渐从生产职能中分离出来，成为一种独立的职能，开始有专门的人员对其进行核算和管理。

二、会计的发展历程

会计的发展可以分为古代会计、近代会计和现代会计三个阶段。

（一）古代会计

古代会计是从会计产生到 1494 年专门论述借贷复式簿记书籍出现之前的阶段，这是会计发展史上最漫长的一段时期。古埃及、古巴比伦、古希腊和古罗马等文明古国都留下了对会计活动的记载。

我国最早出现会计事项记载的文字是商朝的甲骨文。西周时期，我国出现"会计"一词，设立"司会"一职。"司会"是我国最早的官厅会计，专管钱粮赋税，"掌国之官府、郊野、县都之百物财用"。西周时期还建立了"以参互考日成，以月要考月成，以岁会考岁成"的"日成""月要""岁会"等报告文书，可以说是旬报、月报、年报等会计报表的雏形。

唐宋时期，我国会计进入迅速发展时期，形成了一套记账、算账的古代会计结算法，即"四柱清册"，也称"四柱结算法"。"四柱"式会计方法（旧管 + 新收 − 开除 = 实在）的运用，标志着中式会计达到比较科学、系统、完善的程度。北宋时期（公元 994 年），我国已经开始使用"四柱"式会计方法。而英国在 1855 年才用法案形式固定公式：上期结存 + 本期收入 − 本期支出 = 本期结存。

明末清初，商界有人把"官厅会计"的账簿格式及登记方法改为适应民间商业的"龙门账"。鸦片战争前的清朝，一些较大的工厂手工业中已专设"账房"，设置账簿、考核费用、成本与利润。四柱清册与龙门账如图 1-1 所示。

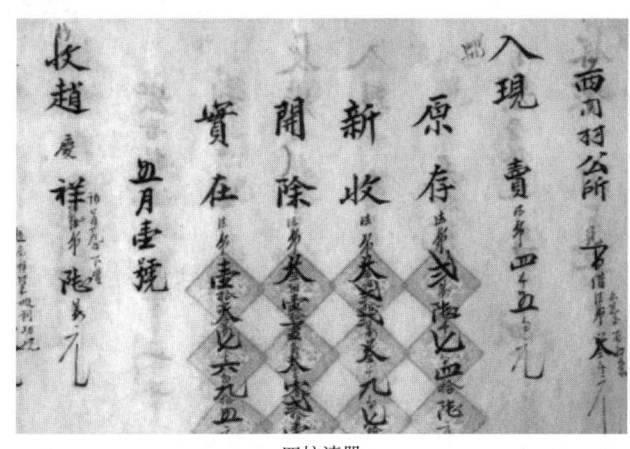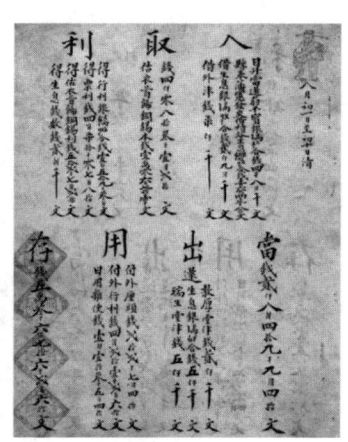

四柱清册　　　　　　　　　　　　　　　　龙门账

图 1-1　四柱清册与龙门账

（二）近代会计

近代会计以复式记账法的产生和《簿记论》的问世为标志。1494 年，意大利数学家卢卡·帕乔利出版了《算术、几何、比及比例概要》一书，其中的第三部分《簿记论》较为详细地阐述了日记账、分录账、总账以及试算表的编制方法，介绍了威尼斯复式记账法的原理和方法。《簿记论》的问世，使会计界在关注会计实务的同时，开始致力于会计理论的研究。

这不仅结束了簿记作为一项技术性工作的阶段，还使簿记成为一门科学，而且在世界会计发展史上开创了一个影响极其深远的时代——卢卡·帕乔利时代。《算术、几何、比及比例概要》一书的出版标志着近代会计的开始。

从16世纪末到19世纪，意大利的复式簿记迅速在欧洲传播并取得了很大发展。随着德国、法国、英国等国资本主义的迅速发展，尤其是英国工业革命的兴起，许多专门研究和论述簿记、会计理论等方面的书籍陆续出版，会计知识得到广泛普及。

（三）现代会计

20世纪20年代末至30年代初，美国的经济危机促成了《证券法》和《证券交易法》的颁布及对会计准则的系统研究和制定。财务会计准则体系的形成不仅奠定了现代会计法制体系和现代会计理论体系的基础，而且促进了传统会计向现代会计的转变。进入20世纪50年代，在会计规范进一步深刻发展的同时，为适应现代管理科学的发展，以全面提高企业经济效益为目的、以决策会计为主要内容的管理会计在国际上逐渐形成了。1952年，国际会计师联合会正式通过"管理会计"这一专业术语，这标志着会计正式开始划分为财务会计和管理会计两大领域。

第三节　会计的职能与目标

一、会计的职能

会计职能

（一）会计的基本职能

会计的基本职能包括核算与监督。

1. 会计的核算职能

会计的核算职能是指会计以货币为主要计量单位，通过确认、记录、计算和报告等环节，对特定单位的经济活动进行记账、算账和报账，为经济管理提供信息的职能。企业日常活动会发生许多经济业务，会计人员对其记账、算账，最后形成财务会计报告，这些是会计最基本的工作，同时体现了会计的核算职能。会计的核算职能是会计最基本的职能，是其他会计管理工作的基础。

2. 会计的监督职能

会计的监督职能是指利用会计核算所提供的会计信息，以国家财经法规、政策等为依据，对各特定对象发生的经济业务的合法性、合理性进行监督检查的职能。

会计监督包括事前监督、事中监督和事后监督。事前监督是指会计部门或会计人员在参与制定各种决策以及相关的各项计划或费用预算时，依据有关政策、法规、准则等规定对各项经济活动的可行性、合理性、合法性和有效性等进行审查，它是对未来经济活动的指导。事中监督是指在日常会计工作中，随时审查所发生的经济业务，对已发现的问题提出建议或改进意见，促使有关部门或人员采取措施，调整经济活动，使其按照预定的目标和要求进行。

事后监督是指以事先制定的目标、标准和要求为依据，利用会计核算取得的资料对已经完成的经济活动进行考核、分析和评价。

【课堂讨论】
　　会计的核算职能与监督职能之间的关系是怎样的？

（二）会计的其他职能

随着经济环境的变化与会计的发展，会计的职能也在相应地扩充和拓展。随着企业所有权与经营权的分离、市场竞争的加剧、资本市场的发展以及经济管理的加强，会计预测、会计决策、会计预算、会计分析和会计考核等职能逐渐形成并加强。

会计预测是以会计信息以及其他信息为依据，运用一定的预测方法，对未来价值运动的发展趋势和可能性进行推测与估计的过程，如对收入的预测、对成本的预测、对利润的预测、对资金的预测等。会计决策是以预测的结果为基础建立目标，拟定几种可以达到目标的方案，根据经济效果的评价从中选出最优方案的过程。会计预算是根据确定的目标，对预计发生的经济活动通过核算预计，制订具体执行计划的过程。会计分析是采用一定的方法，通过会计信息揭示经济活动情况及其成因的过程。会计考核是结合计划或预算，比较、评价经济活动及其结果，并在此基础上评定绩效，实行奖惩的过程。

需要指出的是，以大数据、人工智能、移动互联网、云计算、物联网和区块链等为代表的信息技术已经全面融入社会生产生活，正在对社会经济发展、商业模式和企业管理等方面产生重大的影响。会计职能不再局限于核算与监督，决策支持职能将被强化，会计要为企业提高生产效率、提升市场竞争力以及监控运营风险等方面提供支持。

【知识延伸】
会计数字化转型与会计职能的拓展

当前，新一轮科技革命和产业变革深入发展，数字化转型已经成为大势所趋。《中华人民共和国国民经济和社会发展第十四个五年规划和 2035 年远景目标纲要》提出，加快数字化发展，建设数字经济、数字社会、数字政府，营造良好数字生态，打造数字中国。国务院印发的《"十四五"数字经济发展规划》（国发〔2021〕29 号），就不断做强做优做大我国数字经济提出具体举措。数字时代对会计数字化转型提出了必然要求。加快推进会计数字化转型，一方面是贯彻落实国家信息化发展战略、推动数字经济和实体经济深度融合、建设数字中国的必然选择；另一方面对于推动会计职能拓展、提升我国会计工作水平和会计信息化水平具有重要意义。

二、会计的目标

《企业会计准则——基本准则》第四条将会计的目标定位于：财务会计报告（以下又称财务报告）的目标是向财务会计报告使用者提供与企业财务状况、经营成果和现金流量等有关的会计信息，反映管理层受托责任履行情况，有助于

会计目标

财务会计报告使用者作出经济决策。因此，会计的目标主要包括以下两个方面的内容。

（一）向财务会计报告使用者提供对决策有用的信息

企业编制财务报告的主要目的是满足财务报告使用者的信息需要，有助于财务报告使用者作出经济决策。财务报告使用者包括投资者、债权人、政府及其有关部门和社会公众等。财务会计报告所提供的信息应当如实反映企业拥有或控制的经济资源、对经济资源的要求权以及经济资源要求权的变化情况；如实反映企业的各项收入、费用、利得和损失的金额及其变动情况；如实反映企业各项经营活动、投资活动和筹资活动等所形成的现金流入和流出情况等。财务会计报告提供的这些信息有助于现有的或者潜在的投资者、债权人以及其他使用者正确、合理地评价企业的资产质量、偿债能力、盈利能力和营运效率等；有助于使用者根据相关会计信息作出理性的投资和信贷决策；有助于使用者评估与投资和信贷有关的未来现金流量的金额、时间和风险等。

（二）反映企业管理层受托责任的履行情况

在所有权和经营权分离的现代公司制度下，企业管理层受委托人之托经营管理企业及其各项资产，负有受托责任。企业投资者和债权人等，需要及时或者经常地了解企业管理层保管、使用资产的情况，以便评价企业管理层受托责任的履行情况和业绩情况，并决定是否需要调整投资或者信贷政策，是否需要加强企业内部控制建设，是否需要更换管理者等。因此，财务报告应当反映企业管理层受托责任的履行情况，有助于评价企业经营管理责任和资源使用的有效性。

第四节　会计的基本假设与核算基础

一、会计的基本假设

会计基本假设又称为会计的基本前提，是对会计核算所处时间、空间环境等所作的合理设定，是企业会计确认、计量和报告的前提。只有限定这些会计核算的基本前提，会计核算才能得以正常地进行下去，才能据以选择确定的会计处理方法。会计基本假设包括会计主体、持续经营、会计分期和货币计量。

会计基本
假设

（一）会计主体

会计主体是指会计活动为之服务的特定对象。它限定了企业会计确认、计量和报告的空间范围。在会计主体假设下，会计应当对其本身发生的交易或事项进行会计确认、计量和报告，反映企业本身所从事的各项经济活动。明确界定会计主体是开展会计确认、计量和报告工作的重要前提。

首先，明确会计主体，才能划定会计所要处理的各项交易或事项的空间范围。在会计工作中，只有那些影响主体本身经济活动的各项交易或事项才能加以确认、计量和报告，而对那些不影响主体本身经济活动的各项交易或事项则不能加以确认。会计工作中通常所讲的资产、负债的确认，收入的实现和费用的发生等，都是针对特定会计主体而言的。

其次，明确会计主体才能将会计主体的交易或事项与会计主体所有者的交易或事项区分开来。例如，企业所有者的经济交易或事项属于企业所有者主体所发生的，不应纳入企业会计核算的范围，但企业所有者投入企业的资本或者企业向所有者分配的利润，则属于企业主体所发生的交易或事项，应当纳入企业会计核算的范围。

会计主体不同于法律主体，这主要反映在两个方面。一是法律主体可以成为会计主体，但会计主体不一定能成为法律主体。例如，独资企业或合伙企业不具有法人资格，不是法律主体，其所拥有或控制的财产以及对外所负有的债务，在法律上仍属于业主或合伙人的财产与债务，但在会计核算中则作为独立的会计主体来处理，要把企业的财务收支活动与业主或合伙人的个人财务收支活动严格区分开来。二是会计主体可以由一个法律主体构成，也可以由几个法律主体构成。例如，在企业集团的情况下，一个母公司拥有若干个子公司。虽然母、子公司属于不同的法律主体，但母公司对于子公司拥有控制权，为了全面反映企业集团的财务状况、经营成果与现金流量，可以将企业集团作为一个会计主体，编制合并财务报表。

【课堂讨论】

甲公司拥有乙、丙两个分公司，乙公司和丙公司均不具备法人资格，但是它们定期向甲公司报告公司的财务状况、经营成果和现金流量情况，最后由甲公司进行整理、汇总作为会计主体向有关部门报告财务报表。请辨认甲、乙、丙公司的法律主体和会计主体的身份。

（二）持续经营

持续经营是指在可预见的将来，企业将会按当前的规模和状态持续经营下去，不会停业，也不会大规模削减业务。在持续经营前提下，会计确认、计量和报告应当以企业持续、正常的经营活动为前提。

企业是否持续经营，在会计原则、会计方法的选择上有很大差别。一般情况下，应当假定企业将会按照当前的规模和状态继续经营下去。明确这个假设，就意味着会计主体将按照既定的用途使用资产，按照既定的合约条件清偿债务，会计人员就可以在此基础上选择会计原则和会计方法。例如，如果判断企业会持续经营，就可以假定企业的固定资产会在持续经营的过程中长期发挥作用，并服务于生产经营过程，固定资产就可以根据历史成本进行记录，并采用折旧的方法，将历史成本分摊到各个会计期间或相关产品的成本中；如果判断企业不会持续经营，固定资产就不应采用历史成本进行记录并按期计提折旧。

如果一个企业在不能持续经营时还假定企业能够持续经营，并仍按持续经营假设选择会计确认、计量、报告的原则和方法，就不能客观地反映企业的财务状况、经营成果和现金流量，从而会误导会计信息使用者作出错误的经济决策。

持续经营假设与会计主体假设有密切联系。它是在会计主体假设的基础上提出的，为会计主体的正常经营活动规定了时间范围。

（三）会计分期

会计分期是指将一个企业持续不断的经营活动划分为若干个相等的期间。它是对持续经营假设的补充，是对会计主体活动的时间范围划分若干期间的限定。会计分期的目的在于通过会计期间的划分，分期结算账目，按期编制财务报告，从而及时向财务报告使用者提供有关企业财务状况、经营成果和现金流量的信息。

根据持续经营假设，一个企业将按当前的规模和状态持续经营下去。但是无论是企业的经营者，还是投资者、债权人，进行决策时都需要及时的信息，都需要将企业持续的经营活动划分为一个个连续的、长短相同的期间，分期确认、计量和报告企业的财务状况、经营成果和现金流量。

在会计分期假设下，企业应当划分会计期间、分期结算账目和编制财务报告。会计期间通常划分为年度和中期。我国以日历年度作为会计年度，即从每年的 1 月 1 日至 12 月 31 日为一个会计年度。中期是指短于一个完整会计年度的报告期间，包括半年度、季度和月度。

会计分期假设对会计核算有重要影响，因此，形成了本期与非本期的区别，形成了权责发生制和收付实现制，使不同类型的会计主体有了记账的基准，进而出现了折旧、摊销等会计处理方法。

（四）货币计量

货币计量是指会计主体在会计确认、计量和报告时以货币计量，反映会计主体的经济活动。它是对会计计量手段和方法的限定。

在会计确认、计量和报告中选择货币计量，是由货币本身属性决定的。货币是商品的一般等价物，是衡量一般商品价值的共同尺度，具有价值尺度、流通手段、贮藏手段和支付手段等特点。其他计量单位，如重量、长度、工时等，只能从一个侧面反映企业的生产经营情况，无法在量上进行汇总和比较，不便于会计计量和经营管理，在会计核算中只能作为辅助计量手段。只有选择货币尺度进行计量，才能充分反映企业生产经营情况。我国有关会计法律法规规定，会计核算以人民币为记账本位币。业务收支以外币为主的企业，可以按规定选定一种货币作为记账本位币，但编制财务报告时应折算为人民币。

货币本身也具有价值，它是通过货币的购买力或物价水平表现出来的。在市场经济条件下，物价水平在不断变动，说明币值并不稳定，币值不稳定就不可能准确地计量。因此，必须同时确立币值稳定的假设，假设币值在今后基本上稳定，不会有大的波动，才可用于计量；当出现恶性通货膨胀时，则放弃币值稳定假设，转而采用特殊的会计原则来处理，如物价变动会计。

二、会计的核算基础

会计的核算基础

（一）收付实现制

收付实现制也称现收现付制，是指以款项的实际收到或者支付为基准来确认本期的收入或者费用的会计核算基础。按照收付实现制，凡在本期实际收到或者支付的款项，不论是否属于本期，均作为本期的收入或者费用进行确认；凡在本期未曾收到或者支付的款项，即使属于本期，也不作为本期的收入或者费用进行确认。

在收付实现制会计核算基础上，企业进行会计核算时不必考虑预收收入、预付费用以及应计收入、应计费用问题，会计期末也不需要进行账项调整，因为实际收到或付出的款项均已登记入账，所以可以根据账簿记录直接确定本期的收入、费用与盈亏。

（二）权责发生制

权责发生制也称应收应付制，是指以收款权利的取得或者付款责任的发生为基准来确认本期的收入或者费用的会计核算基础。按照权责发生制，凡是本期已经实现的收入或者已经发生的费用，无论款项是否收到或者支付，都应当确认为本期的收入或者费用；凡是不属于本期的收入或者费用，即使款项已在本期收到或者支付，也不应当确认为本期的收入或者费用。

会计分期假设是产生权责发生制会计基础的直接原因。有了会计分期，就产生了本期与非本期的区别；有了本期与非本期的区别，就产生了收付实现制与权责发生制。采用权责发生制基础，就需要在会计期末对一些预收、应收的收入项目和预付、应付的费用项目进行调整，正确划分归属期，真实、公允地反映一定会计期间的财务状况与经营成果。例如，企业本期售出一批产品，期末款项尚未收到，但已经取得收取这笔销售款项的权利，应作为本期收入进行核算；而企业对本期按合同规定收到的下期货款，由于尚未提供产品，也就尚未取得收取这笔销售款项的权利，不能作为本期收入核算，而只能作为本期的预收账款核算。又如，固定资产尽管在本期尚未报废，不必更新，但部分价值已在本期消耗掉，应该承担补偿的责任，因而要将这部分价值以折旧的形式计入本期费用。

权责发生制与收付实现制的应用比较举例如表 1-1 所示。

表 1-1　权责发生制与收付实现制的应用比较举例

单位：元

序号	经济业务举例	权责发生制		收付实现制	
		收入	费用	收入	费用
1	1月5日，销售A产品4 000元，收到支票一张，存入银行。	4 000		4 000	
2	1月8日，销售B产品10 000元，收到银行存款3 000元，其余货款尚未收到。	10 000		3 000	
3	1月10日，用银行存款支付上月欠乙公司货款6 000元。				6 000
4	1月30日，计提本月发生的银行短期借款利息2 000元。		2 000		
5	1月31日，收到上月销货款5 000元，款项存入银行。			5 000	
合计		14 000	2 000	12 000	6 000
1月盈亏核算		14 000 − 2 000 = 12 000		12 000 − 6 000 = 6 000	

从表 1-1 可以看到，同样的经济业务，在权责发生制下该企业盈利 12 000 元，而在收付实现制下该企业盈利 6 000 元。权责发生制与收付实现制区别很大，在权责发生制下，必须考虑预收、预付、递延和应收、应付等情况。虽然采用权责发生制核算比较复杂，但反映本期的收入和费用比较合理、真实，所以《企业会计准则——基本准则》第九条要求，企业应当以权责发生制为基础进行会计确认、计量和报告。但企业会计核算以权责发生制为基础，

并不意味着对收付实现制完全不采用。例如，反映企业现金流量情况的现金流量表，就采用收付实现制进行编制。

目前，我国企业一般采用权责发生制，行政单位会计（除特殊规定外）采用收付实现制，事业单位会计除经营业务可以采用权责发生制外，其他大多数业务采用收付实现制。

【课堂讨论】
　　如果你想购买某家上市公司的股票，现在你可以通过该公司的财务报告来了解公司的财务状况，你认为这份财务报告提供的会计信息应该具备哪些特征？

第五节　会计信息质量要求

会计信息
质量要求

会计信息质量要求是对财务报告所提供的会计信息质量的基本要求，是保证财务报告所提供的会计信息对信息使用者决策有用性应具备的基本特征。根据《企业会计准则——基本准则》的规定，会计信息质量要求包括可靠性、相关性、可理解性、可比性、实质重于形式、重要性、谨慎性和及时性。

一、可靠性

可靠性要求企业应当以实际发生的交易或者事项为依据进行会计确认、计量和报告，如实反映符合确认和计量要求的各项会计要素及其他相关信息，保证会计信息真实可靠、内容完整。

可靠性是高质量会计信息的基础。可靠性要求包含了对会计信息真实性、可核性和中立性要求三层含义：①真实性：一切会计记录要有凭证来证明，会计核算应与实际发生的交易或者事项相一致。②可核性：一切会计信息由有资质的不同人员依据会计准则进行处理能够得出同样的结果。③中立性：一切会计处理不倾向于一部分会计信息使用者而损害其他使用者的利益，也不企图为达到某种预定的目的或者采用某种特定的行为方式而使会计信息受个人的偏向和主观意志的影响。

可靠性的含义如图 1-2 所示。

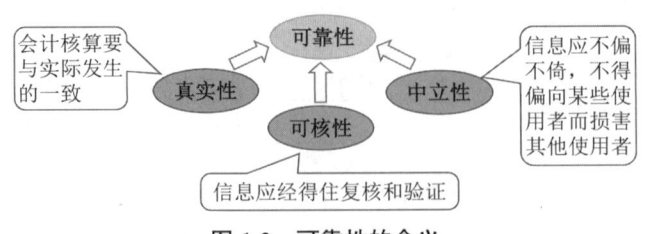

图 1-2　可靠性的含义

二、相关性

相关性要求企业提供的会计信息应当与财务报告使用者的经济决策需要相关，有助于财务报告使用者对企业过去、现在或者未来的情况作出评价或者预测。

会计信息的相关性，取决于信息的预测价值和反馈价值。相关的会计信息应当有助于信息使用者根据会计信息能够预测企业未来的财务状况、经营成果和现金流量，因而具有预测价值。相关的会计信息应当能够有助于信息使用者评价过去的决策，证实或者修正过去的有关预测，因而具有反馈价值。

三、可理解性

可理解性要求企业提供的会计信息应当清晰明了，便于财务报告使用者的理解和使用。会计信息能否对使用者的决策产生作用，关键在于使用者能否理解会计信息，这就要求企业所提供的会计信息应当清晰明了，易于理解。只有这样才能提高会计信息的有用性，实现会计目标。

会计信息具有较强的专业性，在强调会计信息可理解性要求的同时，还应假定信息使用者具有一定的有关企业经济活动和会计方面的知识，并且愿意付出努力去研究会计信息。对于某些复杂的信息，如交易本身较为复杂或者会计处理较为复杂，但若与使用者的决策相关，企业就应当在财务报告中予以充分披露，以便使用者理解。

四、可比性

可比性要求企业提供的会计信息应当相互可比。可比性包含了同一企业不同时期的会计信息可比与不同企业相同会计期间的会计信息可比两个方面的含义。

一方面，同一企业不同时期的会计信息可比，是指同一企业对不同时期发生的相同或者相似的交易或者事项，应当采用一致的会计政策，不得随意变更。同一企业不同时期的会计信息具有了可比性，才能便于会计信息使用者正确比较企业在不同时期的会计信息，掌握企业财务状况、经营成果和现金流量变化的真实趋势，全面、客观地评价企业的过去、预测未来，从而作出合理的决策。需要注意的是，对会计信息提出可比性要求，并非表明企业不得变更会计政策，如果按照规定或者在会计政策变更后可以提供更可靠、更相关的会计信息的，可以变更会计政策。但有关会计政策变更的情况，应当在附注中予以说明。

另一方面，不同企业相同会计期间的会计信息可比，是指不同企业对同一会计期间发生的相同或者相似的交易或者事项，应当采用相同或相似的会计政策，确保会计信息口径一致、相互可比，以使不同企业按照一致的确认、计量和报告要求提供有关会计信息。不同企业相同会计期间的会计信息具有可比性，才能便于会计信息使用者正确评价不同企业的财务状况、经营成果和现金流量及其未来变化趋势，从而作出合理的决策。

五、实质重于形式

实质重于形式要求企业应当按照交易或者事项的经济实质进行会计确认、计量和报告，不应仅以交易或者事项的法律形式为依据。

企业发生的交易或者事项在多数情况下经济实质和法律形式是一致的，但在某些特定情况下会出现不一致。例如，企业的商品已经售出，但为了确保到期收回货款而暂时保留商品的法定所有权时，虽然从法律形式上企业仍然对该商品具有所有权，但该权利通常不会对客户取得对该商品的控制权构成障碍，在满足收入确认的其他条件时，企业应确认相应的收入。

【课堂讨论】
　　某企业融资租入的机器设备，是否能作为企业的固定资产加以核算？

六、重要性

重要性要求企业提供的会计信息应当反映与企业财务状况、经营成果和现金流量有关的所有重要交易或者事项。如果会计信息的省略或者错报会影响投资者等使用者据此作出的决策，该信息就具有重要性。

重要性是相对而言的，企业发生的交易或者事项是否重要，在一定程度上取决于会计人员的职业判断。一般来说，会计人员应当根据企业所处的环境和实际情况，从事项的性质和金额两方面进行判断。从性质来看，当某一事项有可能对决策产生影响时，就属于重要项目；从金额来看，当某一事项的金额达到一定的比例，可以认为对决策产生影响，就属于重要项目。在实际工作中，对于重要的会计信息，必须按照规定的要求进行会计处理，并在财务报告中予以充分、完整的披露；对于非重要的会计信息，在不影响会计信息真实性和会计信息使用者决策的前提下，可以适当简化处理。

七、谨慎性

谨慎性要求企业对交易或者事项进行会计确认、计量和报告时应当保持应有的谨慎，不应高估资产或者收益、低估负债或者费用。

在市场经济环境下，企业的生产经营活动充满着风险和不确定性，如应收款项的可收回性、固定资产与无形资产的使用寿命、售出产品可能发生的退货或者返修等。依据会计信息质量的谨慎性要求，会计人员在面临不确定因素的情况下作出职业判断时，应当保持应有的谨慎，充分估计到各种风险和损失，既不高估资产或者收益，也不低估负债或者费用。例如，定期对存在可能发生减值迹象的资产计提减值准备、对固定资产采用加速折旧法计提折旧、对售出产品可能发生的保修义务确认预计负债等，这些就体现了会计信息质量的谨慎性要求。

当然，会计信息的谨慎性要求并不允许企业设置秘密准备。如果企业故意低估资产或者收益，或者故意高估负债或者费用，就属于滥用谨慎性，不符合会计信息的可靠性和相关性要求。这不仅扭曲了企业的实际财务状况和经营成果，还会对财务报告使用者的决策产生误导。

八、及时性

及时性要求企业对于已经发生的交易或者事项，应当及时进行会计确认、计量和报告，不得提前或者延后。

　　会计信息的价值在于使用者可据以作出经济决策，具有时效性。即使是可靠的、相关的会计信息，如果不能及时提供，就失去了时效性，对于使用者的价值就大大降低，甚至不再具有实际意义。为了保证会计信息的时效性，要及时收集各种会计信息。第一，在交易或者事项发生后，及时收集整理各种原始单据或者凭证；第二，及时处理会计信息，按照会计准则的规定，及时对发生的交易或者事项进行确认、计量与编制财务报告；第三，及时传递会计信息，在规定的时限内将编制的财务报告传递给使用者，便于及时使用和决策。

本章小结

1. 会计的概念与特点

　　会计是以货币为主要计量单位，以会计凭证为依据，采用专门的程序和方法，对会计主体的经济活动进行连续、系统、全面的核算与监督，向会计信息使用者提供反映企业财务状况、经营成果和现金流量等信息的经济管理活动。

2. 会计的起源与发展历程

　　会计起源于社会生产实践，是人类社会在其生存和发展中对物质资料生产过程中劳动耗费和劳动成果管理的必然要求。随着生产规模的扩大，人们对于劳动耗费和劳动成果管理的需求进一步增加，会计逐渐从生产职能中分离出来，成为一种独立的职能。会计的发展可以分为古代会计、近代会计和现代会计三个阶段。

3. 会计的职能与目标

　　会计的基本职能包括核算和监督，其中核算是会计的最基本职能。会计的扩展职能包括预测、决策、控制和分析等。财务报告的目标是向财务报告使用者提供与企业财务状况、经营成果和现金流量等有关的会计信息，反映管理层的受托责任履行情况，有助于财务报告使用者作出经济决策。

4. 会计的基本假设与核算基础

　　会计基本假设包括会计主体、持续经营、会计分期和货币计量。会计核算基础有权责发生制和收付实现制。企业在会计确认、计量和报告中应当以权责发生制为基础进行核算，凡是本期已经实现的收入或者已经发生的费用，无论款项是否收到或者支付，都应当确认为本期的收入或者费用；凡是不属于本期的收入或者费用，即使款项已在本期收到或者支付，也不应当确认为本期的收入或者费用。

5. 会计信息质量要求

　　会计信息质量要求包括可靠性、相关性、可理解性、可比性、实质重于形式、重要性、谨慎性和及时性。

【**拓展思考**】

　　广东紫晶信息存储技术股份有限公司（以下简称"紫晶存储"）是一家光存储高科技企业，公司成立于 2010 年 4 月，由郑穆、罗铁威两人共同出资成立，注册资本 300 万元。2020 年 2 月，紫晶存储在上海证券交易所（以下简称"上交所"）科创板上市，被称为"光存储第一股"。

　　经过中国证券监督管理委员会调查，紫晶存储在《招股说明书》中通过虚构销售合同、伪造物流单据和验收单据入账、安排资金回款、提前确认收入等方式虚增营业收入、利润：2017 年、2018 年、2019 年上半年分别虚增利润 2 162.71 万元、3 903.63 万元、2 532.67 万元，占当年利润总额的 35.82%、32.59%、137.33%；2017—2020 年累计虚增营业收入逾 7 亿元，累计虚增利润超 3.7 亿元。紫晶存储在上市后，继续通过前述财务造假方式虚增营业收入、利润。2019 年全年虚增收入 2.71 亿元、虚增利润 1.45 亿元；2020 年全年虚增收入 3.28 亿元、虚增利润 1.69 亿元。

　　《中国证监会行政处罚决定书（紫晶存储及相关责任人员）》（〔2023〕30 号）决定，对紫晶存储给予警告，并处以 3 669 万元罚款；对实际控制人郑穆、罗铁威分别处以 2 164 万元罚款、1 804 万元罚款；对公司其他责任人处以 1 435 万元罚款。2023 年 7 月 7 日，紫晶存储正式宣布终止上交所上市，其科创板之路也行至尽头。

　　【**思考 1**】紫晶储存的财务造假行为，违反了哪些会计信息质量要求？

　　【**思考 2**】为打击资本市场财务造假行为，维护良好市场生态，国家近年来发布了哪些新的政策？

课后习题

一、单选题

1. 我国（　　）时期发明了"四柱结算法"。

　　A. 唐代　　　　　　B. 宋代　　　　　　C. 明代　　　　　　D. 清代

2. 会计的本质是（　　）。

　　A. 管理活动　　　　B. 信息系统　　　　C. 核算与监督　　　D. 确认与计量

3. 会计职能中最基本的职能是（　　）。

　　A. 会计核算　　　　B. 会计监督　　　　C. 会计分析　　　　D. 会计检查

4. 界定从事会计工作和提供会计信息空间范围的会计基本前提是（　　）。

　　A. 会计主体　　　　B. 持续经营　　　　C. 会计分期　　　　D. 货币计量

5. （　　）作为会计核算的基本假设，就是将一个会计主体持续的生产经营活动划分为若干个相等的会计期间。

　　A. 会计主体　　　　B. 持续经营　　　　C. 会计分期　　　　D. 货币计量

6. 会计主体是（　　　）。

　　A. 一个企业　　　　　　　　　　B. 企业法人

　　C. 会计工作服务的特定对象　　　D. 法人主体

7. 会计核算应当以实际发生的交易或事项为依据进行会计确认、计量、记录和报告，不能凭空估计或虚构，这是会计信息质量中（　　　）的要求。

　　A. 相关性　　　　B. 及时性　　　　C. 可靠性　　　　D. 谨慎性

8. 企业以融资租入固定资产视同自有固定资产核算，所遵循的会计信息质量要求是（　　　）。

　　A. 可靠性　　　　B. 重要性　　　　C. 可比性　　　　D. 实质重于形式

9. 企业定期对存在可能发生坏账迹象的应收账款计提坏账准备，体现了会计信息的（　　　）。

　　A. 重要性　　　　B. 谨慎性　　　　C. 相关性　　　　D. 实质重于形式

10. 某企业 6 月份销售甲产品一批，取得商业承兑汇票一张，价款为 10 000 元。销售乙产品一批，取得转账支票一张，价款为 5 000 元。收到 5 月份 A 公司所欠货款 6 000 元。按权责发生制确定该企业 6 月份销售收入为（　　　）元。

　　A. 21 000　　　　B. 15 000　　　　C. 11 000　　　　D. 6 000

二、多选题

1. 下列各项中，证明了原始会计思想与会计行为的起源的有（　　　）。

　　A. 堆石记事　　　　B. 结绳记事　　　　C. 刻木记事　　　　D. 甲骨文

2. 会计对经济业务进行计算和记录具有（　　　）。

　　A. 连续性　　　　B. 系统性　　　　C. 综合性　　　　D. 全面性

3. 下列有关货币计量的说法中，正确的有（　　　）。

　　A. 在境外设立的中国企业向国内报送的财务报告，应当折算为人民币

　　B. 业务收支以外币为主的单位可以选择某种外币为记账本位币

　　C. 会计核算过程中采用货币为主要计量单位

　　D. 我国企业的会计核算只能以人民币为记账本位币

4. 会计期间可以分为（　　　）。

　　A. 月度　　　　B. 季度　　　　C. 半年度　　　　D. 年度

5. 下列各项中，属于会计核算基本假设的有（　　　）。

　　A. 会计主体　　　　B. 持续经营　　　　C. 会计分期　　　　D. 货币计量

6. 下列各项中，属于会计信息质量要求的有（　　　）。

　　A. 会计主体　　　　B. 货币计量　　　　C. 实质重于形式　　　　D. 谨慎性

7. 某企业 6 月份发生以下经济业务，按收付实现发生制要求，下列属于本月费用的有

（　　　）。

    A. 支付本月发生的水电费 3 000 元

    B. 计提本月固定资产折旧 20 000 元

    C. 支付上月工资 50 000 元

    D. 支付下半年报纸杂志费 600 元

三、判断题

1. "龙门账"是我国宋代发明的一种复式记账方法。　　　　　　　　（　　）

2. 会计核算是会计监督的基础，没有会计核算所提供的各种信息，会计监督就失去了存在的依据。　　　　　　　　　　　　　　　　　　　　　　　　　（　　）

3. 持续经营假设是假设企业可以"长生不老"，即使进入破产清算，也不应该改变会计核算方法。　　　　　　　　　　　　　　　　　　　　　　　　　（　　）

4. 业务收支以外币为主的单位，也可以选择某种外币作为记账本位币，并按照记账本位币编制财务报告。　　　　　　　　　　　　　　　　　　　　　　（　　）

5. 可比性要求同一企业不同时期发生的相同或者相似的交易或事项，采用一致的会计政策，不得变更。　　　　　　　　　　　　　　　　　　　　　　　（　　）

6. 重要性原则要求企业只需核算重要的交易或事项，对于次要的交易或事项可以忽略不计。　　　　　　　　　　　　　　　　　　　　　　　　　　　　（　　）

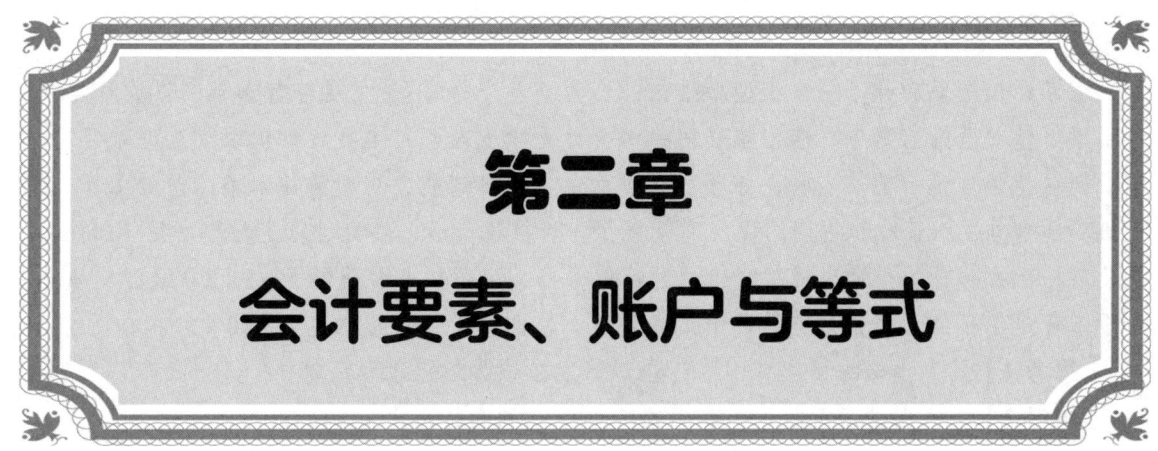

第二章
会计要素、账户与等式

1. 了解资金运动的含义，明确会计对象的概念。

2. 熟悉会计要素的概念、特征、内容。

3. 理解会计科目与会计账户的概念，熟悉制造业企业常用的会计科目，掌握会计科目与会计账户之间的关系以及会计科目与会计账户的分类。

4. 掌握会计等式的基本原理，理解会计等式与经济业务之间的关系，明确经济业务的发生对会计等式产生的影响。

知识地图及思政元素

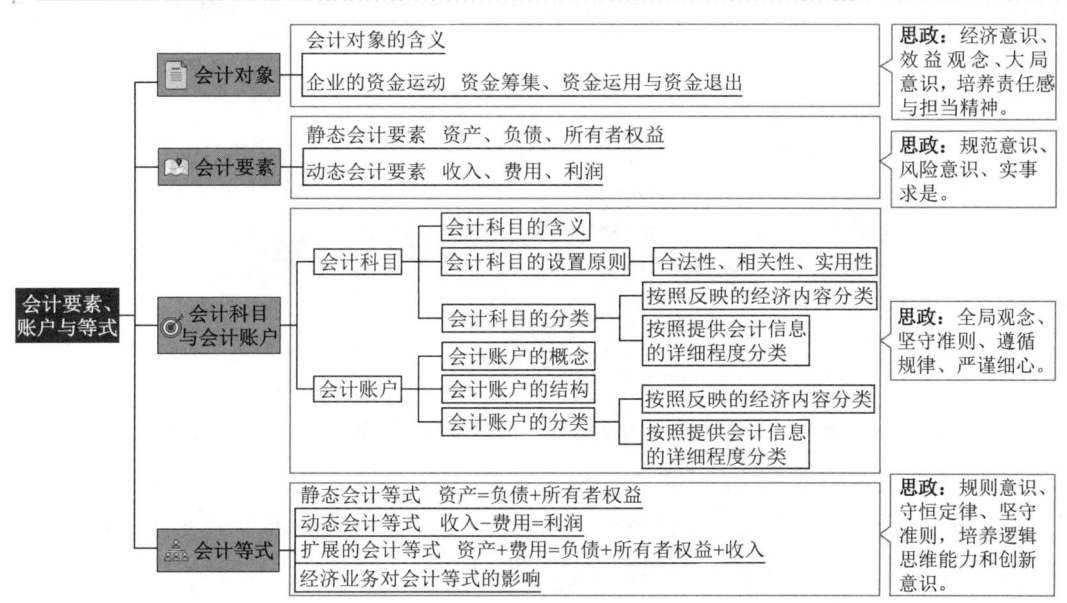

案例讨论

近期，校园里新开了一家小型咖啡馆，名为"星光咖啡"，主要经营咖啡、茶饮和点心。为了更好地管理门店财务，店主拟雇用一名会计系学生兼职，主要负责记录和整理账目。小新看到该招聘告示后前往应聘，并顺利通过面试。次日清晨，小新前往咖啡馆开始工作。刚上班，送咖啡豆、茶叶和牛奶的供应商就来了，店员收货后，共支付以上材料费用1 000元。开业第一天，咖啡馆生意火爆，门店通过销售咖啡、饮品和点心获得了收入2 000元。另外，由于工资采用日结，当天共支付员工工资400元，同时支付当月水电费800元。

【思考1】星光咖啡的资产有哪些？在账簿上应该如何记录和反映？

【思考2】星光咖啡当天收入、费用情况如何？利润是多少？

第一节　会计对象

会计对象

一、会计对象的含义

会计对象是指会计核算和监督的内容。凡是能够以货币表现的经济活动都是会计核算和监督的内容，即价值运动或资金运动。由于企业的性质不同，经济活动的内容不同，资金运动的具体内容也不尽相同。

二、企业的资金运动

企业是以营利为目的的组织，为获得盈利而进行各种经济活动。企业的经济活动一般可以归为资金筹集、资金运用与资金退出三大类。随着经济活动的发生，企业的资金形态也在不断发生变化。以制造业企业为例，制造业企业生产经营资金运动的过程如图2-1所示。

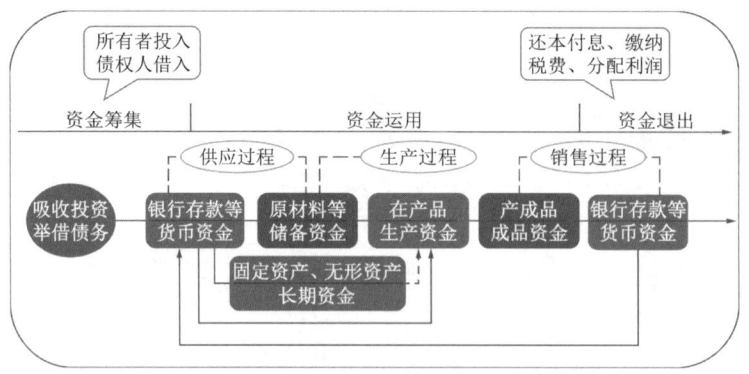

图 2-1　制造业企业生产经营资金运动的过程

企业要进行正常的生产经营活动，必须先筹集一定数量的资金。资金筹集的渠道包括两部分：一部分是所有者投入的资金，形成所有者权益；另一部分是向债权人借入的资金，形成企业的负债。企业筹集资金后，才能开展正常的生产经营活动。

资金运用是指企业在筹集到资金后，资金在供应、生产和销售等过程不断循环和周转的过程。在资金循环和周转的过程中，资金的形态也在发生变化。供应过程中，企业以银行存款等货币资金购置生产经营所需的房屋、建筑物、机器设备等固定资产以及专利技术等无形资产，固定资产与无形资产占用的资金为长期资金，此时，资金形态就由货币资金转化为长期资金；企业以银行存款等货币资金购入材料物资，材料物资占用的资金为储备资金。在这一过程中，资金的形态由货币资金转化为储备资金。在生产过程中，生产车间领用材料物资加工生产产品，产品完工后验收到产成品仓库，车间各种在产品占用的资金为生产资金，完工产品占用的资金为成品资金。在这一过程中，资金的形态先由储备资金转化为生产资金，然后由生产资金转化为成品资金。在销售过程中，产成品售出后收回货币资金。在这一过程中，成品资金转化为货币资金。资金从货币形态开始，依次经过储备资金、长期资金、生产资金、成品资金，最后又回到货币资金的这一运动过程称为资金循环，周而复始的资金循环称为资金周转。

销售过程收回资金后，资金还需要按照规定还本付息、缴纳税费、向所有者分配利润等，这部分资金离开企业，退出企业资金的循环和周转，称为资金退出。

因此，制造业企业因资金筹集、资金运用、资金退出等各项经济活动所引起的经济资源的增减变化、各项成本费用的支出以及收入的取得、利润的实现及分配，共同构成会计核算的对象。

第二节　会计要素

会计要素是对会计对象的基本分类，是会计对象的具体化，是反映会计主体财务状况和经营成果的基本单位。会计要素的划分在会计核算中具有十分重要的作用，它是设置会计科目和会计账户的基本依据，也是构成财务报表的基本框架。我国《企业会计准则》将会计要素分为六项，即资产、负债、所有者权益、收入、费用和利润。

一、静态会计要素

财务状况是企业资金运动的静态表现，反映企业财务状况的会计要素也就被称为静态会计要素，包括资产、负债和所有者权益三项要素。

**会计要素
（静态）**

（一）资产

1. 资产的定义

资产是指企业过去的交易或者事项形成的，由企业拥有或者控制的，预期会给企业带来经济利益的资源。

2. 资产的特征

（1）资产是由企业过去的交易或者事项形成的。过去的交易或者事项包括购买、生产、建造行为或者其他交易或者事项。换言之，只有过去的交易或者事项才能形成资产，企业预期在未来发生的交易或者事项不形成资产。例如，企业有购买某项设备的意愿或者计划，但是购买行为尚未发生，就不符合资产的定义，不能将这项设备确认为企业的资产。

（2）资产应是企业拥有或者控制的资源。拥有表明企业对某项资源享有所有权；控制则表明企业虽然对某项资源不享有所有权，但能够支配这项资源。企业享有某项资源的所有权，也就能够排他性地从这项资源中获取经济利益。通常在判断一项资源是否属于企业资产时，所有权是考虑的首要因素。在有些情况下，企业虽然并不享有某项资源的所有权，但控制了这项资源即对这项资源享有支配权，同样能够从这项资源中获取经济利益，符合会计上对资产的定义。如果企业既不拥有也不控制某项资源所能带来的经济利益，就不能将其作为企业的资产予以确认。

（3）资产预期会给企业带来经济利益。资产预期会给企业带来经济利益是指资产直接或者间接导致现金和现金等价物流入企业的潜力。这种潜力可以来自企业日常的生产经营活动，也可以是非日常活动；带来的经济利益可以是现金或者现金等价物，或者可以转化为现金或者现金等价物，或者可以减少现金或者现金等价物流出。预期能否为企业带来经济利益是资产的本质特征。例如，企业购置的固定资产、采购的原材料等可以用于生产产品，对外出售后收回货款，货款即是企业所获得的经济利益。如果一项资源预期不能给企业带来经济利益，也就不能将其确认为企业的资产；前期已经确认为资产的资源，如果不能再为企业带来经济利益，也不能再确认为企业的资产。

3. 资产的确认

将一项资源确认为资产，在符合资产定义的前提下，还应同时满足以下两个条件：

（1）与该资源有关的经济利益很可能流入企业。能否带来经济利益是资产的一个本质特征，但在现实生活中，由于经济环境的变化，与资源有关的经济利益能否流入企业以及能够流入多少具有不确定性。因此，资产的确认应当与对资源有关的经济利益流入的不确定性程度的判断结合起来。如果有证据表明与资源有关的经济利益很可能流入企业，就应当将其作为资产予以确认；反之，则不能确认为资产。例如，企业采用赊销方式销售产品而取得一项应收账款，这项应收账款最终能否收回以及收回多少，具有一定的不确定性。如果企业在销售时判断未来能够收到款项或者很可能收到款项，企业就应当将该项应收账款确认为一项资产；如果企业判断这项应收账款很可能部分或者全部无法收回，则表明该项应收账款部分或者全部已经不符合资产的确认条件，应当计提坏账准备，减少应收账款的价值。

（2）该资源的成本或者价值能够可靠地计量。可计量性是会计要素确认的重要前提，只有当有关资源的成本或者价值能够可靠地计量时，才能作为资产予以确认。在实务中，一般情况下，企业取得符合资产定义的资源都需要付出成本，如企业购置的厂房与设备、采购的原材料、生产的产品等，只有当取得有关资源实际发生的成本能够可靠计量，符合了可计量性条件才能作为资产予以确认。

4. 资产的分类

资产按流动性划分为流动资产和非流动资产两大类。

流动资产是指企业可以在1年（含1年）或者超过1年的一个营业周期内变现或耗用的资产。有些企业经济活动比较特殊，经营周期可能长于1年，如造船企业、大型机械制造企业等，其从购买原材料至建造完工，从销售实现到收回货款，周期比较长，往往超过1年。此时，就不能以1年内变现作为流动资产的划分标准，而是将经营周期作为流动资产的划分标准。流动资产主要包括货币资金、交易性金融资产、应收票据、应收账款、预付款项、其他应收款、存货等。

非流动资产是指除流动资产以外的资产。非流动资产主要包括债权投资、长期应收款、长期股权投资、固定资产、在建工程、无形资产、开发支出、长期待摊费用等。

【课堂讨论】

你认为以下哪些设备属于企业的资产？

（1）打算购买的机器设备。

（2）融资租入的机器设备。

（3）已经报废没有价值的机器设备。

（二）负债

1. 负债的定义

负债是指企业过去的交易或者事项形成的、预期会导致经济利益流出企业的现时义务。

2. 负债的特征

（1）负债是企业承担的现时义务。现时义务是指企业在现行条件下已承担的义务。负债必须是企业承担的现时义务，未来发生的交易或者事项形成的义务不属于现时义务，不应当确认为负债。

（2）负债预期会导致经济利益流出企业。预期会导致经济利益流出企业是负债的一个本质特征，只有在履行义务时会导致经济利益流出企业的，才符合负债的定义。在履行现时义务清偿负债时，导致经济利益流出企业的形式可以有多种，如用货币资金或以实物资产形式偿还，以提供劳务形式偿还，部分转移资产、部分提供劳务形式偿还，将负债转为资本等。

（3）负债是由企业过去的交易或者事项形成的。负债应当由企业过去的交易或者事项所形成，即只有过去的交易或者事项才形成负债，企业将在未来发生的承诺、签订的合同等交易或者事项不形成负债。

3. 负债的确认

将一项现时义务确认为负债，在符合负债定义的前提下，还应同时满足以下两个条件：

（1）与该义务有关的经济利益很可能流出企业。负债预期会导致经济利益流出企业，但在实务中履行义务所需流出的经济利益带有不确定性。如果有确凿证据表明与现时义务有关的经济利益很可能流出企业，就应当将其作为负债予以确认；反之，现时义务导致企业经济利益流出的可能性很小，就不应将其作为负债予以确认。

（2）未来流出的经济利益的金额能够可靠地计量。只有当现时义务导致未来流出企业的经济利益的金额能够可靠计量时，才能作为负债予以确认。

4. 负债的分类

负债按偿还期限的长短划分为流动负债和非流动负债两大类。

流动负债是指企业将在1年（含1年）或者超过1年的一个营业周期内偿还的债务。流动负债主要包括短期借款、交易性金融负债、应付票据、应付账款、预收款项、应付职工薪酬、应交税费、其他应付款等。

非流动负债是指除流动负债以外的负债。非流动负债主要包括长期借款、应付债券、长期应付款、预计负债等。

（三）所有者权益

1. 所有者权益的定义

所有者权益是指企业资产扣除负债后，由所有者享有的剩余权益。企业的所有者权益又称为股东权益。

2. 所有者权益的特征

（1）所有者权益是所有者对企业资产的剩余索取权。企业资产只有在保证企业全部债务得到清偿后，才归所有者享有。

（2）所有者权益可供企业在经营期内长期、持续使用。除非企业发生清算、减资的情况，所有者权益一般不需要偿还给所有者；而负债必须到期还本付息。

（3）所有者权益是分享企业利润的主要依据。所有者可以依据在企业所有者权益中所占的份额参与企业的利润分配，而债权人则按规定获取利息收入而不能参与利润分配。

3. 所有者权益的确认

所有者权益体现的是所有者在企业资产中的剩余权益，所有者权益的确认也就主要依赖于资产和负债要素的确认，所有者权益金额的确定也主要取决于资产和负债要素的计量。例如，企业接受投资者投入一项资产，在该项资产符合资产确认条件时，就相应地符合了所有者权益的确认条件；当该项资产的价值能够可靠计量时，所有者权益的金额也就能据此确定。

4. 所有者权益的来源构成

所有者权益来源于所有者投入的资本、直接计入所有者权益的利得和损失、留存收益等，通常由实收资本、资本公积、其他综合收益、盈余公积、未分配利润等项目构成。

（1）所有者投入的资本。所有者投入的资本是指所有者投入企业的资本部分，既包括构成企业注册资本或者股本部分的金额，即实收资本（或股本），也包括投入资本超过注册资本或者股本部分的金额，即资本公积。

（2）直接计入所有者权益的利得和损失。直接计入所有者权益的利得和损失是指不应计入当期损益、会导致所有者权益发生增减变动的、与所有者投入资本或者向所有者分配利润无关的利得或者损失。其中，利得是指由企业非日常活动所形成的、会导致所有者权益增加的、与所有者投入资本无关的经济利益的流入；损失是指由企业非日常活动所发生的、会导致所有者权益减少的、与向所有者分配利润无关的经济利益的流出。直接计入所有者权益的利得和损失主要包括以公允价值计量且其变动计入其他综合收益的金融资产的公允价值变动额、现金流量套期中套期工具公允价值变动额（有效套期部分）等，通过其他综合收益项目予以反映。

（3）留存收益。留存收益是企业历年实现的净利润留存于企业的部分，主要包括累计计提的盈余公积和未分配利润。

所有者权益的来源构成如图 2-2 所示。

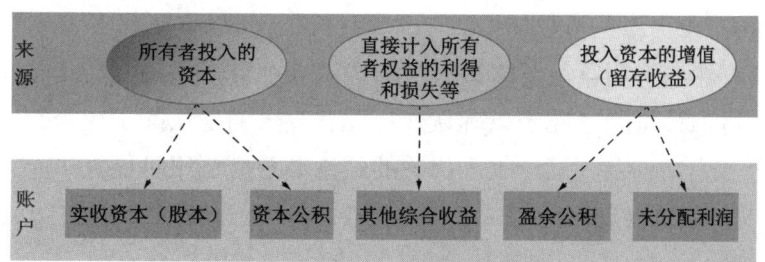

图 2-2　所有者权益的来源构成

【课堂讨论】

　　小明、小红和小刚毕业后打算开一家炸鸡店，预计需要资金 40 万元。其中，10 万元向银行贷款，另外 30 万元由每人出资 10 万元。假设经营 1 年后，炸鸡店盈利 10 万元。此时，小华想入股该炸鸡店，持有 1/4 的公司份额。小华入股要出多少钱？是否还是出 10 万元？

二、动态会计要素

经营成果是企业资金运动的动态表现，反映企业经营成果的会计要素也就被称为动态会计要素，包括收入、费用和利润三项要素。

会计要素
（动态）

（一）收入

1. 收入的定义

收入是指企业在日常活动中形成的、会导致所有者权益增加的、与所有者投入资本无关的经济利益的总流入。

2. 收入的特征

（1）收入是企业在日常活动中形成的。日常活动是指企业为完成其经营目标所从事的经常性活动以及与之相关的活动。例如，制造业企业制造并销售产品、商品流通企业购入并销售商品、服务企业向消费者即用户提供服务等，都属于这些企业的日常活动。明确界定日常活动是为了将收入与利得相区分，因为企业非日常活动所形成的经济利益的流入不应确认为收入，而应当确认为利得。

（2）收入会导致所有者权益的增加。与收入相关的经济利益的流入应当会导致所有者权益的增加，不会导致所有者权益增加的经济利益的流入不符合收入的定义，不应确认为收入。例如，企业向银行借入款项，尽管也导致了企业经济利益的流入，但该流入并不导致所有者权益的增加，而是产生了一项现时义务，应将其确认为一项负债。

（3）收入是与所有者投入资本无关的经济利益的总流入。收入应当会导致经济利益的流入，从而导致资产的增加。例如，企业销售产品，应当收到现金或者在未来有权收到现金，才表明该交易符合收入的定义。但在实务中，经济利益的流入有时是所有者投入资本的增加所导致的，所有者投入资本的增加不应当确认为收入，应当将其直接确认为所有者权益。

3. 收入的确认

（1）收入只有在经济利益很可能流入从而导致企业资产增加或者负债减少，且经济利益的流入额能够可靠计量时才能予以确认。为此，收入的确认除了应当符合定义外，还至少应当同时符合三个条件：一是与收入相关的经济利益应当很可能流入企业；二是经济利益流入企业的结果会导致资产的增加或者负债的减少；三是经济利益的流入额能够可靠计量。

（2）通常企业应当在履行了合同中的履约义务，即在客户取得相关商品或者劳务控制权时确认收入。取得相关商品或者劳务控制权是指能够主导该商品或者劳务的使用，并从中获得几乎全部的经济利益。

4. 收入的分类

广义收入可分为日常活动取得的收入（即狭义收入）和非日常活动取得的收入（即利得）。通常，狭义的收入按照企业经营业务的主次，可分为主营业务收入和其他业务收入。

（1）主营业务收入。主营业务收入是企业的主营业务活动所取得的收入，即企业的基本业务收入，如制造业企业生产并销售产品所取得的收入。

（2）其他业务收入。其他业务收入是企业除主营业务活动以外的其他业务活动所取得的收入，如制造业企业销售原材料、固定资产出租、包装物出租、无形资产转让、提供运输服务等取得的收入。

注意：广义上的收入还应包括直接计入当期利润的利得，如企业非日常活动发生的营业外收入。

（二）费用

1. 费用的定义

费用是指企业在日常活动中发生的、会导致所有者权益减少的、与向所有者分配利润无关的经济利益的总流出。

2. 费用的特征

（1）费用是企业在日常活动中形成的。费用对于日常活动的界定与收入定义中涉及的日常活动的界定相一致。日常活动所产生的费用通常包括营业成本、税金及附加、期间费用等。将费用界定为日常活动所形成的，目的是将其与损失相区分，企业非日常活动所形成的经济利益的流出不能确认为费用，而应当确认为损失。

（2）费用会导致所有者权益的减少。与费用相关的经济利益的流出应当会导致所有者权益的减少，不会导致所有者权益减少的经济利益的流出不符合费用的定义，不应确认为费用。例如，归还银行借款本金不会导致所有者权益减少，会导致企业负债减少，所以不确认为一项费用。

（3）费用是与向所有者分配利润无关的经济利益的总流出。费用的发生应当会导致经济利益的流出，从而导致资产的减少或者负债的增加。其表现形式包括现金或者现金等价物的流出，存货、固定资产和无形资产等的流出或者消耗等。企业向所有者分配利润也会导致经济利益的流出，但该经济利益的流出显然属于所有者权益的抵减项目，不应确认为费用。

3. 费用的确认

费用只有在经济利益很可能流出从而导致企业资产减少或者负债增加，且经济利益的流出额能够可靠计量时才能予以确认。为此，费用的确认除了应当符合定义外，还至少应当同时符合三个条件：一是与费用相关的经济利益应当很可能流出企业；二是经济利益流出企业的结果会导致资产的减少或者负债的增加；三是经济利益的流出额能够可靠计量。

4. 费用的分类

费用按照经济用途可分为营业成本、税金及附加、期间费用等。

（1）营业成本。营业成本是指企业所销售商品或者提供劳务等的成本。按照企业经营业务的主次，营业成本可分为主营业务成本和其他业务成本。主营业务成本是企业销售商品、提供劳务等主要日常经营活动所发生的成本；其他业务成本是企业除主营业务活动以外的其他日常经营活动所发生的成本。

（2）税金及附加。税金及附加是指企业经营活动应负担的相关税费，包括消费税、城市维护建设税、教育费附加、资源税、环境保护税、土地增值税、房产税、城镇土地使用税、车船税、印花税、耕地占用税、契税、车辆购置税等。

（3）期间费用。期间费用可分为销售费用、管理费用与财务费用。销售费用是企业为促进销售商品或者提供劳务而发生的各种费用；管理费用是企业行政管理部门为组织和管理生产经营活动而发生的各种费用；财务费用是企业为筹集生产经营所需资金而发生的各种费用。

注意：上述定义的费用是一种狭义上的费用，广义上的费用还应包括直接计入当期利润的损失，如企业非日常活动发生的营业外支出。

（三）利润

1. 利润的定义

利润是指企业在一定会计期间的经营成果，包括收入减去费用后的净额、直接计入当期利润的利得和损失。如果企业实现了利润，表明企业的所有者权益增加，业绩得到了提升；反之，如果企业发生了亏损，表明企业的所有者权益减少。

2. 利润的特征

（1）利润主要是收入和费用两个会计要素配比的结果。利润主要是按照配比原则，将一定期间内获得的各项收入和相应发生的各项费用相抵后的结果。

（2）利润的变动带来所有者权益的变动。企业在实现利润的情况下，会相应地表现为资产的增加或者负债的减少，最终导致所有者权益的增加；反之，企业在发生亏损的情况下，会相应地表现为资产的减少或者负债的增加，最终导致所有者权益的减少。

（3）在权责发生制下，实现利润并不等同于取得增量现金。实现利润表明收入和利得大于费用和损失，在收付实现制下，表现为取得增量现金，但在权责发生制下，并不一定表现为取得增量现金。

3. 利润的确认

利润反映的是收入减去费用，再加上利得减去损失后的净额的概念。因此，利润的确认主要依赖于收入和费用以及利得和损失的确认，其金额的确定也主要取决于收入和费用以及利得和损失金额的计量。

4. 利润的来源构成

利润由收入减去费用后的净额、直接计入当期利润的利得和损失构成。其中，收入减去费用后的净额反映的是企业日常活动的业绩，而直接计入当期利润的利得和损失反映的是企业非日常活动的业绩。

第三节　会计科目与会计账户

一、会计科目

（一）会计科目的含义

会计科目是对会计要素进行分类核算的具体项目。为了准确地记录每一项经济业务发生后引起的会计要素中个别项目发生的增减变动，必须对会计要素包含的具体内容进行科学的分类，并赋予每个类别一个特定的名称，这个名称就是会计科目。会计对象、会计要素和会计科目之间的关系如图 2-3 所示。

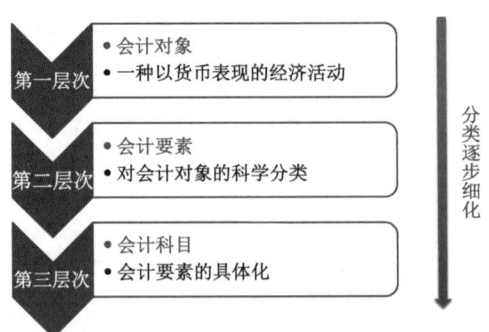

图 2-3　会计对象、会计要素和会计科目的关系

设置会计科目是企业设置账户、组织会计核算的前提条件。通过设置会计科目，明确会计要素具体内容中每一个项目的名称和核算内容，可以为设置账户、填制会计凭证、登记会计账簿和编制财务报表建立基础，向投资者、债权人等会计信息的使用者提供各类信息，满足不同会计信息使用者对相关信息的需求。

（二）会计科目的设置原则

不同企业经济业务活动的具体内容、规模大小和业务繁简程度等情况不尽相同，因此在设置会计科目时应结合自身特点和具体情况。企业在设置会计科目时须遵守以下原则。

1. 合法性原则

合法性又称统一性，是指所设置的会计科目应当符合国家统一的会计制度的规定，按照《企业会计准则》对一些主要会计科目的设置及其核算内容进行统一规定，以保证不同企业对外提供的会计信息具有可比性。

2. 相关性原则

相关性是指所设置的会计科目应当为提供有关各方所需要的会计信息而服务，满足对外报告与对内管理的要求。

3. 实用性原则

实用性又称灵活性，是指在保证提供统一核算指标的前提下，企业可以根据自身的生产经营特点，在遵循国家统一规定的会计科目、不影响财务报表编制和会计信息提供的前提下，自行增加、减少或合并某些会计科目。

（三）会计科目的分类

会计科目的设置并非是孤立的，就某一个会计主体而言，会计科目是相互联系、相互补充的一个完整的指标体系。按照不同的标准对会计科目进行分类，可以从不同的角度认识会计科目体系。为了在会计工作中更好地掌握和运用会计科目，通常将会计科目按照反映的经济内容和提供会计信息的详细程度进行分类。

1. 按照反映的经济内容分类

尽管会计科目可以按照会计要素划分为资产、负债、所有者权益、收入、费用、利润六大类科目，但从便于科目核算使用的角度出发，企业通常将会计科目按照反映的经济内容不同划分为资产类、负债类、共同类、所有者权益类、成本类和损益类六大类科目。

资产类科目用于反映企业拥有或者控制的各类资产的状况，其中按照资产流动性的强弱，资产类科目又被划分为流动资产和非流动资产两类。负债类科目用于反映企业承担并应偿还的各类负债的状况，其中按照负债偿还期限的长短，负债类科目又被划分为流动负债和非流动负债两类。共同类科目是既有资产性质又有负债性质的科目。所有者权益类科目用于反映企业各类所有者权益的状况。成本类科目用于反映企业产品生产成本或提供劳务成本的状况。损益类科目用于反映企业取得收入和发生费用的状况，其中按照与利润总额的关系，损益类科目又可以划分为收入和费用两类科目。企业常用会计科目如表 2-1 所示。

表 2-1 企业常用会计科目

序号	科目代码	会计科目名称	序号	科目代码	会计科目名称
一、资产类			40	2231	应付利息
1	1001	库存现金	41	2232	应付股利
2	1002	银行存款	42	2241	其他应付款
3	1012	其他货币资金	43	2501	长期借款
4	1101	交易性金融资产	44	2502	应付债券
5	1121	应收票据	45	2701	长期应付款
6	1122	应收账款	46	2801	预计负债
7	1123	预付账款	47	2901	递延所得税负债
8	1131	应收股利	三、共同类		
9	1132	应收利息	48	3101	衍生工具
10	1221	其他应收款	49	3201	套期工具
11	1231	坏账准备	50	3202	被套期项目
12	1401	材料采购	四、所有者权益类		
13	1402	在途物资	51	4001	实收资本
14	1403	原材料	52	4002	资本公积
15	1404	材料成本差异	53	4101	盈余公积
16	1405	库存商品	54	4103	本年利润
17	1471	存货跌价准备	55	4104	利润分配
18	1511	长期股权投资	五、成本类		
19	1521	投资性房地产	56	5001	生产成本
20	1531	长期应收款	57	5101	制造费用
21	1601	固定资产	58	5201	劳务成本
22	1602	累计折旧	59	5301	研发支出
23	1603	固定资产减值准备	六、损益类		
24	1604	在建工程	60	6001	主营业务收入
25	1605	工程物资	61	6051	其他业务收入
26	1606	固定资产清理	62	6101	公允价值变动损益
27	1701	无形资产	63	6111	投资收益
28	1702	累计摊销	64	6117	其他收益
29	1703	无形资产减值准备	65	6301	营业外收入
30	1801	长期待摊费用	66	6401	主营业务成本
31	1811	递延所得税资产	67	6402	其他业务成本
32	1901	待处理财产损溢	68	6403	税金及附加
二、负债类			69	6601	销售费用
33	2001	短期借款	70	6602	管理费用
34	2101	交易性金融负债	71	6603	财务费用
35	2201	应付票据	72	6701	资产减值损失
36	2202	应付账款	73	6702	信用减值损失
37	2203	预收账款	74	6711	营业外支出
38	2211	应付职工薪酬	75	6801	所得税费用
39	2221	应交税费	76	6901	以前年度损益调整

2. 按照提供会计信息的详细程度分类

会计科目按照提供会计信息的详细程度不同,划分为总分类和明细分类两大类科目。总分类科目对所属明细分类科目起着统驭作用,明细分类科目对总分类科目起着具体说明的作用。

(1)总分类科目。总分类科目又称总账科目或一级科目,是对会计事项的具体内容进行综合分类核算的会计科目,用于进行总分类核算与提供综合信息。例如,企业的"原材料"科目就是总分类科目,它核算企业库存各种材料的实际成本或者计划成本。企业总分类科目的名称和内容通常由企业会计准则作出统一规定,以便于会计信息的逐级汇总并相互可比。但企业也可以在遵循会计准则确认、计量和报告规定的前提下,根据自身的实际情况自行增设、分拆或合并某些总分类科目。

(2)明细分类科目。明细分类科目又称明细账科目,是根据核算的需要对总分类科目反映的经济内容进行详细分类核算的会计科目,用于进行明细分类核算与提供明细分类信息。明细分类科目隶属于总分类科目,反映的经济内容受到总分类科目所反映经济内容的统驭,并能对总分类科目的经济内容进行更为详细和具体的反映。按照对特定总分类科目所反映经济内容的详细程度不同,明细分类科目又可具体划分为二级科目、三级科目等类推的级次科目。例如,在"原材料"一级科目下,按照材料种类设置"原材料及主要材料""辅助材料"等二级科目,在二级明细科目下进一步设置三级科目,以此类推。以"原材料"科目为例列示的总分类科目与其各级明细分类科目如图 2-4 所示。

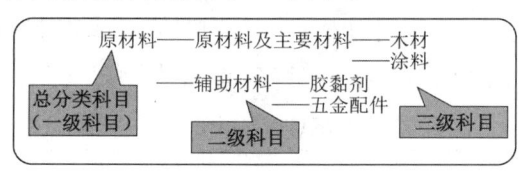

图 2-4 "原材料"总分类科目与明细分类科目

二、会计账户

会计账户

【课堂讨论】

同学们,如果让你记录自己这个月的收支情况,你会怎样记录?

(一)会计账户的概念

会计账户简称账户,是根据会计科目开设的,具有一定的格式和结构,用于连续、系统、全面地记录所发生的会计事项,反映会计事项引起的各项会计要素具体内容的增减变动情况和结果的一种工具。

(二)会计账户的结构

企业经济业务的发生,必然会引起会计要素具体内容数额上的变动,这种变动包括增加额、减少额和增减变动结果的余额。账户的基本结构是指账户结构中用来登记"增加额""减少额"和"余额"的那部分结构。账户的结构取决于所采用的记账方法和账户所核算的经济内容。记账的方法不同,账户的结构也就不同。即使在同一种记账方法下,不同的账户由于反映的经济内容不同,具体的结构也不相同。但是,无论采用哪种记账方法,也无论账户反映的经济内容是什么，如果从各项会计事项发生后对会计要素的影响金额上进行观察，它们对会计要素的影响分为两种情况："增加"和"减少"。因此，所有账户的基本结构均相同。通常，账户格式的基本内容包括：

（1）账户名称，即会计科目。

（2）日期，记录经济业务发生的具体日期。

（3）凭证字号，表明账户记录的依据，即记账所依据的凭证种类及编号。

（4）摘要，概括说明经济业务的内容。

（5）金额，记录经济业务的发生引起会计要素具体内容的增加额、减少额和余额。

目前，应用较为普遍的借贷记账法下账户的一般格式如表2-2所示。

表 2-2　借贷记账法下账户的一般格式

账户名称（会计科目）

年		凭证		摘要	借方金额	贷方金额	借或贷	余额
月	日	字	号					

为了说明问题和学习的方便，我们通常对会计账户的基本结构进行简化，即用一条水平线及其一条平分的垂直线来表示账户，称其为T形账户或"丁"字账户。T形账户示意图如图2-5所示。

左方　　　　　账户名称（会计科目）　　　　　右方

图 2-5　T 形账户示意图

在T形账户的基本结构中，账户的左、右两方按相反方向记录增加额和减少额。如果左方登记增加额，则右方登记减少额，如图2-6所示；如果账户的右方登记增加额，则左方登记减少额，如图2-7所示。究竟账户的哪一方登记增加额，哪一方登记减少额，取决于记账的方法和账户反映的经济内容。通常账户若有余额，无论是期初余额，还是期末余额，都与增加额在同一方。

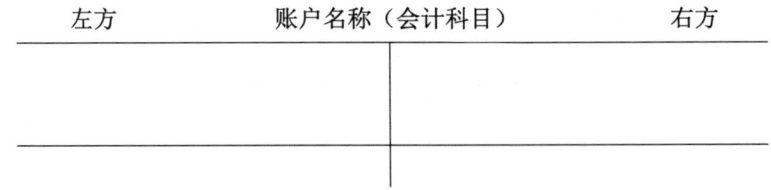

图 2-6　T 形账户示意图（左方登记增加额）

左方	账户名称（会计科目）	右方	
减少额 ×××	期初余额 增加额 ……	××× ××× ……	
本期减少发生额 ×××	本期增加发生额 期末余额	××× ×××	

图 2-7　T 形账户示意图（右方登记增加额）

账户的期初余额、本期增加发生额、本期减少发生额、期末余额四个金额之间的关系为：

$$期末余额 = 期初余额 + 本期增加发生额 - 本期减少发生额$$

【例 2-1】A 企业 10 月初仓库中存放原材料一批，价值为 30 000 元。10 月 1 日购进一批材料 10 000 元，10 月 5 日生产领用材料 5 000 元，10 月 7 日购进一批材料 40 000 元，10 月 12 日生产领用材料 30 000 元。请问 10 月底仓库中原材料还剩多少？如何在会计账户中体现原材料的变化？

该笔业务"原材料"T 形账户如图 2-8 所示。

左方	原材料	右方	
期初余额 增加额	30 000 10 000 40 000	减少额	5 000 30 000
本期增加发生额 期末余额	50 000 45 000	本期减少发生额	35 000

图 2-8　"原材料"T 形账户

（三）会计账户的分类

对会计账户进行科学适当的分类，有利于更好地掌握和运用账户。由于会计账户是根据会计科目设置的，会计科目可按经济内容和提供会计信息的详细程度分类，相应的会计账户也可以按照反映的经济内容和提供会计信息的详细程度来分类。

1. 按照反映的经济内容分类

与会计科目按照反映的经济内容分类相对应，会计账户可分为资产类、负债类、所有者权益类、成本类、损益类等账户。按经济内容分类是会计账户最基本的分类方式。

2. 按照提供会计信息的详细程度分类

与会计科目按照提供会计信息的详细程度分类相对应，会计账户可分为总分类账户和明细分类账户（又称明细账）。总分类账户是根据总分类会计科目开设的，用来提供会计要素具体内容增减变动情况及其结果的综合会计信息的账户。明细分类账户是根据明细会计科目开设的，用来提供会计要素具体内容增减变动情况及其结果的详细会计信息的账户。

【知识延伸】

会计科目与会计账户的联系和区别

会计科目与会计账户的联系：

（1）两者反映相同的经济内容。

（2）两者的分类方法相同。

（3）会计科目是会计账户的名称。

会计科目与会计账户的区别：

（1）会计科目只是名称，它没有专门的结构和格式，因而不能记录经济业务的增减变化情况。

（2）账户则具有一定结构和格式，能反映经济业务的增减变化情况。

第四节　会计等式

会计等式

会计等式又称会计恒等式，它是表明各会计要素之间基本关系的恒等式。会计等式是会计核算的理论依据，也是编制财务报表的理论依据。会计等式包括静态会计等式、动态会计等式和扩展的会计等式。

一、静态会计等式

企业进行生产经营活动，必须拥有一定数量和质量的能给企业带来经济利益的资源，这些资源总称为资产。企业的资产以不同形态分布于生产经营活动的各个方面，如货币资金形态的库存现金、银行存款等，结算资金形态的应收账款等，储备资金形态的原材料等，生产资金形态的在产品与成品资金形态的产成品等，长期资金形态的房屋、机器设备等固定资产，专利技术之类的无形资产等。

企业的资产最初来源无非两个方面：一方面来源于所有者的投入，另一方面来源于债权人的借款。企业所有者和债权人将其拥有的资产提供给企业使用，就相应地对企业的资产享有一种要求权。这种对资产的要求权在会计上被称为"权益"，其中属于债权人的部分，称为"债权人权益"，对企业来讲又称为"负债"；属于所有者的部分，称为"所有者权益"。

资产表明企业拥有什么样的经济资源和拥有多少经济资源，权益则表明是谁提供了这些经济资源，谁对这些资源拥有要求权。资产与权益之间是相互依存的关系，既没有无资产的权益，也没有无权益的资产。而且，从数量上看，有一定数额的资产，必然有相应数额的权益；反之，有一定数额的权益，也必然代表着有一定数额的资产。因此，一个企业的资产总额与权益总额必然相等，无论任何时点，两者之间都保持着数量上的平衡关系。这种平衡关系可以表示如下：

$$资产 = 权益 \qquad (2\text{-}1)$$

或：

$$资产 = 负债 + 所有者权益 \qquad (2\text{-}2)$$

其中，等式(2-2)反映了企业在某一特定时点资产、负债和所有者权益三者之间的平衡关系，被称为静态会计等式。由于资产、负债和所有者权益是反映企业财务状况的会计要素，这一会计等式也被称为反映企业财务状况的会计等式。同时，该等式也是设置账户、复式记账与编制资产负债表的理论依据，是最基本的会计恒等式。

会计等式的恒等原理如图 2-9 所示。

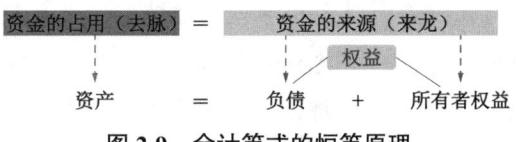

图 2-9　会计等式的恒等原理

二、动态会计等式

企业以盈利为目的，在进行生产经营的过程中取得收入，同时必然会发生相应的费用。通过收入与费用进行比较，可以确定一定期间的盈利，即利润，反映企业的经营成果。收入、费用与利润这三个会计要素之间的关系用公式表示为：

$$收入 - 费用 = 利润 \tag{2-3}$$

等式(2-3)反映了企业一定会计期间利润的实现过程，被称为动态会计等式。由于收入、费用和利润是反映企业经营成果的会计要素，这一会计等式也被称为反映经营成果的会计等式。同时，该等式也是编制利润表的理论依据。

三、扩展的会计等式

企业在生产经营过程中会不断发生经济业务，如从银行借款、购买材料和机器设备、销售产品、上缴税金等。企业一方面取得了收入，并因此而增加了资产或减少了负债；另一方面会发生各种各样的费用，并因此而减少了资产或者增加了负债。所以，企业在会计期间内的任一时刻，即期末结账之前，企业的会计等式就转化为下面的形式：

$$资产 = 负债 + 所有者权益 + (收入 - 费用) \tag{2-4}$$

或：

$$资产 + 费用 = 负债 + 所有者权益 + 收入 \tag{2-5}$$

到了会计期末，企业将收入与费用相配比，计算出利润（或亏损），并按规定的程序进行分配，剩余的又全部归入所有者权益项目。这样在会计期末结账之后，会计等式又恢复为：

$$资产 = 负债 + 所有者权益$$

由此可见，资产、负债、所有者权益、收入、费用和利润这六大会计要素之间存在着一种恒等关系。会计等式反映了这种恒等关系，因而，它始终成立。任何经济业务的发生都不会破坏会计等式的平衡关系。

四、经济业务对会计等式的影响

一个企业在经营活动中所发生的经济业务是多种多样的，但引起的资产、权益（包括负债和所有者权益）的增减变动不外乎以下四种类型：

（1）经济业务发生，引起资产与权益项目同时等额增加，平衡关系不变。

（2）经济业务发生，引起资产与权益项目同时等额减少，平衡关系不变。

（3）经济业务发生，引起资产项目之间等额此增彼减，平衡关系不变。

（4）经济业务发生，引起权益项目之间等额此增彼减，平衡关系不变。

【例2-2】假定A企业期初资产总额为9 000 000元，负债为3 600 000元，所有者权益为5 400 000元。2024年6月，发生以下经济业务。A企业接受投资者以货币资金600 000元进行的投资，款项存入银行。它对会计等式的影响如表2-3所示。

表2-3　对会计等式的影响1

单位：元

项目	资产	=	负债	+	所有者权益
经济业务发生前	9 000 000		3 600 000		5 400 000
经济业务影响	+600 000				+600 000
经济业务发生后	9 600 000	=	3 600 000		6 000 000

该项经济业务的发生，一方面使资产（银行存款）增加600 000元，另一方面使所有者权益（实收资本）增加600 000元。会计等式左边资产项目与右边所有者权益项目的金额等额增加，会计等式的平衡关系保持不变。

【例2-3】承［例2-2］，A企业向银行借入短期借款400 000元，款项存入银行。它对会计等式的影响如表2-4所示。

表2-4　对会计等式的影响2

单位：元

项目	资产	=	负债	+	所有者权益
经济业务发生前	9 600 000		3 600 000		6 000 000
经济业务影响	+400 000		+400 000		
经济业务发生后	10 000 000	=	4 000 000		6 000 000

该项经济业务的发生，一方面使资产（银行存款）增加400 000元，另一方面使负债（短期借款）增加400 000元。会计等式左边资产项目与右边负债项目的金额等额增加，会计等式的平衡关系保持不变。

【例2-4】承［例2-3］，经股东大会批准，A企业减少注册资本200 000元，以银行存款支付。它对会计等式的影响如表2-5所示。

表2-5　对会计等式的影响3

单位：元

项目	资产	=	负债	+	所有者权益
经济业务发生前	10 000 000		4 000 000		6 000 000
经济业务影响	−200 000				−200 000
经济业务发生后	9 800 000	=	4 000 000		5 800 000

该项经济业务的发生，一方面使资产（银行存款）减少 200 000 元，另一方面使所有者权益（实收资本）减少 200 000 元。会计等式左边资产项目与右边所有者权益项目的金额等额减少，会计等式的平衡关系保持不变。

【例 2-5】承［例 2-4］，A 企业以银行存款 100 000 元支付上月欠供应商的货款。它对会计等式的影响如表 2-6 所示。

表 2-6　对会计等式的影响 4

单位：元

项目	资产	=	负债	+	所有者权益
经济业务发生前	9 800 000		4 000 000		5 800 000
经济业务影响	−100 000		−100 000		
经济业务发生后	9 700 000	=	3 900 000		5 800 000

该项经济业务的发生，一方面使资产（银行存款）减少 100 000 元，另一方面使负债（应付账款）减少 100 000 元。会计等式左边资产项目与右边负债项目的金额等额减少，会计等式的平衡关系保持不变。

【例 2-6】承［例 2-5］，A 企业以银行存款 150 000 元购入原材料一批，材料已经验收入库。它对会计等式的影响如表 2-7 所示。

表 2-7　对会计等式的影响 5

单位：元

项目	资产	=	负债	+	所有者权益
经济业务发生前	9 700 000		3 900 000		5 800 000
经济业务影响	+150 000				
	−150 000				
经济业务发生后	9 700 000	=	3 900 000		5 800 000

该项经济业务的发生，一方面使资产（原材料）增加 150 000 元，另一方面使资产（银行存款）减少 150 000 元。会计等式左边资产项目内部一增一减，增减金额相等，会计等式的平衡关系保持不变。

【例 2-7】承［例 2-6］，A 企业签发商业汇票抵付前欠供应商 500 000 元货款。它对会计等式的影响如表 2-8 所示。

表 2-8　对会计等式的影响 6

单位：元

项目	资产	=	负债	+	所有者权益
经济业务发生前	9 700 000		3 900 000		5 800 000
经济业务影响			+500 000		
			−500 000		
经济业务发生后	9 700 000	=	3 900 000		5 800 000

该项经济业务的发生，一方面使负债（应付票据）增加 500 000 元，另一方面使负债（应付账款）减少 500 000 元。会计等式右边负债项目内部一增一减，增减金额相等，会计等式的平衡关系保持不变。

【例 2-8】 承 ［例 2-7］，A 企业将盈余公积 80 000 元转增实收资本，有关增资手续已经办妥。它对会计等式的影响如表 2-9 所示。

表 2-9　对会计等式的影响 7

单位：元

项目	资产	=	负债	+	所有者权益
经济业务发生前	9 700 000		3 900 000		5 800 000
经济业务影响					+80 000
					−80 000
经济业务发生后	9 700 000	=	3 900 000		5 800 000

该项经济业务的发生，一方面使所有者权益（实收资本）增加 80 000 元，另一方面使所有者权益（盈余公积）减少 80 000 元。会计等式右边所有者权益项目内部一增一减，增减金额相等，会计等式的平衡关系保持不变。

【例 2-9】 承 ［例 2-8］，A 企业股东大会决定向投资者分配现金股利 200 000 元。它对会计等式的影响如表 2-10 所示。

表 2-10　对会计等式的影响 8

单位：元

项目	资产	=	负债	+	所有者权益
经济业务发生前	9 700 000		3 900 000		5 800 000
经济业务影响			+200 000		−200 000
经济业务发生后	9 700 000	=	4 100 000		5 600 000

该项经济业务的发生，一方面使负债（应付股利）增加 200 000 元，另一方面使所有者权益（利润分配）减少 200 000 元。会计等式右边负债项目增加，所有者权益项目减少，增减金额相等，会计等式的平衡关系保持不变。

【例 2-10】 承 ［例 2-9］，经协商，A 企业将已发行的债券 250 000 元转为企业的实收资本。它对会计等式的影响如表 2-11 所示。

表 2-11　对会计等式的影响 9

单位：元

项目	资产	=	负债	+	所有者权益
经济业务发生前	9 700 000		4 100 000		5 600 000
经济业务影响			−250 000		+250 000
经济业务发生后	9 700 000	=	3 850 000		5 850 000

该项经济业务的发生，一方面使所有者权益（实收资本）增加 250 000 元，另一方面使负债（应付债券）减少 250 000 元。会计等式右边所有者权益项目增加，负债项目减少，增减金额相等，会计等式的平衡关系保持不变。

根据以上举例，可以得出以下结论：

（1）当发生的经济业务涉及等式两边的会计要素变化的，会计要素要么同增，要么同减。增减金额相等，同时还会引起资金总额的变化。

（2）当发生的经济业务只涉及等式左边或右边会计要素变化的，会计要素只能是一增一减。增减金额相等，不会引起资金总额的变化。

（3）任何经济业务的发生，不会破坏会计等式的平衡关系。

【课堂讨论】

某公司判断以下经济业务涉及的会计要素及其增减变动。

（1）购入原材料 30 000 元，货款尚未支付。

（2）从银行提取现金 8 000 元。

（3）以银行存款 50 000 元购入机器设备一台。

（4）销售 A 产品一批，售价为 200 000 元，收到货款后存入银行。

（5）以银行存款 150 000 元支付新产品展览费。

【拓展思考】

随着信息时代的高速发展，支付方式也日新月异。越来越多的企业不再局限于银行结算方式，而是利用支付宝、微信等第三方支付平台进行灵活收支，尤其是零售和服务类企业，基本已离不开支付宝、微信。那么，当企业通过支付宝或者微信对客户进行收款时，是否依然通过"银行存款"或者"库存现金"科目呢？具体会计科目该如何设置？

本章小结

1. 会计对象

会计对象是指会计核算和监督的内容，表现为经济活动或资金运动。企业的经济活动一般可以归为资金筹集、资金运用与资金退出三大类。

2. 会计要素

会计要素是对会计对象的基本分类，是会计对象的具体化。我国企业会计准则将会计要素分为六项，即资产、负债、所有者权益、收入、费用和利润。其中，资产、负债和所有者权益被称为静态会计要素，反映企业财务状况；收入、费用和利润被称为动态会计要素，反映企业经营成果。

3. 会计科目与会计账户

会计科目是对会计要素进行分类核算的具体项目。会计科目按照反映的经济内容不同可划分为资产类、负债类、共同类、所有者权益类、成本类和损益类六大类科目。按照提供会计信息的详细程度不同，可划分为总分类和明细分类两大类科目。总分类科目对所属明细分类科目起着统驭作用，明细分类科目对总分类科目起着具体说明的作用。

会计账户是根据会计科目开设的，具有一定格式和结构，用于记录所发生会计事项的一种工具。会计账户四个金额指标之间的关系为：期末余额＝期初余额＋本期增加发生额－本期减少发生额。

4. 会计等式

会计等式是表明各会计要素之间基本关系的恒等式。静态会计等式"资产＝负债＋所有者权益"是最基本的会计恒等式，用于反映企业的财务状况，也是设置账户、复式记账与编制资产负债表的理论依据。动态会计等式"收入－费用＝利润"用于反映企业的经营成果，也是编制利润表的理论依据。

课后习题

一、单选题

1. 下列项目中，属于企业流动资产的是（　　　　）。

    A. 办公楼　　　　　B. 原材料　　　　　C. 专利权　　　　　D. 收入

2. 下列项目中，构成企业资产内容的是（　　　　）。

    A. 计划购买的汽车　　　　　　　B. 受托代销的商品

    C. 已付款，未入库的材料　　　　D. 被盗窃的现金

3. 下列项目中，属于企业流动负债的是（　　　　）。

    A. 应付债券　　　B. 长期借款　　　C. 预收账款　　　D. 预付账款

4. 下列关于负债的表述中，不正确的是（　　　　）。

    A. 负债是企业过去的交易或事项形成

    B. 负债是企业需要用资产或劳务等偿还

    C. 流动负债和非流动负债在一定条件下可相互转换

    D. 向银行借入的偿还期限为 1 年的借款属于长期借款

5. 下列项目中，不属于企业所有者权益构成内容的是（　　　　）。

    A. 实收资本　　　B. 资本公积　　　C. 留存收益　　　D. 对外投资

6. 某企业 2024 年年初资产总额为 1 000 万元，负债总额为 200 万元，当年取得收入 2 000 万元，发生成本费用 1 500 万元，则年末企业的所有者权益为（　　　　）万元。

A. 800　　　　　　B. 1 000　　　　　　C. 1 300　　　　　　D. 2 000

7. 下列项目中，不符合收入要素概念的是（　　　）。

A. 销售产品取得的经济利益的流入

B. 转让原材料取得的经济利益的流入

C. 处置无形资产取得的经济利益净流入

D. 提供劳务取得的经济利益的流入

8. 下列项目中，不属于企业主营业务核算范围的是（　　　）。

A. 建筑业提供的建筑安装业务

B. 制造业对外销售产品的业务

C. 运输业对外提供运输劳务

D. 制造业对外转让剩余材料的业务

9. 下列项目中，不属于企业期间费用的是（　　　）。

A. 制造费用　　　B. 管理费用　　　C. 销售费用　　　D. 财务费用

10. 下列项目中，符合费用要素定义，列入企业费用要素核算的是（　　　）。

A. 向红十字会捐赠现金 100 万元

B. 处置固定资产净损失 2 万元

C. 固定资产发生大修理支出 10 万元

D. 招待客户发生餐费 0.2 万元

11. 利润是企业一定时期内的（　　　）。

A. 经营成果　　　B. 营业利润　　　C. 产品销售利润　　　D. 毛利

12. 下列会计科目中，属于损益类科目的是（　　　）。

A. "固定资产"　　　　　　　　　　B. "应付职工薪酬"

C. "制造费用"　　　　　　　　　　D. "财务费用"

13. 下列会计科目中，属于流动资产类科目的是（　　　）。

A. "预收账款"　　　　　　　　　　B. "预付账款"

C. "所得税费用"　　　　　　　　　D. "无形资产"

14. 下列项目中，与"制造费用"属于同一类科目的是（　　　）。

A. "固定资产"　　　　　　　　　　B. "其他业务成本"

C. "生产成本"　　　　　　　　　　D. "主营业务成本"

15. 某企业 3 月 1 日"原材料"账户余额为 500 000 元，本月购入材料 200 000 元，3 月 31 日"原材料"账户余额为 200 000 元，则本月原料减少了（　　　）元。

A. 100 000　　　　　　B. 500 000　　　　　　C. 400 000　　　　　　D. 200 000

16. 下列科目中，不属于总账科目的是（　　　）。

A. "无形资产"　　　　　　　　　　B. "所得税费用"

C. "应交所得税"　　　　　　　　　D. "长期借款"

17. 下列等式中，属于最基本的会计恒等式的是（　　　）。

    A. 资产＝负债＋所有者权益

    B. 收入－费用＝利润

    C. 资产＝负债＋所有者权益＋利润

    D. 资产＝负债＋所有者权益＋（收入－费用）

18. 下列会计等式中，属于动态会计等式的是（　　　）。

    A. 资产＝负债＋所有者权益

    B. 收入－费用＝利润

    C. 资产＝负债＋所有者权益＋利润

    D. 资产＝负债＋所有者权益＋（收入－费用）

19. 下列经济业务中，不会影响资产总额发生增减变化的是（　　　）。

    A. 向外单位购入原材料一批，价值 50 万元，货款未付，材料已验收入库

    B. 用银行存款偿还短期借款 10 万元

    C. 收到投资者投入资本金 100 万元存入银行

    D. 用银行存款购买小车一辆，价值 20 万元

20. 某公司购入材料一批，买价为 50 000 元，款项尚未支付。这项业务的发生，意味着（　　　）。

    A. 资产增加 50 000 元，负债减少 50 000 元

    B. 资产增加 50 000 元，负债增加 50 000 元

    C. 资产减少 50 000 元，负债减少 50 000 元

    D. 资产减少 50 000 元，负债增加 50 000 元

二、多选题

1. 下列项目中，属于资金退出企业的经济业务有（　　　）。

    A. 归还贷款　　　　B. 上缴税金　　　　C. 分配利润　　　　D. 购买材料

2. 下列关于资产特征的表述中，正确的有（　　　）。

    A. 资产是企业过去的交易或事项形成的

    B. 资产预期能给企业带来经济利益的流入

    C. 资产是由企业拥有或控制的资源

    D. 资产具有可辨认性

3. 下列项目中，属于企业流动资产的有（　　　）。

    A. 应收账款　　　　B. 应付账款　　　　C. 预收账款　　　　D. 预付账款

4. 下列关于负债特征的表述中，正确的有（　　　）。

    A. 负债是企业承担的现时义务

    B. 负债的清偿预期会导致经济利益流出企业

    C. 负债是由过去的交易或者事项形成的

    D. 负债一定需要企业用资产或劳务偿还后才能消灭

5. 所有者权益的确认计量主要受（　　　　）因素的影响。

    A. 资产　　　　　　　　B. 负债　　　　　　　　C. 收入　　　　　　　　D. 费用

6. 下列关于所有者权益特征的表述中，正确的有（　　　　）。

    A. 所有者权益是一种来自投资者投资行为的权利

    B. 所有者权益既是一种财产权利，又是一种剩余权益

    C. 所有者权益具有长期性

    D. 所有者权益是所有者的投资和资本增值

7. 下列关于收入特征的表述中，正确的有（　　　　）。

    A. 收入是从企业的日常活动中产生

    B. 收入会导致所有者权益的增加

    C. 收入是与所有者投入资本无关的经济利益的总流入

    D. 与收入相关的经济利益很可能流入企业

8. 下列项目中，不符合收入要素概念的有（　　　　）。

    A. 企业转让固定资产的收入　　　　　B. 企业处置无形资产的收入

    C. 企业接受外单位捐赠的收入　　　　D. 企业出租仓库取得的租金

9. 下列项目中，符合费用要素概念的有（　　　　）。

    A. 生产产品领用原材料　　　　　　　B. 支付银行短期借款的利息

    C. 为修建办公楼发生的支出　　　　　D. 发放车间工人的工资

10. 下列项目中，属于影响企业利润的有（　　　　）。

    A. 收入　　　　　　　　B. 费用　　　　　　　　C. 利得　　　　　　　　D. 损失

11. 下列会计科目中，属于流动负债的有（　　　　）。

    A. "应付债券"　　　　　　　　　　　B. "预计负债"

    C. "预付账款"　　　　　　　　　　　D. "预收账款"

12. 会计账户能提供四个核算指标，下列各项中为动态指标的有（　　　　）。

    A. 期初余额　　　　　　　　　　　　B. 本期增加发生额

    C. 本期减少发生额　　　　　　　　　D. 期末余额

13. 会计账户的基本构成要素包括（　　　　）。

    A. 账户名称（会计科目）　　　　　　B. 经济业务摘要

    C. 凭证字号　　　　　　　　　　　　D. 增减金额和余额

14. 下列经济业务类型中，不会引起负债总额发生变化的有（　　　　）。

    A. 资产内部一增一减

    B. 负债内部一增一减

    C. 所有者权益内部一增一减

    D. 资产与所有者权益一增一减

15. 下列经济业务中，会引起所有者权益总额增加的有（　　　　）。

  A. 销售产品取得收入 10 万元

  B. 接受投资人投入资本金 200 万元

  C. 接受外商捐赠轿车 20 万元

  D. 向投资者宣告发放现金股利 600 万元

三、判断题

1. 资产、负债、所有者权益是反映企业某一时期内财务状况的静态会计要素，收入、费用、利润是反映企业某一特定时日经营成果的动态会计要素。   （ ）

2. 会计要素是根据交易或者事项的经济特征对会计对象进行的基本分类。 （ ）

3. 负债属于动态会计要素。   （ ）

4. 负债是指企业过去的交易或者事项形成的、预期会导致经济利益流出企业的现时义务。   （ ）

5. 所有者权益是企业所有者对企业净资产的所有权，数量上等于企业的全部资产金额减去全部的负债金额。   （ ）

6. 企业只要取得收入，就一定会增加其所有者权益。   （ ）

7. 企业发生的所有经济利益的流出都是企业的费用。   （ ）

8. 企业对希望工程的捐款属于非日常活动形成的经济利益流出，不属于企业的费用，应计入企业的损失。   （ ）

9. 利润是企业在特定会计日期的经营成果，也称为财务成果，利润的大小反映了企业盈利能力的大小。   （ ）

10. 企业的利润多，则表示其盈利能力强，当期偿还债务的能力也大。 （ ）

11. 会计科目是根据会计账户开设的，会计账户是对会要素内容的具体分类。 （ ）

12. 会计科目仅仅是账户的名称，没有具体的格式，它只能表明是会计要素的某一个项目，而不能用来记录经济业务发生所引起的该项目的增减变动；账户则具有一定的格式，可以记录经济业务的内容，提供会计要素增减变动及其结果的数据资料。   （ ）

13. 会计等式的恒等关系，说明不论会计要素怎样发生变化，资产总额和权益总额永远是相等的。   （ ）

14. 任何经济业务的发生都不会破坏会计恒等式。经济业务的发生，只会引起等式两边发生等额的同时增加或减少，或等式一边等额的一增一减，会计等式是恒等的。 （ ）

15. 某企业期初资产总额为 3 000 万元，期初所有者权益总额为 2 500 万元，期末资产总额为 4 000 万元，本期负债总额增加了 300 万元，则期末所有者权益总额为 3 200 万元。   （ ）

四、业务分析题

1. 新锐家具有限责任公司 10 月份发生如下经济业务：

（1）收到甲企业投入资本金 200 000 元，存入银行。

（2）乙企业以一批机器设备作为对公司的投资，价值 150 000 元。

（3）购进一批材料，以银行存款 80 000 元支付，材料已验收入库。

（4）以银行存款直接支付上月欠迅达工厂的材料货款 50 000 元。

（5）购入价值为 100 000 元的材料一批，已验收入库，货款尚未支付。

（6）按规定将 20 000 元资本公积转为实收资本。

要求：根据上述资料，确定经济业务涉及的会计科目，并将新锐家具有限责任公司 10 月份资产、负债、所有者权益各项目金额填入表 2-12 中。

表 2-12　10 月份资产、负债、所有者权益各项目金额

单位：元

经济业务	资产			负债			所有者权益		
	会计科目	增加金额	减少金额	会计科目	增加金额	减少金额	会计科目	增加金额	减少金额
（1）									
（2）									
（3）									
（4）									
（5）									
（6）									
合计									

2. 某企业发生下列经济业务：

（1）该企业"原材料"账户期初借方余额 800 000 元，本期借方发生额 440 000 元，本期贷方发生额 20 000 元，问："原材料"账户期末余额为多少元？

（2）该企业"银行存款"账户期初借方余额 120 000 元，本期贷方发生额 160 000 元，期末余额为 180 000 元，问："银行存款"账户本期借方发生额为多少元？

（3）该企业"应收账款"账户本期借方发生额 60 000 元，本期贷方发生额 100 000 元，期末余额为 40 000 元，问："应收账款"账户期初余额为多少元？

（4）该企业"短期借款"账户期初贷方余额 90 000 元，本期贷方发生额 20 000 元，期末余额为 60 000 元，问："短期借款"账户本期借方发生额为多少元？

（5）该企业"实收资本"账户期初贷方余额 700 000 元，本期借方发生额 0 元，期末余额为 1 240 000 元，问："实收资本"账户本期贷方发生额为多少元？

（6）该企业 1 月初资产总额为 250 000 元，负债总额为 100 000 元。1 月份发生下列经济业务：取得收入共 70 000 元，发生费用共 50 000 元。

要求：1 月底该企业所有者权益总额为多少元？请根据业务要求进行计算，需列明计算过程和计算结果。

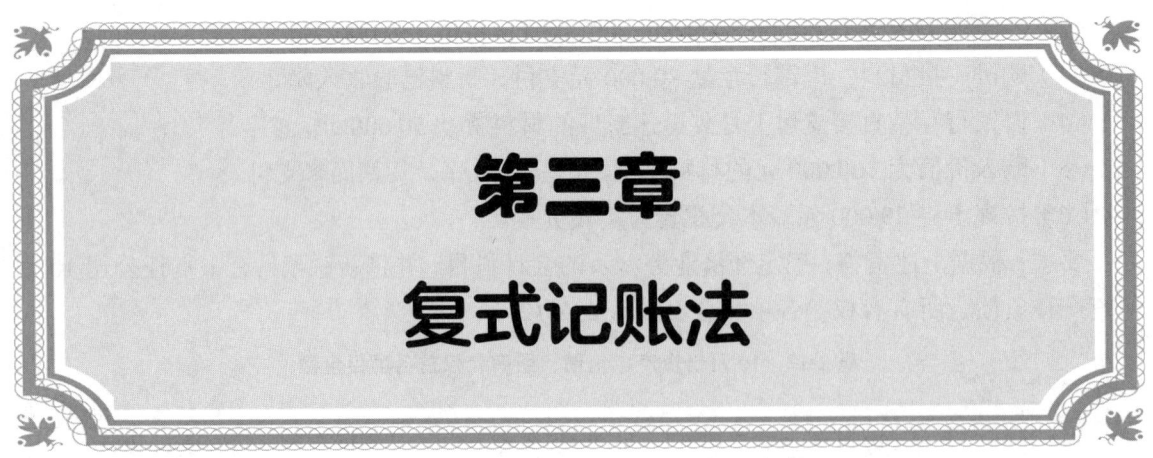

第三章
复式记账法

学习目标

1. 理解复式记账法的原理和种类。
2. 掌握借贷记账法的基本内容。
3. 掌握试算平衡的方法，能够编制试算平衡表。
4. 能够编制经济业务的会计分录。
5. 能够运用 T 形账户，结合账户结构和记账规则，说明会计账户和会计分录的关系。

知识地图及思政元素

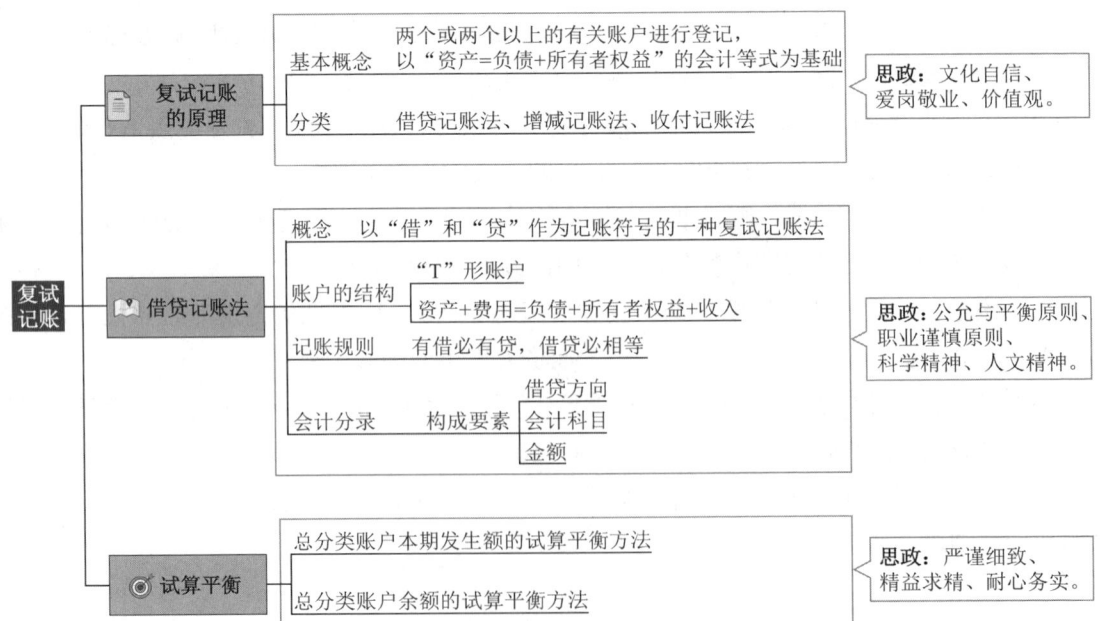

星火公司支付了 5 万元作为办公室 1 年的租金费用；用银行存款购入价值 3 万元的商品，当月月底前将这些商品全部卖出，收到货款 8 万元，货款已经存入银行。这几笔经济活动涉及"银行存款""库存商品""管理费用"等账户的增减变化。如果聘请你为星火公司的会计，你会如何记录这些经济业务发生后各账户的变动金额呢？

有一种方法是，收到一笔款项记录一次，支付一笔款项记录一次，那么用这种方法该如何记录上述各项业务呢？企业关心的不只是钱的问题，还关心商品的购买和销售，那么购买的 3 万元商品该如何记录？商品销售出去后又该如何记录？如果某一笔业务记错了，你是否能知道并查找出具体是哪里错了？

单一地只记录钱的变动或商品的增加、减少，难以保证会计账户记录的正确性，那么有没有更好的方法能让会计成为一项精确的工作呢？

【思考 1】会计人员应该如何记录发生的经济业务活动？

【思考 2】如果某一笔业务记错了，你是否能知道并查找出具体是哪里错了？

第一节　复式记账的原理

一、记账方法的概念和种类

记账方法是根据一定的原理、记账符号、记账规则，采用一定的计量单位，利用文字和数字记录经济业务的一种专门方法。为了系统地记录和反映各项经济业务，不仅需要设置会计科目，而且还必须根据会计科目开设账户。但是，账户仅仅是记录和反映经济业务的一种工具，要系统地记录和反映各项经济业务的发生情况及其结果，还必须运用一定的记账方法把经济业务记入账户。

科学的记账方法一般包括记账原理、记账符号、账户结构、记账规则和账户记录的试算平衡方法等方面的内容。记账方法按其记录经济业务的方式不同，分为单式记账法和复式记账法两大类。

二、单式记账法的基本概念

单式记账法是指对发生的经济业务，只在一个账户中进行单方面记录的方法。单式记账法，除应收款、应付款的现金收付业务在两个或两个以上账户中登记外，对于其他业务，只在一个账户中进行登记。例如，企业从外部购入一批材料 1 000 元，材料已收到，款项尚未支付。记账时只在"应付账款"账户中作增加 1 000 元的记录，而材料的增加则不予记录。又如，企业用银行存款 30 000 元购买设备一台。记账时只记"银行存款"账户减少 30 000 元，而设备增加则不予记录。

单式记账法不能全面、系统、相互联系地反映每项经济业务的来龙去脉，也不便于核对账户记录的正确性和完整性，特别是不利于实行会计监督。

三、复式记账法的基本概念

复式记账法

复式记账法是指对任何一项经济业务都必须以相等的金额在两个或两个以上的账户中相互联系地进行登记,借以反映会计对象具体内容增减变化的记账方法。

资金运动的增减变化规律是复式记账法的理论依据。每项经济业务发生以后,可能会影响到两个或两个以上会计要素的增减变化,也可能是同一会计要素中的两个或两个以上项目的增减变化。这种增减变化可分为四种类型:资产要素与权益要素同增或同减,增减金额相等;资产要素或权益要素内部有增有减,增减金额相等。例如,企业用银行存款60 000元偿还以前所欠的货款,一方面在"银行存款"账户中登记减少,另一方面冲减企业的"应付账款"账户余额。又如,企业用银行存款支付,购买了100 000元的固定资产,一方面在"银行存款"账户中登记减少,另一方面在"固定资产"账户中登记增加,复式记账法如图3-1所示。

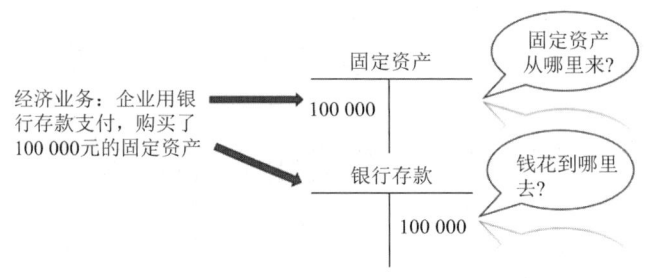

图3-1 复式记账法

采用复式记账法时,应遵循以下基本原则:

(1)必须以会计等式"资产＝负债＋所有者权益"作为基础。

(2)对每项经济业务必须在两个或两个以上相互联系的账户中等额记录。

(3)必须按经济业务影响会计等式的四种类型进行记录。

(4)定期汇总的全部账户记录的发生额、余额必须各自平衡。

每项经济业务的发生都有其来龙去脉,都会引起两个或两个以上会计要素具体项目的增减变化,因而采用复式记账法能客观地反映每项经济业务。

复式记账法按记账原理不同可分为借贷记账法、增减记账法和收付记账法等多种方法。目前,世界各国普遍采用的复式记账法是借贷记账法。我国《企业会计准则——基本准则》第十一条规定,企业应当采用借贷记账法记账。

第二节 借贷记账法

借贷记账法

一、借贷记账法的概念

借贷记账法是以"借"和"贷"作为记账符号,对每项经济业务都要在两个或两个以上的账户中相互联系地进行全面登记的一种记账方法。

借贷记账法起源于 13 世纪左右资本主义萌芽的意大利。当时意大利的商品经济特别是沿海城市的海上贸易有了很大发展，随后出现了银行业。借贷记账法就是为了适应商业资本和借贷资本经济发展的需要而产生的。"借""贷"二字的最初含义是用来表示借贷资本家（银行业主）债权、债务增减变化的。借贷资本家把收进的存款记在贷主的名下，表示债务（即应付款）的增加；把放出的贷款记在借主名下，表示债权（即应收款）的增加。后来，随着商品货币经济的发展，经济活动内容日益复杂，记账内容也逐渐扩大到资本、商品、现金和经营损益等方面，加之借贷记账法被其他行业所采用，这就使"借""贷"二字失去了原意，演变成为纯粹的记账符号，用来记录和反映增加数和减少数。到了 15 世纪七八十年代，借贷记账法由单式发展为复式，并在此后的几百年始终处于不断改进和完善之中。

二、账户的结构

如果设定用"借"与"贷"分别表示"资产＝负债＋所有者权益"这一会计基本等式左边的资产类账户金额的增加与减少，则"借"与"贷"相应分别表示等式右边的负债、所有者权益类账户金额的减少与增加。依据"资产＝负债＋所有者权益＋收入－费用"这一综合会计等式，收入会导致所有者权益的增加，费用会导致所有者权益的减少，收入类账户与所有者权益类账户相同，费用类账户与所有者权益类账户相反，即与资产类账户相同。为此，也可以用"借"与"贷"分别表示收入类账户金额的减少与增加、费用类账户金额的增加与减少。按照这样的设定，在借贷记账法下，资产类、负债类、所有者权益类、成本类和损益类账户就形成了固定的结构。

（一）资产类账户的结构

资产类账户的结构是借方登记资产的增加额，贷方登记资产的减少额，期初余额、期末余额一般为借方余额。资产类账户的结构如图 3-2 所示。

借方	资产类账户		贷方
期初余额	×××		
增加额	×××	减少额	×××
本期发生额	×××	本期发生额	×××
期末余额	×××		

图 3-2　资产类账户结构

会计事项引起的资产变化通常总是增加在先，减少在后，而且资产的减少额不会大于期初余额与本期增加额之和，因此，资产类账户一般具有期初借方余额、期末借方余额。资产类账户期末借方余额的计算公式为：

期末（借方）余额＝期初（借方）余额＋本期借方（增加）发生额－本期贷方（减少）发生额

（二）负债、所有者权益类账户的结构

负债、所有者权益类账户的结构是贷方登记增加额，借方登记减少额，期初余额、期末余额一般为贷方余额。负债、所有者权益类账户的结构如图 3-3 所示。

借方		负债、所有者权益类账户	贷方
		期初余额	×××
减少额	×××	增加额	×××
本期发生额	×××	本期发生额	×××
期末余额	×××	期末余额	×××

图 3-3　负债、所有者权益类账户结构

会计事项引起的负债、所有者权益变化通常总是增加在先，减少在后，而且负债、所有者权益的减少额不会大于期初余额与本期增加额之和，因此，负债、所有者权益类账户一般具有期初贷方余额、期末贷方余额。负债、所有者权益类账户期末贷方余额的计算公式为：

期末（贷方）余额＝期初（贷方）余额＋本期贷方（增加）发生额－本期借方（减少）发生额

（三）成本类账户的结构

成本类账户的结构是借方登记成本的增加额，贷方登记成本的减少额（冲销额）或结转额，若有余额，期初余额、期末余额一般为借方余额。成本类账户的结构如图 3-4 所示。

借方		成本类账户	贷方
期初余额（若有）	×××		
增加额	×××	减少额或结转额	×××
本期发生额	×××	本期发生额	×××
期末余额（若有）	×××		

图 3-4　成本类账户结构

企业在生产经营过程中所发生的应当直接或间接地计入产品成本的材料费、人工费、固定资产折旧费等各种耗费，在产品完工入库前作为在产品，也属于企业的资产。因此，"生产成本""制造费用"等成本类账户的结构与资产类账户的结构基本相同。但不同之处在于，成本类账户的贷方发生额通常表示本期完工产品成本的结转额，而且在期末结转之后，有的成本类账户无余额，如"制造费用"账户期末将归集的间接生产费用分配结转到相关产品成本计算对象后无余额；而有的成本类账户可能会留有期末借方余额，如"生产成本"账户有时会留有期末借方余额，表示企业在产品的成本。成本类账户期末借方余额的计算公式为：

期末（借方）余额＝期初（借方）余额＋本期借方（增加）发生额－本期贷方（减少或结转）发生额

（四）损益类账户的结构

设置损益类账户的目的主要是核算企业在生产经营过程中所发生的各项收入与费用，以

便通过一定期间收入和费用的比较，确定这一期间所实现的利润。损益类账户根据其与利润的关系，具体划分为收入和费用两小类账户。

（1）收入类账户的结构。收入类账户的结构是贷方登记收入的增加额，借方登记收入的减少额，增加额扣除减少额后的净额，期末通过借方结转至本年利润账户，结转净额后账户无余额。收入类账户的结构如图 3-5 所示。

借方	收入类账户		贷方	
减少额	×××	增加额	×××
结转净额	×××		
本期发生额	×××	本期发生额	×××

图 3-5　收入类账户结构

收入类账户的结构与负债、所有者权益类账户既有相同之处，也有不同之处，即均在贷方登记增加额，借方登记减少额，但负债、所有者权益类账户一般有贷方余额，而收入类账户结转净额后无余额。

（2）费用类账户的结构。费用类账户的结构是借方登记费用的增加额，贷方登记费用的减少额，增加额扣除减少额后的净额，期末通过贷方结转至本年利润账户，结转净额后账户无余额。费用类账户的结构如图 3-6 所示。

费用类账户的结构与资产类账户既有相同之处，也有不同之处，即均在借方登记增加额，贷方登记减少额，但资产类账户一般有借方余额，而费用类账户结转净额后无余额。

借方	资产类账户		贷方	
增加额	×××	减少额	×××
		结转净额	×××
本期发生额	×××	本期发生额	×××

图 3-6　费用类账户结构

借贷记账法下各类账户的结构汇总如表 3-1 所示。

表 3-1　借贷记账法下各类账户的结构

账户类别	借方	贷方	余额及方向
资产类	登记增加额	登记减少额	有余额且在借方
负债类	登记减少额	登记增加额	有余额且在贷方
所有者权益类	登记减少额	登记增加额	有余额且在贷方
成本类	登记增加额	登记减少及结转额	若有余额应在借方
收入类	登记减少及结转额	登记增加额	无余额
费用类	登记增加额	登记减少及结转额	无余额

三、记账规则

借贷记账法的记账规则是"有借必有贷，借贷必相等"。这一记账规则，可以从以下两个方面加以理解：

（1）会计基本等式"资产＝负债＋所有者权益"所涉及的四种要素增减业务类型已概括了所有的经济业务，在这四种业务类型中，不论是资产、负债、所有者权益内部还是负债与所有者权益之间，一增一减必定表现为一借一贷，同增或同减也必定表现为一借一贷。因此，在借贷记账法各账户记录中，经济业务发生必定"有借必有贷"。这种借贷关系称为账户的对应关系，存在对应关系的账户称为对应账户。

（2）复式记账的原理是对任何一笔经济业务必定以相等的金额同时在两个或两个以上有相互联系的账户中记。因此，在"有借必有贷"的情况下，借方的金额和贷方的金额是以同一个金额记录的，所以"借贷必相等"。

综上所述，我们在实际运用借贷记账法规则去记录发生的经济业务时，一般是先确定经济业务发生时涉及的会计要素是增加还是减少，是哪两个或几个会计科目；然后再确定记入这些会计科目相对应的账户结构的借方或贷方，并且要保证借方金额等于贷方金额。

【例 3-1】以新锐家具有限责任公司 2024 年 3 月份发生的经济业务为例，说明借贷记账法的记账规则。

[业务1] 从银行取得短期借款 40 000 元，存入银行。

这是一项资产和负债同时增加的经济业务，它涉及"银行存款"（资产类）账户和"短期借款"（负债类）账户，两者都增加了 40 000 元。

根据资产类账户的结构，银行存款的增加应记入"银行存款"账户的借方；根据负债类账户的结构，短期借款的增加应记入"短期借款"账户的贷方。应记入这两个账户的金额都是 40 000元。

根据上述分析，把这项经济业务记入有关账户的结果，登账如图 3-7 所示。

借方	银行存款	贷方		借方	短期借款	贷方
期初余额					期初余额	
（1）40 000					（1）40 000	

图 3-7　业务 1 登账

[业务2] 收到投资者投资 50 000 元，存入银行。

这是一项资产和所有者权益同时增加的经济业务，它涉及"银行存款"（资产类）账户和"实收资本"（所有者权益类）账户，两者都增加 50 000 元。

根据资产类账户的结构，银行存款的增加应记入"银行存款"账户的借方；根据所有者权益类账户的结构，实收资本的增加应记入"实收资本"账户的贷方。应记入这两个账户的金额都是 50 000 元。

根据上述分析，把这项经济业务记入有关账户的结果，登账如图 3-8 所示。

借方	银行存款	贷方		借方	实收资本	贷方
期初余额						期初余额
（2）50 000						（2）50 000

图 3-8　业务 2 登账

[**业务 3**] 用银行存款 10 000 元归还已到期的银行短期借款。

这是一项资产和负债同时减少的经济业务，它涉及"银行存款"（资产类）账户和"短期借款"（负债类）账户，两者都减少 10 000 元。

根据资产类账户的结构，银行存款的减少应记入"银行存款"账户的贷方；根据负债类账户的结构，短期借款的减少，应记入"短期借款"账户的借方。应记入这两个账户的金额都是 10 000元。

根据上述分析，把这项经济业务记入有关账户的结果，登账如图 3-9 所示。

借方	银行存款	贷方		借方	短期借款	贷方
期初余额						期初余额
		（3）10 000		（3）10 000		

图 3-9　业务 3 登账

[**业务 4**] 用银行存款 85 000 元购进新机器一台（不考虑增值税问题）。

这是一项资产内部项目有增有减的经济业务，它涉及"银行存款"和"固定资产"这两个资产类账户，前者减少 85 000 元，后者增加 85 000 元。

根据资产类账户的结构，银行存款的减少应记入"银行存款"账户的贷方；固定资产的增加应记入"固定资产"账户的借方。应记入这两个账户的金额都是 85 000 元。

根据上述分析，把这项经济业务记入有关账户的结果，登账如图 3-10 所示。

借方	银行存款	贷方		借方	固定资产	贷方
期初余额				期初余额		
		（4）85 000		（4）85 000		

图 3-10　业务 4 登账

[**业务 5**] 用短期借款 50 000 元直接偿还前欠某单位的货款。

这是一项负债内部项目有增有减的经济业务，它涉及"短期借款"和"应付账款"这两个负债类账户，前者增加 50 000 元，后者减少 50 000 元。

根据负债类账户的结构，短期借款的增加应记入"短期借款"账户的贷方；应付账款的减少应记入"应付账款"账户的借方。应记入这两个账户的金额都是 50 000 元。

根据上述分析，把这项经济业务记入有关账户的结果，登账如图 3-11 所示。

借方	短期借款	贷方		借方	应付账款	贷方
		期初余额				期初余额
		（5）50 000				（5）50 000

图 3-11　业务 5 登账

［**业务 6**］经双方商定，把应付林氏木业公司的货款 75 000 元转作该公司的投资。

这是一项负债减少、所有者权益增加的经济业务，它涉及"应付账款"（负债类）账户和"实收资本"（所有者权益类）账户，前者减少 75 000 元，后者增加 75 000 元。

根据负债类账户的结构，应付账款的减少应记入"应付账款"账户的借方；根据所有者权益类账户的结构，实收资本的增加应记入"实收资本"账户的贷方。应记入这两个账户的金额都是 75 000 元。

根据上述分析，把这项经济业务记入有关账户的结果，登账如图 3-12 所示。

借方	应付账款	贷方		借方	实收资本	贷方
		期初余额				期初余额
（6）75 000						（6）75 000

图 3-12　业务 6 登账

［**业务 7**］生产 A 产品领用甲材料 50 000 元。

这是一项直接生产费用增加、资产减少的经济业务，它涉及"生产成本"（成本类）账户和"原材料"（资产类）账户，前者增加 50 000 元，后者减少 50 000 元。

根据成本类账户的结构，直接生产费用的增加，应记入"生产成本"账户的借方；根据资产类账户的结构，原材料的减少，应记入"原材料"账户的贷方。应记入这两个账户的金额都是 50 000元。

根据上述分析，把这项经济业务记入有关账户的结果，登账如图 3-13 所示。

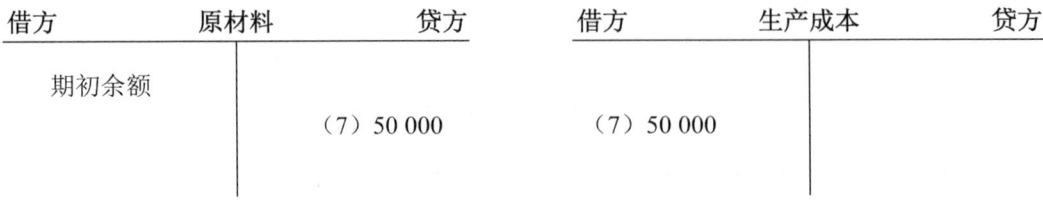

借方	原材料	贷方		借方	生产成本	贷方
期初余额						
		（7）50 000		（7）50 000		

图 3-13　业务 7 登账

［业务8］销售A产品一批，货款85 000元，存入银行（不考虑增值税）。

这是一项收入和资产同时增加的经济业务，它涉及"主营业务收入"（收入类）账户和"银行存款"（资产类）账户，两者都增加85 000元。

根据损益类账户中收入类账户的结构，产品销售收入的增加，应记入"主营业务收入"账户的贷方；银行存款的增加，应记入"银行存款"账户的借方。应记入这两个账户的金额都是85 000元。

根据上述分析，把这项经济业务记入有关账户的结果，登账如图3-14所示。

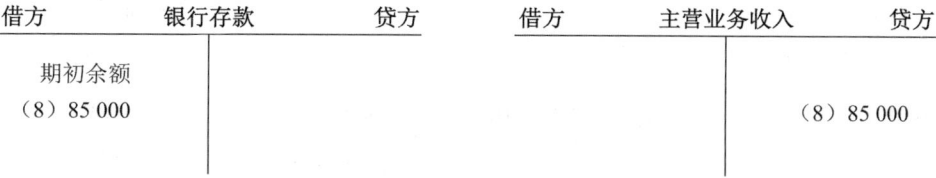

借方	银行存款	贷方	借方	主营业务收入	贷方
期初余额					
（8）85 000					（8）85 000

图3-14 业务8登账

四、会计分录

［例3-1］中的八笔经济业务，代表八种类型的经济业务。从上述说明中可以看出，采用借贷记账法记录任何一种类型的经济业务，都会有记入某一账户的借方和记入某一账户的贷方，而且记入借、贷方账户的金额必然相等，即任何一项经济业务都会体现"有借必有贷，借贷必相等"的记账规则。

为了保证账户记录的正确性，在把经济业务记入有关账户之前，应根据经济业务的内容，先编制会计分录，再根据会计分录登记有关账户。所谓会计分录，是根据经济业务的内容，在登记有关账户之前预先确定应当登记的账户名称、账户登记方向（借方或贷方）和登记金额的一种记录。在实际工作中，会计分录是按照一定的格式要求填写在记账凭证上的。

【例3-2】 现以［例3-1］列举的八笔经济业务为例，说明会计分录的编制方法。

［业务1］从银行取得短期借款40 000元，存入银行。

  借：银行存款   40 000

    贷：短期借款   40 000

［业务2］收到投资者投资50 000元，存入银行。

  借：银行存款   50 000

    贷：实收资本   50 000

［业务3］用银行存款10 000元归还已到期的银行短期借款。

  借：短期借款   10 000

    贷：银行存款   10 000

［业务4］用银行存款85 000元购进新机器一台（不考虑增值税问题）。

  借：固定资产   85 000

    贷：银行存款   85 000

［**业务 5**］用短期借款 50 000 元直接偿还前欠某单位的货款。

    借：应付账款   50 000

       贷：短期借款   50 000

［**业务 6**］经双方商定，把应付林氏木业公司的货款 75 000 元转作对该公司的投资。

    借：应付账款   75 000

       贷：实收资本   75 000

［**业务 7**］生产 A 产品领用甲材料 50 000 元。

    借：生产成本   50 000

       贷：原材料   50 000

［**业务 8**］销售 A 产品一批，货款 85 000 元，存入银行（不考虑增值税）。

    借：银行存款   85 000

       贷：主营业务收入   85 000

    会计分录按所涉及的账户多少可分为简单分录和复合分录两种。简单分录是由两个账户组成的会计分录，即一个借方账户与一个贷方账户相对应组成的分录。上述分录都是简单会计分录。复合分录是由两个以上账户组成的分录。复合会计分录有三种：第一种是"一借多贷"的分录，第二种是"一贷多借"的分录，第三种是"多借多贷"的分录。

第三节　试算平衡

试算平衡

    试算平衡是指根据"资产＝负债＋所有者权益"这一会计等式的平衡原理，按照"有借必有贷，借贷必相等"记账规则的要求，通过汇总、计算和比较，来检查账户记录正确性、完整性而采用的一种技术方法。借贷记账法的试算平衡包括总分类账户试算平衡和明细分类账户试算平衡两个方面，是在月末结算所有账户的本期借、贷方发生额和余额的基础上，根据账户本期发生额和期末余额，通过编制试算平衡表的方法进行的。

    以总分类账户的试算平衡方法为例，总分类账户的试算平衡包括本期发生额试算平衡和余额试算平衡两方面，通过编制总分类账户试算平衡表来进行试算平衡。

一、总分类账户本期发生额的试算平衡方法

    总分类账户本期发生额的试算平衡是根据所有总分类账户的本期借、贷方发生额，通过编制总分类账户本期发生额试算平衡表来进行的，其目的是检验本期发生额的登记是否正确。

    【**例 3-3**】现根据前面列举的新锐家具有限责任公司 2024 年 3 月份总分类账户为例，说明总分类账户本期发生额的试算平衡方法。

    该公司 3 月份登记的总分类账户，如图 3-15 所示。

借方	银行存款	贷方
期初余额 82 000		
（1）40 000		
（2）50 000	（3）10 000	
	（4）85 000	
（8）85 000		
本期发生额 175 000	本期发生额 95 000	
期末余额 162 000		

借方	原材料	贷方
期初余额 70 000		
	（7）50 000	
本期发生额 20 000	本期发生额 50 000	
期末余额 20 000		

借方	固定资产	贷方
期初余额 80 000		
（4）85 000		
本期发生额 85 000	本期发生额 95 000	
期末余额 165 000		

借方	短期借款	贷方
期初余额 2 000		
	（1）40 000	
（3）10 000	（5）50 000	
本期发生额 10 000	本期发生额 90 000	
期末余额 82 000		

借方	应付账款	贷方
	期初余额 150 000	
（5）50 000		
（6）75 000		
本期发生额 125 000	期末余额 25 000	

借方	生产成本	贷方
（7）50 000		
本期发生额 50 000		
期末余额 50 000		

借方	实收资本	贷方
	期初余额 80 000	
	（2）50 000	
	（6）75 000	
	本期发生额 125 000	
	期末余额 205 000	

借方	主营业务收入	贷方
	（8）85 000	
	本期发生额 85 000	
	期末余额 85 000	

图 3-15　新锐家具有限责任公司 2024 年 3 月份总分类账户

月末，根据总分类账户本期发生额编制的总分类账户本期发生额试算平衡表如表 3-2 所示。

表 3-2　总分类账户本期发生额试算平衡表

编制单位：新锐家具有限责任公司　　　　　　2024 年 3 月　　　　　　　　　单位：元

账户名称	本期发生额	
	借方	贷方
银行存款	175 000	95 000
原材料		50 000
固定资产	85 000	
短期借款	10 000	90 000
应付账款	125 000	

（续表）

账户名称	本期发生额	
	借方	贷方
生产成本	50 000	
实收资本		125 000
主营业务收入		85 000
合计	445 000	445 000

表 3-2 中所有账户的借方本期发生额合计与贷方本期发生额合计相等，证明总分类账户本期发生额的登记是基本正确的。发生额试算平衡公式是：

全部账户借方本期发生额合计 ＝ 全部账户贷方本期发生额合计

二、总分类账户余额的试算平衡方法

总分类账户期末余额的试算平衡是根据所有总分类账户的期末借方余额与贷方余额，通过编制总分类账户余额试算平衡表来进行的，其目的是检查期末余额的计算是否正确。

【例 3-4】现以［例 3-1］中新锐家具有限责任公司 2024 年 3 月份总分类账户为例，说明总分类账户余额的试算平衡方法。

新锐家具有限责任公司 3 月末编制的总分类账户余额试算平衡表如表 3-3 所示。

表 3-3　总分类账户余额试算平衡表

编制单位：新锐家具有限责任公司　　　　　　2024 年 3 月　　　　　　　　单位：元

账户名称	借方余额	贷方余额
银行存款	162 000	
原材料	20 000	
固定资产	165 000	
短期借款		82 000
应付账款		25 000
生产成本	50 000	
实收资本		205 000
主营业务收入		85 000
合计	397 000	397 000

表 3-3 中所有账户的期末借方余额合计与贷方余额合计相等，证明总分类账户期末余额的计算是基本正确的。总分类账户余额试算平衡公式是：

全部账户借方余额合计 ＝ 全部账户贷方余额合计

上述总分类账户本期发生额试算平衡表和总分类账户余额试算平衡表可以合并为一张试算平衡表，即总分类账户本期发生额及余额试算平衡表，用于同时进行发生额和余额的试算平衡。这种合并的总分类账户本期发生额及余额试算平衡表如表 3-4 所示。

表 3-4　总分类账户本期发生额及余额试算平衡表

编制单位：新锐家具有限责任公司　　　　　　2024 年 3 月　　　　　　　　　单位：元

账户名称	期初余额		本期发生额		期末余额	
	借方	贷方	借方	贷方	借方	贷方
银行存款	82 000		175 000	95 000	162 000	
原材料	70 000			50 000	20 000	
固定资产	80 000		85 000		165 000	
短期借款		2 000	10 000	90 000		82 000
应付账款		150 000	125 000			25 000
生产成本			50 000		50 000	
实收资本		80 000		125 000		205 000
主营业务收入				85 000		85 000
合计	232 000	232 000	445 000	445 000	397 000	397 000

　　需要指出的是：试算平衡表只是通过计算借、贷方金额是否平衡来检验账户记录是否正确的。如果借、贷方金额不平衡，可以肯定账户记录或计算有错误；如果借、贷方金额平衡，只能断定账户记录或计算基本正确。因为有些错误并不影响借、贷方金额的平衡。例如，一笔经济业务的会计分录全部重记或漏记，或根据编制错误（如账户用错）的会计分录记错了账户等。因此，会计人员需要对会计分录和账户记录进行日常或定期的复核，然后再进行试算平衡，以保证账户记录的正确性。

本章小结

1. 复式记账法

　　记账方法经历了由单式记账法到复式记账法的演进过程。复式记账法是以会计等式为理论依据建立的一种记账方法，对发生的会计事项按相等的金额同时在两个或两个以上相关账户中进行登记，账户记录能够反映会计事项的来龙去脉。

2. 借贷记账法

　　借贷记账法是以"借""贷"作为记账符号，以"有借必有贷，借贷必相等"作为记账规则的一种复式记账法。在借贷记账法下，如何记账取决于账户的内容或性质。对于资产类账户，在借方登记增加额，在贷方登记减少额；对于负债类、所有者权益类账户，则在贷方登记增加额，在借方登记减少额。对于成本类账户、费用类账户的记账类似于资产类账户；对于收入类账户的记账类似于负债类、所有者权益类账户。通常资产类账户期末有余额且在借方，负债类、所有者权益类账户期末有余额且在贷方；费用类账户、收入类账户期末无余额；

成本类账户期末若有余额，为借方余额。为此，可以根据账户余额的方向判断账户的经济内容及性质。

3. 试算平衡

期末应依据借贷记账法的记账规则与会计等式通过编制本期发生额与期末余额试算平衡表，对账户记录进行试算平衡，以核查账户记录的正确性。

课后习题

一、单选题

1. 借贷记账法下账户的基本结构分为借贷两方，但哪方记增加，哪方记减少，取决于（　　）。

    A. 记账规则
    B. 记账方法

    C. 账户提供信息的详细程度
    D. 账户核算的经济内容

2. 在进行复式记账时，对任何一项经济业务登记的账户数量应是（　　）。

    A. 一个
    B. 两个
    C. 三个
    D. 两个或两个以上

3. 复式记账法对每项经济业务都以相等的金额,同时在两个或两个以上的账户中进行登记,其登记的账户是（　　）账户。

    A. 资产类
    B. 负债和所有者权益类

    C. 相互联系的对应
    D. 总分类账户及其所属的明细分类

4. 借贷记账法下，发生额的试算平衡是以（　　）为理论依据的。

    A. 账户结构
    B. 记账规则

    C. 平行登记规则
    D. 会计等式

5. 下列账户按经济内容分类，（　　）属于资产类账户。

    A. "应收账款"
    B. "预收账款"

    C. "实收资本"
    D. "利润分配"

6. 下列账户按经济内容分类，（　　）属于负债类账户。

    A. "本年利润"
    B. "预收账款"

    C. "盈余公积"
    D. "预付账款"

7. 下列账户按经济内容分类，（　　）属于所有者权益类账户。

    A. "主营业务收入"
    B. "其他业务收入"

    C. "营业外收入"
    D. "本年利润"

8. 下列账户按经济内容分类，（　　）属于成本类账户。

    A. "制造费用"
    B. "销售费用"

    C. "管理费用"
    D. "财务费用"

9. 借贷记账法的记账符号"借"表示增加的会计要素为（　　　）。

    A. 资产   B. 负债   C. 收入   D. 利润

10. 费用类账户的基本结构与（　　　）相似。

    A. 负债类账户   B. 资产类账户

    C. 收入类账户   D. 收入类账户

二、多选题

1. 账户按经济内容分类时，（　　　）属于负债类账户。

    A. "短期借款"   B. "应付账款"

    C. "应付职工薪酬"   D. "预收账款"

2. 账户按经济内容分类时，（　　　）属于所有者权益类账户。

    A. "实收资本"   B. "资本公积"

    C. "盈余公积"   D. "利润分配"

3. 账户按经济内容分类时，（　　　）属于损益类账户。

    A. "生产成本"   B. "制造费用"

    C. "销售费用"   D. "管理费用"

4. 下列各账户中，期末结账后没有余额的有（　　　）账户。

    A. "主营业务收入"   B. "其他业务收入"

    C. "主营业务成本"   D. "其他业务成本"

5. 企业用银行存款偿还以前所欠的材料采购货款，引起会计要素变化的有（　　　）。

    A. 资产增加   B. 资产减少   C. 负债增加   D. 负债减少

6. 下列关于明细分类科目的说法中，正确的有（　　　）。

    A. 也称一级会计科目   B. 是进行明细分类核算的依据

    C. 是进行总分类核算的依据   D. 提供更加详细具体的指标

7. 下列关于复式记账法的表述中，正确的有（　　　）。

    A. 以会计等式为理论依据

    B. 需要建立完整的账户体系

    C. 通过账户记录能够反映经济业务的来龙去脉

    D. 通过账户之间的平衡关系可以检查账户记录的正确性

8. 下列关于借贷记账法的表述中，正确的表述有（　　　）。

    A. 以"借""贷"为记账符号

    B. 账户的借方登记增加额，贷方登记减少额

    C. 能够根据账户余额方向判断账户的性质

    D. 记账规则为"有借必有贷，借贷必相等"

9. 借贷记账法的试算平衡包括（　　　）。

    A. 明细账平衡法   B. 总账平衡法

C. 发生额平衡法   D. 余额平衡法

10.下列分录中，属于复合分录的有（　　　　）。

A. 一借一贷   B. 多借多贷

C. 一借多贷   D. 多借一贷

三、判断题

1. 账户与会计科目的主要区别在于，账户具有一定的格式和结构。　　　（　　）

2. 目前我国企业的总账科目名称和核算内容通常由会计相关法规或规章统一确定,这主要是为了会计核算指标的逐级汇总和相互可比。　　　（　　）

3. 计提的固定资产折旧额登记在"累计折旧"账户的贷方，说明"累计折旧"账户是一个负债类账户，贷方表示增加、借方表示减少，期末余额应在贷方。　　　（　　）

4. 账户试算结果平衡，说明账户记录完全正确无误。　　　（　　）

5. 任何总分类账户都应当具有两个或两个以上的明细分类账户,以全面反映经济业务的来龙去脉。　　　（　　）

四、简答题

1. 什么是复式记账法？它的特点是什么？

2. 什么是借贷记账法？它的基本内容有哪些？

3. 什么是试算平衡？它有哪些方法？

五、业务分析题

1. 熟悉借贷记账法下资产类、负债类和所有者权益类账户的结构。

资料：ABC 公司部分资产负债类和所有者权益类账户 2024 年 1 月份的有关资料如表 3-5 所示。

表 3-5   ABC 公司部分资产、负债和所有者权益类账户有关资料

2024 年 1 月   单位：元

会计科目	期初余额	本期借方发生额	本期贷方发生额	期末余额
银行存款	3 000	5 000	A	2 000
应收账款	B	2 000	2 500	1 400
短期借款	C	3 000	0	2 700
应付职工薪酬	2 600	D	2 800	5 000
实收资本	100 000	0	E	120 000
盈余公积	5 300	F	40 000	45 200

要求：根据借贷记账法下各类账户的结构，计算表 3-5 中 A～F 栏目的金额。

2. 练习借贷记账法下会计分录的编制。

资料：湖信大公司 2024 年 1 月份发生的部分经济业务（均不考虑增值税）如下：

（1）从银行提取现金 500 元作为备用金。

（2）购入材料一批，价款为 1 500 元，材料已验收入库，货款尚未支付。

（3）购入一辆价值为 150 000 元的货运汽车，款项已通过银行支付。

（4）通过银行支付前欠 1 500 元货款。

（5）接受投资者投入资本 200 000 元，其中，固定资产 100 000 元，无形资产 50 000 元，货币资金 50 000 元（已通过银行转入）。

要求：根据上述资料，编制每笔经济业务的会计分录。

3. 通过会计分录解析经济业务。

资料：2024 年 1 月份，岳麓公司会计人员编制的部分会计分录如下：

（1）借：应付账款　　　　　　　　　　　　　10 000

　　　　贷：银行存款　　　　　　　　　　　　　　　10 000

（2）借：银行存款　　　　　　　　　　　　　30 000

　　　　贷：应收账款　　　　　　　　　　　　　　　30 000

（3）借：长期借款　　　　　　　　　　　　200 000

　　　　贷：银行存款　　　　　　　　　　　　　　200 000

（4）借：固定资产　　　　　　　　　　　　100 000

　　　　贷：实收资本　　　　　　　　　　　　　　100 000

（5）借：原材料　　　　　　　　　　　　　　60 000

　　　　贷：应付账款　　　　　　　　　　　　　　　60 000

模块二

实践运用

——会计方法的实践与应用

第四章
制造业企业主要经济业务核算

 **学习目标** ....

1. 理解制造业企业资金运动的过程。

2. 掌握筹资业务中投入资本和借入资金的会计核算。

3. 掌握采购业务中材料采购与固定资产采购的会计核算。

4. 掌握生产过程业务中材料费用、人工费用发生应计入的对象，掌握生产过程中制造费用归集与分配的会计核算。

5. 掌握销售业务中收入实现和成本结转的会计核算，能正确计算涉及的税费。

6. 明确财务成果中利润分配的顺序，掌握资金调整和退出的会计核算。

知识地图及思政元素

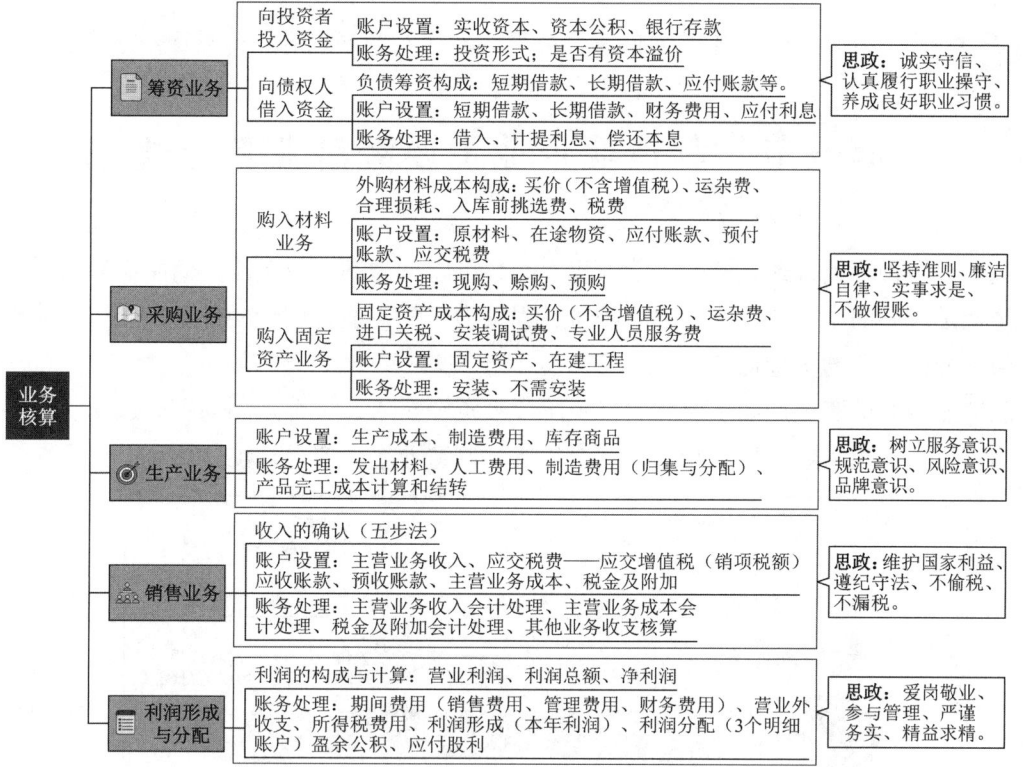

案例讨论

2022年1月25日，在国家新闻办公室举行的2021年商务运行情况新闻发布会上，商务部明确了2022年一系列促消费重点。商务部强调：下一步，将鼓励发展新业态、新模式、新场景，壮大智能、定制、体验、时尚等新型消费。随着人民生活水平的提高，审美也在随之提高，人们对于家具的需求不再满足于传统的成品家具，越来越多的人开始选择私人定制，满足多样化个性需求。因此，小新和小锐两兄弟决定创办一家新锐家具有限责任公司，主要进行家具加工制造和定制家具制造。

小新和小锐在成立公司之初，遇到了第一个困难，启动资金不够。小新和小锐各有资金150万元和75万元，资金缺口还有175万元。于是，他们决定向银行贷款100万元；同时邀请好朋友小思加入公司，出资45万元；剩下的由另一位好朋友小华技术入股，专利技术经过评估作价30万元。

资金筹集完后，小新和小锐开始租赁厂房、购买机器设备、采购生产家具用的板材等，同时聘请员工。一切准备就绪，新锐家具有限责任公司开始正式投入生产。生产期间，除了工人工资需要支付以外，车间产生的水电费、办公费等也需要及时支付。

在日常经营过程中，小新和小锐充分了解客户需求，定制出许多让客户满意的家具。另外，也通过广告投放、平台直播等方式加大产品宣传力度，家具销量不断攀升。经过兄弟俩的不懈努力，一年后公司逐渐走上正轨，开始盈利。

【思考1】小新和小锐在筹资过程中采取了哪些筹资方式？

【思考2】生产过程中，新锐家具有限责任公司会产生哪些成本？

【思考3】怎样核算新锐家具有限责任公司的利润？利润能否全部分配给股东？

第一节　制造业企业主要经济业务概述

企业有多种分类方式，按照经营内容不同，可以分为制造业企业、商品流通企业等。制造业企业是产品的生产单位，其生产经营过程较为完整，适合用于会计基础学科构建经济业务框架、分析企业的资金运动。

制造业企业的资金运动主要分为三个阶段：资金投入、资金运用与资金退出。其中，资金的运用主要包括采购、生产和销售三个环节。制造业企业资金运动如图4-1所示。

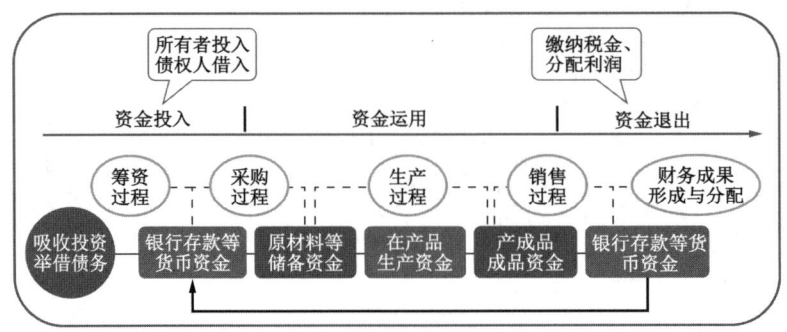

图4-1　制造业企业资金运动

一、筹资过程

为进行正常的生产经营活动，企业必须拥有一定数量的资金。资金筹集是企业生产经营活动的起点，也是企业整个资金运动的起点。筹集资金的渠道主要包括所有者投入资本和向银行、金融机构等债权人借入款项。

二、采购过程

采购过程是企业产品生产的准备过程。在这个过程中，企业用货币资金购买机器设备等形成固定资产，购买原材料等形成储备资金，为生产产品作好物资准备。此时，货币资金形态就转化为了原材料等储备资金形态。

三、生产过程

生产过程是企业生产经营过程的中心环节。生产过程是企业将原材料等投入生产，工人借助机器设备等对原材料进行加工，生产出合乎社会需要的产品的阶段。随着各种生产费用的发生，资金逐渐由货币资金、储备资金形态转化为生产资金、成品资金形态。

四、销售过程

销售过程是产品价值的实现过程。在销售过程中，企业把产品销售出去，实现销售收入，按照销售价格与客户办理各种款项的结算，同时计算已销产品的销售成本，按照国家规定的税率计算和缴纳各种税费。此时，资金逐渐由成品资金形态又重新转为货币资金形态。

所有者权益
筹资业务核算

五、财务成果形成与分配过程

企业在生产经营过程中获得的各项收入扣除各项成本、费用之后的差额，形成企业的财务成果，即利润或者亏损。企业实现的利润，一部分以所得税费用的形式上缴国家，形成国家的财政收入；另一部分形成税后净利润，需要按照规定程序进行合理分配；反之，如果企业发生亏损，也需要按照规定进行弥补。通过利润分配，一部分资金退出企业的资金循环，而另一部分资金则继续留在企业进行周转。

第二节　筹资过程业务核算

制造业企业筹集资金主要有两个来源：第一，所有者投入资金。第二，向债权人借入资金。前者形成企业的所有者权益，后者则形成债权人权益，产生企业负债。

一、所有者权益筹资业务的核算

（一）所有者投入资本概述

所有者向企业投入的资本，即形成企业的资本金，它是所有者权益的主要组成部分。《中华人民共和国公司法》（以下简称《公司法》）规定，投资者用货币出资或者用实物、知识产权、土地使用权等可以用货币估价并可以依法转让的非货币财产作价出资；但是，法律、行政法规规定不得作为出资的财产除外。

所有者直接投入资本按照性质不同又分为实收资本和资本公积。

【课堂讨论】

一元钱可以办公司吗？

（二）账户设置

为反映企业自有资金的筹集情况，企业应设置"实收资本""资本公积"等账户核算投资者投入资本的增减情况。

1. 实收资本

"实收资本"属于所有者权益类账户，用于核算企业实际收到的投资者投入资本增减变动及其结余情况。该账户贷方登记企业实际收到投资者投入的资本，以及资本公积、盈余公积转增的资本；借方登记企业按照法定程序减少的注册资本额；期末余额在贷方，反映期末企业的实有资本额。"实收资本"账户应按投资者设置明细账，进行明细核算。"实收资本"账户结构如图 4-2 所示。

借方	实收资本（所有者权益类）	贷方
按法定程序经批准减少的资本	期初余额：根据上期结转 ①实际收到投资者投入的资本 ②按规定将资本公积和盈余公积转增的资本	
	期末余额：实有的资本数额	

图 4-2 "实收资本"账户结构

注意：股份有限公司设"股本"账户核算股东投入的资本金，其余公司则设"实收资本"账户。

【知识延伸】

有限责任公司和股份有限公司

《公司法》规定，有限责任公司的股东以其认缴的出资额为限对公司承担责任；股份有限公司的股东以其认购的股份为限对公司承担责任。

有限责任公司由 50 个以下股东出资设立，最少为 1 人，《公司法》允许设立一人有限责任公司。设立股份有限公司，应当有 2 人以上 200 人以下为发起人，最少为 2 人，其中须有半数以上的发起人（注意这里的称谓是"发起人"而不是"股东"）在中国境内有住所。

另外，有限责任公司和股份有限公司在设立方式、行使表决权、表决权基数、股东关系、公众知情权以及股份转让方面均有所不同。

2. 资本公积

"资本公积"属于所有者权益类账户，用于核算企业资本公积的增减变动及其结余情况。该账户贷方登记企业资本公积的增加额；借方登记企业资本公积的减少额；期末余额在贷方，反映期末企业结余的资本公积。"资本公积"账户应按资本公积的类别设置明细账，进行明细核算。"资本公积"账户结构如图 4-3 所示。

借方	资本公积（所有者权益类）	贷方
转增资本等减少的资本公积	期初余额：根据上期结转 ①实际收到资本溢价或股本的溢价 ②其他资本公积增加	
	期末余额：结存的资本公积	

图 4-3 "资本公积"账户结构

（三）业务核算

1. 收到投资的账务处理

【例 4-1】2024 年 1 月 1 日，小新、小锐、小思和小华 4 名投资者共同投资设立新锐家具有限责任公司，注册资本为 3 000 000 元，小新、小锐、小思和小华的出资比例分别为 50%、25%、15% 和 10%。按章程规定，小新、小锐、小思足额投入了各自应交的资金，均存入新锐家具有限责任公司的银行账户。

解析：该项经济业务的发生，使资产和所有者权益同时增加。一方面收到银行存款，记入"银行存款"账户，资产增加记借方；另一方面企业收到投资，记入"实收资本"账户，所有者权益增加记贷方。

借：银行存款 2 700 000

贷：实收资本——小新 1 500 000

——小锐 750 000

——小思 450 000

【例 4-2】 承［例 4-1］，小华以一项专利技术向新锐家具有限责任公司进行投资，合同约定该专利技术价值为 300 000 元。

借：无形资产 300 000

贷：实收资本——小华 300 000

【例 4-3】 经过 1 年时间的经营，新锐家具有限责任公司收到另一位投资者长江公司的货币投资 1 100 000 元，存入银行。此时，新锐家具有限责任公司注册资本将增加到 4 000 000 元，长江公司投资占新锐家具有限责任公司注册资本的 25%，余款转入资本溢价。

实收资本 = 4 000 000 × 25% = 1 000 000（元）

资本公积 = 1 100 000 − 1 000 000 = 100 000（元）

借：银行存款 1 100 000

贷：实收资本——长江公司 1 000 000

资本公积——资本溢价 100 000

2. 资本公积转增资本的账务处理

【例 4-4】 新锐家具有限责任公司召开股东大会，决定将 2 000 000 元资本公积转增公司的注册资本。

借：资本公积 2 000 000

贷：实收资本 2 000 000

【课堂讨论】

资本公积转增资本会影响企业的所有者权益吗？

3. 实收资本减少的账务处理

【例 4-5】 2024 年 12 月 31 日，新锐家具有限责任公司经批准减少投资者小新、小锐实收资本各 200 000 元，以银行存款等额支付。

借：实收资本——小新 200 000

——小锐 200 000

贷：银行存款 400 000

提示：企业在减少实收资本，或投资者需要撤出投资的，应按需注销注册资本，若有差额，则记入"资本公积"账户。

4. 所有者权益筹资业务账户对应关系

所有者权益筹资业务账户对应关系如图 4-4 所示。

减少注册资本

借　实收资本　贷　　　　　　　　借　银行存款　贷

收到投资　收到银行存款

借　固定资产　贷

资本公积转增资本　　　　　　收到固定资产

借　资本公积　贷　　　　　　借　无形资产　贷

资本溢价　收到无形资产

图 4-4　所有者权益筹资业务账户对应关系

二、负债筹资业务的核算

负债筹资
业务核算

（一）负债筹资的构成

负债筹资主要包括向银行或其他金融机构借入的各种借款，以及与关联企业之间因结算形成的负债等。借入款项按照还款期限不同，分为短期借款和长期借款。

（二）账户设置

企业应设置"短期借款""长期借款""财务费用""应付利息"等账户核算款项的借入、利息的发生情况，同时还需设置"银行存款"账户核算借入款项的收到、偿还以及利息的支付等。

1. 短期借款

"短期借款"属于负债类账户，用于核算企业向银行或其他金融机构借入的偿还期限在1 年以下（含 1 年）的款项。该账户贷方登记企业取得的各种短期借款本金；借方登记企业偿还的各种短期借款本金；期末余额在贷方，反映期末企业尚未偿还的短期借款本金金额。"短期借款"账户可按借款种类、债权人和币种设置明细账，进行明细核算。"短期借款"账户结构如图 4-5 所示。

借方	短期借款（负债类）	贷方
偿还的短期借款本金	期初余额：根据上期结转取得的短期借款本金	
	期末余额：尚未归还的短期借款本金	

图 4-5　"短期借款"账户结构

2. 长期借款

"长期借款"属于负债类账户，用于核算企业向银行或其他金融机构借入的偿还期限在1 年以上的款项。该账户贷方登记企业取得的长期借款本金以及支付期超过 1 年的应计利息；借方登记企业偿还的各种长期借款本金和应计利息；期末余额在贷方，反映期末企业尚未偿还的长期借款本息。"长期借款"账户可按借款种类、债权人和币种设置明细账，进行明细核算。"长期借款"账户结构如图 4-6 所示。

借方	长期借款（负债类）	贷方
偿还的长期借款本金及应计利息	期初余额：根据上期结转 取得的长期借款本金及应计利息	
	期末余额：尚未归还的长期借款本息	

图 4-6 "长期借款"账户结构

3. 财务费用

"财务费用"属于损益类账户，用于核算企业为筹集生产经营所需资金而发生的各种筹资费用，包括利息支出（减利息收入）、佣金以及相关的手续费等。该账户借方登记企业发生的财务费用；贷方登记企业发生的应冲减财务费用的利息收入以及期末结转至"本年利润"账户的财务费用净额（即财务费用支出大于利息收入的差额，如果收入大于支出则进行相反方向的结转）；结转后期末无余额。"财务费用"账户可按费用项目设置明细账，进行明细核算。"财务费用"账户结构如图 4-7 所示。

借方	财务费用（损益类）	贷方
产生的利息支出、金融机构的手续费等	收取的利息收入 期末转入"本年利润"账户	

图 4-7 "财务费用"账户结构

4. 应付利息

"应付利息"属于负债类账户，用于核算企业因借入款项而按合同约定应支付计算的应付未付利息。该账户贷方登记企业本期发生的借款利息；借方登记企业实际支付的利息；期末余额在贷方，反映期末企业应付未付的利息。"应付利息"账户可按债权人设置明细账，进行明细核算。"应付利息"账户结构如图 4-8 所示。

借方	应付利息（负债类）	贷方
实际支付的利息	期初余额：根据上期结转 本期发生的应付未付利息	
	期末余额：企业应付未付的利息	

图 4-8 "应付利息"账户结构

【小贴士】

短期借款月利息＝借款本金×利率×期限

（三）业务核算

1. 短期借款的核算

【例 4-6】2024 年 8 月 1 日，新锐家具有限责任公司从银行取得借款 60 000 元，期限为 6 个月，所得借款存入银行。

借：银行存款　　　　　　　　　　　　　　　　　　　　　　　60 000

　　贷：短期借款　　　　　　　　　　　　　　　　　　　　　　60 000

【例 4-7】承［例 4-6］，该公司每月计提短期借款利息 500 元。

借：财务费用   500

  贷：应付利息   500

【例4-8】 2024年1月1日，新锐家具有限责任公司向银行借入一笔款项，金额为240 000元，期限为6个月，年利率为4%，借款已存入银行。借款协议规定2024年7月1日一次性归还借款本息。

（1）1月1日，借入时：

  借：银行存款   240 000

    贷：短期借款   240 000

（2）1月31日，计提应计利息 = 240 000 × 4% ÷ 12 = 800（元）。

  借：财务费用   800

    贷：应付利息   800

（3）2月至6月末计提当月利息的账务处理与1月末相同。

（4）7月1日，偿还本息时：

  借：短期借款   240 000

    应付利息   4 800

    贷：银行存款   244 800

【课堂讨论】

如果还款日是2024年6月30日，我们的会计处理方式还相同吗？

【例4-9】 2024年1月1日，新锐家具有限责任公司向银行借入一笔款项，金额为240 000元，年利率为4%，借款已存入银行。借款协议规定2024年6月15日一次性归还借款本息。请编制2024年6月15日偿还本息的会计分录。

6月利息费用 = 240 000 × 4% ÷ 360 × 15 = 400（元）

  借：短期借款   240 000

    应付利息   4 000

    财务费用   400

    贷：银行存款   244 400

2. 长期借款的核算

【例4-10】 2024年1月1日，新锐家具有限责任公司向银行借入一笔款项，金额为240 000元，期限为3年，年利率为4.5%，借款已存入银行。借款协议规定到期一次性还本付息。

（1）1月1日，借入长期借款本金：

  借：银行存款   240 000

    贷：长期借款——本金   240 000

（2）每月末计提利息：

  借：财务费用   900

    贷：长期借款——应计利息   900

（3）第3年年末一次性还本付息：

解析：第1年、第2年产生利息21 600元，第3年前11个月产生利息9 900元，前期产生的"长期借款——应计利息"共计31 500元（21 600＋9 900）。第3年12月产生利息900元，直接记入"财务费用"账户。

借：长期借款——本金	240 000
——应计利息	31 500
财务费用	900
贷：银行存款	272 400

（四）负债筹资业务账户对应关系

负债筹资业务账户对应关系如图4-9所示。

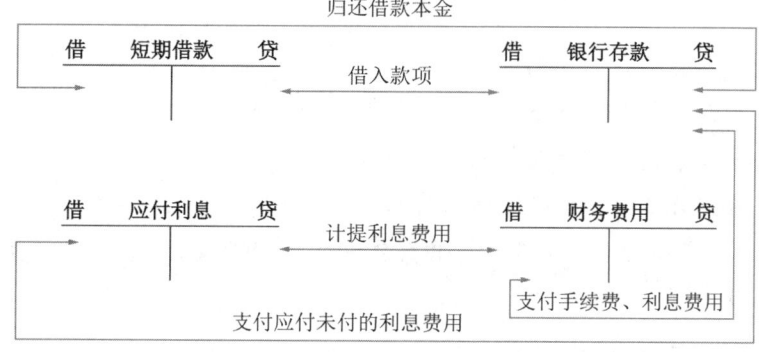

图4-9　负债筹资业务账户对应关系

【拓展思考】

民营企业在稳经济、助发展、促就业等方面发挥着重要作用。但目前仍有部分民企生产经营困难，资金短缺，迫切需要获得融资支持。"融资难、融资贵"困扰着民营企业的发展。请谈一谈你对民营企业"融资难、融资贵"的看法，你认为企业可以从哪些渠道进行融资？

第三节　采购过程业务核算

制造业企业为了进行生产经营，必须建造厂房、购置机器设备、运输工具及采购材料等。因此，材料采购业务和固定资产购置业务核算，构成采购阶段会计核算的主要内容。

一、材料采购业务概述与核算

企业要进行正常的产品生产经营活动，就必须购买和储备一定品种和数量的原材料。原材料是产品制造企业生产产品不可缺少的物质要素。

材料采购
业务核算

（一）外购材料成本的确定

关于取得原材料成本的确定，不同方式取得的原材料，其成本的确定方法不同，成本构成也不同。其中外购的原材料，其实际成本由买价和采购费用构成：

材料采购
成本的构成

（1）买价是指购货发票所注明的货款金额。

（2）采购费用是指采购过程中发生的运输费、包装费、装卸费、保险费、仓储费、入库之前发生的整理挑选费用以及按规定应计入材料采购成本的各种税金。需要注意的是市内零星运杂费、采购人员的差旅费以及采购机构的经费、增值税等不构成材料的采购成本。

制造过程中所消耗的材料成本是产品成本的重要组成部分，材料成本的高低直接影响产品的成本。因此，正确计算材料采购成本，有效控制并降低材料采购成本是企业的一项重要会计管理工作。

【课堂讨论】

请计算以下业务的材料采购成本。

（1）新锐家具有限责任公司从外地购入甲材料 1 000 千克，单价为每千克 2 元，共发生运杂费 600 元，请问这批材料的采购成本是多少？

（2）新锐家具有限责任公司从外地购入甲材料 1 000 千克，单价为每千克 2 元；乙材料 2 000 千克，单价为每千克 1 元，共发生运杂费 600 元，请问甲材料和乙材料采购成本分别是多少？

（二）外购材料采购费用的分配

核算采购费用时，如果是为采购一种材料发生的支出，则直接计入该材料的采购成本，如果采购费用是为采购几种材料共同发生的，则必须按一定的标准和方法在有关材料之间进行分配。分配时，首先根据材料的特点确定分配的标准，一般来说可以选择的分配标准有材料的重量、体积、买价等；其次计算材料采购费用分配率；最后计算各种材料的采购费用负担额。费用分配计算公式为：

材料采购费用分配率 = 待分配采购费用总额 ÷ 分配标准总额

某材料应负担的采购费用额 = 采购费用分配率 × 该材料的分配标准额

【例 4-11】新锐家具有限责任公司向南山公司购入甲材料 2 000 千克，单价为 20 元；购入乙材料 3 000 千克，单价为 10 元；共支付运输费 4 000 元、装卸费 500 元、保险费 500 元，采购费用由两种材料共同承担并按重量分配，计算甲、乙两种材料的采购成本。

共同采购费用 = 4 000 + 500 + 500 = 5 000（元）

材料总重 = 2 000 + 3 000 = 5 000（千克）

分配率 = 5 000 ÷ 5 000 = 1（元/千克）

甲材料应负担的采购费用 = 1 × 2 000 = 2 000（元）

乙材料应负担的采购费用 = 1 × 3 000 = 3 000（元）

甲材料的采购成本 = (2 000 × 20) + 2 000 = 42 000（元）

乙材料的采购成本 = (3 000 × 20) + 3 000 = 63 000（元）

（三）账户设置

原材料按实际成本核算时，应设置以下几个账户。

1. "原材料"账户

"原材料"账户属于资产类账户，是用来核算企业库存材料实际成本的增减变动及其结存情况的账户。其借方登记已验收入库材料实际成本的增加，贷方登记发出材料的实际成本（即库存材料成本的减少），期末余额在借方，表示库存材料实际成本的期末结余额。"原材料"账户应按照材料的保管地点、材料的种类或类别设置明细账户，进行明细分类核算。"原材料"账户结构如图 4-10 所示。

借方	原材料（资产类）	贷方
已验收入库材料实际成本的增加	支出材料的实际成本	
期末余额：库存材料实际成本结余		

图 4-10　"原材料"账户结构

2. "在途物资"账户

"在途物资"账户属于资产类账户，是用来核算企业外购的尚未验收入库的各类材料实际采购成本的账户。其借方登记购入材料的买价和采购费用，贷方登记结转完成验收入库材料的实际采购成本。期末余额在借方，表示尚未运达企业或已到达企业但尚未验收入库的在途材料的成本。"在途物资"账户结构如图 4-11 所示。

注意：该账户在材料验收入库结转后余额为 0。"在途物资"账户按照购入材料的品种或种类设置明细账户。

借方	在途物资（资产类）	贷方
购入材料的买价和采购费用	验收入库材料的实际采购成本	
期末余额：尚未运达企业或尚未验收入库的材料成本		

图 4-11　"在途物资"账户结构

3. "应付账款"账户

"应付账款"账户属于负债类账户，是用来核算企业单位因购买材料物资、接受劳务供应而与供应单位发生的结算债务的增减变动及其结余情况的账户。其贷方登记应付供应单位款项（买价、税金和代垫运杂费等）的增加，借方登记应付供应单位款项的减少（即偿还）。期末余额一般在贷方，表示期末企业应付未付的款项；期末余额若在借方，则表示期末企业预付的款项。该账户应按照供应单位的名称设置明细账户，进行明细分类核算。"应付账款"账户结构如图 4-12 所示。

借方	应付账款（负债类）	贷方
应付供应单位款项的减少	应付供应单位款项的增加	
期末余额：企业预付的款项	期末余额：企业应付未付的款项	

图 4-12　"应付账款"账户结构

4. "预付账款"账户

"预付账款"账户属于资产类账户，是用来核算企业按照合同规定，向供应单位预付购料款而与供应单位发生的结算债权的增减变动及其结余情况的账户。其借方登记结算债权的增加即预付款的增加，贷方登记收到供应单位提供的材料物资而应冲销的预付款债权（即预付款的减少）。期末余额一般在借方，表示尚未结算的预付款的结余额；期末余额若在贷方，则反映期末企业尚未补付的款项，属于应付账款。该账户应按照供应单位的名称设置明细账户，进行明细分类核算。"预付账款"账户结构如图4-13所示。

借方　　　　　　　　　　　　　　预付账款（资产类）　　　　　　　　　　　　　　贷方	
预付供应单位款项的增加	冲销预付供应单位款项
期末余额：尚未结算的预付款的结余	期末余额：尚未补付的款项

图 4-13　"预付账款"账户结构

5. "应交税费"账户

"应交税费"账户属于负债类账户，用于核算企业按照税收法律、法规等规定计算应缴纳的各种税费，包括增值税、消费税、企业所得税、城市维护建设税、教育费附加等相关税费。"应交税费"账户的贷方登记企业按规定计算应缴纳的各种税费；借方登记企业实际缴纳的各种税费。期末余额一般在贷方，反映期末企业尚未缴纳的税费；期末余额如在借方，反映多交或尚未抵扣的税费。"应交税费"账户应按应交税费的种类设置明细账，进行明细核算。其中，设置"应交税费——应交增值税"明细账核算企业应交和实交增值税的结算等情况。"应交税费——应交增值税"明细账贷方登记企业因销售货物或者提供应税劳务而向购买单位收取的增值税销项税额等；借方登记企业因购进货物或者接受应税劳务而向供应商支付的增值税进项税额、实际缴纳的增值税额等；期末余额一般在贷方，反映期末企业尚未缴纳的增值税，期末余额如在借方，反映多交或尚未抵扣的增值税。"应交税费——应交增值税"账户结构如图4-14所示。

借方　　　　　　　　应交税费——应交增值税（负债类）　　　　　　　　贷方	
支付的进项税额和实际已缴纳的增值税	应交纳的销项税额、转出已支付或应分担的增值税
期末余额：企业多交或尚未抵扣的增值税	期末余额：企业尚未缴纳的增值税

图 4-14　"应交税费——应交增值税"账户结构

【知识延伸】

增值税

增值税是以商品（含应税劳务）在流转过程中产生的增值额作为计税依据而征收的一种流转税。从计税原理上说，增值税是对商品生产、流通、劳务服务中多个环节的新增价值或商品的附加值征收的一种流转税。增值税实行价外税，也就是由消费者负担，有增值才征税，没增值不征税。

一般纳税人销售货物或者提供加工、修理修配劳务、进口货物以及提供有形动产租赁服务适用的增值税税率为13%。一般纳税人当期应纳税额计算公式为：

一般纳税人当期应纳税额 = 当期销项税额 − 当期进项税额

销项税额是指纳税人提供应税服务按照销售额和增值税税率计算的增值税额，即"销项税额 = 不含税售价 × 13%"。进项税额是指纳税人购进货物或者接受加工、修理修配劳务和应税服务，支付或者负担的增值税，即"进项税额 = 不含税进价 × 13%"。

（四）业务核算

材料采购业务的账务处理涉及货款已付，材料已验收入库；货款已付，材料尚未验收入库；货款未付，材料已验收入库；预付货款，材料收到后再结算等业务内容。

【例4-12】3月5日，新锐家具有限责任公司从南山公司购入甲材料一批，货款为100 000元，增值税为13 000元，发票和账单已收到，全部款项用银行存款支付，材料已验收入库。

借：原材料——甲材料　　　　　　　　　　　　　100 000
　　应交税费——应交增值税（进项税额）　　　　13 000
　　贷：银行存款　　　　　　　　　　　　　　　　　113 000

【例4-13】3月28日，新锐家具有限责任公司从北山公司购入乙材料一批，货款为20 000元，增值税为2 600元，发票账单已到，全部款项已用银行存款支付，但至月底材料尚未到达。4月5日，收到材料并验收入库。

（1）3月28日，会计处理如下：

借：在途物资——乙材料　　　　　　　　　　　　20 000
　　应交税费——应交增值税（进项税额）　　　　2 600
　　贷：银行存款　　　　　　　　　　　　　　　　　22 600

（2）4月5日，会计处理如下：

借：原材料——乙材料　　　　　　　　　　　　　20 000
　　贷：在途物资——乙材料　　　　　　　　　　　　20 000

【例4-14】4月20日，新锐家具有限责任公司从东山公司购入丙材料一批，货款为30 000元，增值税税率为13%，发票和账单已收到，材料已验收入库，货款及增值税尚未支付。5月6日，新锐家具有限责任公司以银行存款33 900元支付前欠东山公司的丙材料款。

（1）4月20日，会计处理如下：

借：原材料——丙材料　　　　　　　　　　　　　30 000
　　应交税费——应交增值税（进项税额）　　　　3 900
　　贷：应付账款——东山公司　　　　　　　　　　　33 900

（2）5月6日，会计处理如下：

借：应付账款——东山公司　　　　　　　　　　　33 900
　　贷：银行存款　　　　　　　　　　　　　　　　　33 900

【例4-15】新锐家具有限责任公司拟向西山公司购入丁材料一批，5月15日，按照合同约定先付款40 000元。6月15日，公司收到增值税专用发票，记录货款50 000元、增值税额6 500元，材料已验收入库，余款补付。

（1）5月15日，会计处理如下：

　　借：预付账款——西山公司　　　　　　　　　　　　40 000

　　　　贷：银行存款　　　　　　　　　　　　　　　　　　　　40 000

（2）6月15日，会计处理如下：

　　借：原材料——丁材料　　　　　　　　　　　　　　50 000

　　　　应交税费——应交增值税（进项税额）　　　　　　6 500

　　　　贷：预付账款　　　　　　　　　　　　　　　　　　　　56 500

　　借：预付账款——西山公司　　　　　　　　　　　　16 500

　　　　贷：银行存款　　　　　　　　　　　　　　　　　　　　16 500

（五）材料采购业务账户对应关系

材料采购业务账户对应关系如图4-15所示。

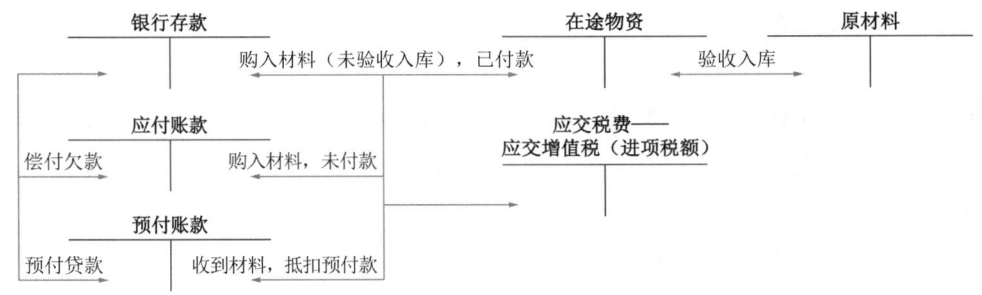

图4-15　材料采购业务账户对应关系

二、固定资产购置业务概述与核算

固定资产的
购置业务

（一）固定资产的含义

固定资产是指为了生产商品、提供劳务、出租或者经营管理而持有、使用寿命超过一个会计年度的有形资产。固定资产的特征包括：①固定资产是为了生产商品、提供劳务、出租或者经营管理而持有的，而非销售。②固定资产的使用寿命超过一个会计年度。③固定资产属于一种有形资产。

【课堂讨论】

　　下列汽车是否属于企业的固定资产？

　　（1）汽车制造厂生产的汽车。

　　（2）运输公司的客运汽车。

　　（3）制造业企业融资租入的汽车。

　　（4）汽车4S店库存汽车。

　　（5）制造业企业经营租出的汽车。

（二）固定资产的购置成本

固定资产的取得方式多种多样，包括外购、自行建造、投资者投入等，固定资产取得的方式不同，其成本的具体构成也就不同。

外购固定资产的成本包括购买价款、相关税费以及使固定资产达到预定可使用状态前所发生的可归属于该项资产的运输费、装卸费、安装费和专业人员服务费等，但不包括采购人员的工资薪酬、可抵扣的增值税。自行建造固定资产的成本，由建造该项资产达到预定可使用状态前所发生的必要支出构成，包括工程物资成本、人工成本、缴纳的相关税费等。投资者投入固定资产的成本，按照投资合同或协议约定的价值确定。

【课堂讨论】

固定资产的入账价值是多少？

2024 年 6 月 1 日，新锐家具有限责任公司购入一台设备，合同价款为 200 000 元，同时现金支付保险费 5 000 元、运输费 3 000 元、采购人员工资 6 000 元，则该设备的入账价值是多少？

（三）账户设置

企业应设置"固定资产""在建工程"等账户核算固定资产价值的变动过程及结果；同时还需设置"银行存款""应付账款""预付账款"等账户核算购置固定资产款项的支付情况；设置"应交税费——应交增值税（进项税额）"账户核算企业因购置固定资产、采购材料而发生的应交增值税额。

1."固定资产"账户

"固定资产"账户属于资产类账户，用来核算企业固定资产取得成本的增减变动及其结余情况。该账户的借方登记企业增加的固定资产原价，贷方登记企业减少的固定资产原价，期末余额在借方，反映期末企业持有固定资产的原价。

注意：固定资产使用发生的磨损价值不在本账户中反映。该账户应按照固定资产的种类设置明细账户，进行明细分类核算。

企业在使用该账户时，必须注意只有固定资产达到预定可使用状态，其取得成本已经形成，才可以记入"固定资产"账户。"固定资产"账户结构如图 4-16 所示。

借方	固定资产（资产类）	贷方
企业增加的固定资产原价	企业减少的固定资产原价	
期末余额：企业期末持有固定资产的原价		

图 4-16 "固定资产"账户结构

2."在建工程"账户

"在建工程"账户属于资产类账户，用于核算企业安装、建造或者改造固定资产过程中发生的需要计入固定资产成本的各项支出。该账户的借方登记企业固定资产安装、建造或者改造过程中发生的实际支出，包括购入的需要安装的固定资产的原价，在安装、建造或者改造过程中发生的工程物资、劳务费用以及需要计入固定资产成本的其他各项支出；贷方登记企业安装、建造或改造完毕转出的固定资产成本；期末借方余额，反映期末企业尚未达到预定可使用状态的固定资产成本。"在建工程"账户可按在建工程的类别以及单项工程等设置明细账，进行明细核算。"在建工程"账户结构如图 4-17 所示。

借方	在建工程（资产类）	贷方
各项在建工程的实际支出	工程达到预计可使用状态时转出的成本	
期末余额：期末尚未达到预计可使用状态的固定资产的成本		

图 4-17 "在建工程"账户结构

（四）业务处理

固定资产购入业务的账务处理包括购入不需要安装的固定资产业务和需要安装的固定资产业务。

【例 4-16】2024 年 1 月 6 日，新锐家具有限责任公司购入一台不需要安装即可投入使用的设备，取得的增值税专用发票上注明的设备价款为 30 000 元，增值税为 3 900 元，另支付运输费 300 元、包装费 400 元，款项以银行存款支付。

固定资产成本 = 30 000 + 300 + 400 = 30 700（元）

借：固定资产　　　　　　　　　　　　　　　　　　30 700

　　应交税费——应交增值税（进项税额）　　　　3 900

　　贷：银行存款　　　　　　　　　　　　　　　　　　　　34 600

【例 4-17】2024 年 3 月 25 日，新锐家具有限责任公司购入一台需要安装的设备，取得的增值税专用发票上注明的设备价款为 30 000 元，增值税为 3 900 元，另支付运输费 300 元、包装费 400 元，款项以银行存款支付。在安装过程中，发生领用材料 2 000 元，应付安装人员工资 3 000 元。4 月 5 日，设备安装完毕，验收合格后交付使用。

（1）3 月 25 日，购入设备：

借：在建工程　　　　　　　　　　　　　　　　　　30 700

　　应交税费——应交增值税（进项税额）　　　　3 900

　　贷：银行存款　　　　　　　　　　　　　　　　　　　　34 600

（2）设备发生安装成本：

借：在建工程　　　　　　　　　　　　　　　　　　5 000

　　贷：原材料　　　　　　　　　　　　　　　　　　　　　2 000

　　　　应付职工薪酬　　　　　　　　　　　　　　　　　　3 000

（3）4 月 5 日设备达到预计可使用状态：

借：固定资产　　　　　　　　　　　　　　　　　　35 700

　　贷：在建工程　　　　　　　　　　　　　　　　　　　　35 700

（五）固定资产购置业务账户对应关系

固定资产购置业务账户对应关系如图 4-18 所示。

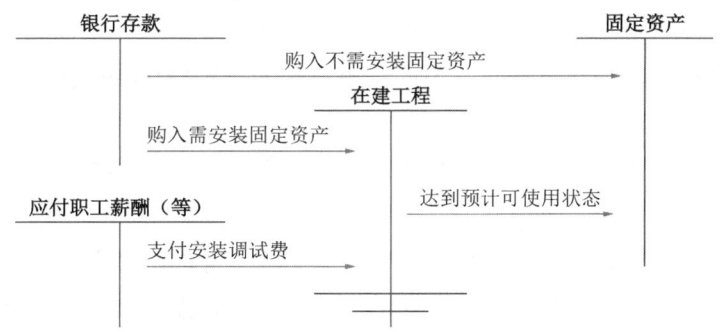

图 4-18 固定资产购置业务账户对应关系

【知识延伸】

花落知多少——固定资产的折旧

龚自珍的《己亥杂诗》中写道"落红不是无情物，化作春泥更护花"。折旧是指在固定资产使用寿命期内，按照确定的方法对应计折旧额进行合理、系统的分摊。固定资产对于企业的经济价值具有潜在的服务能力，企业取得固定资产可以看成是取得了固定资产在预计使用年限中的服务潜力，这种潜力会给企业提供长期经济效益，但这种服务潜力是有限的，它会随着固定资产的使用而损耗。因此，固定资产折旧不是一个计价过程，而是固定资产成本的分配过程。影响固定资产折旧的主要因素有固定资产原价、固定资产预计净残值、固定资产预计使用年限。固定资产折旧方法的选用直接影响企业成本、费用的计算，也影响企业收入和纳税，从而影响国家的财政收入，因此，企业应在会计准则规定的范围内选择折旧方法。企业可选用的折旧方法包括年限平均法、工作量法、双倍余额递减法、年数总和法。

第四节　生产过程业务核算

一、生产过程业务概述

产品生产过程是制造业企业经营活动的主要过程，是连接采购和销售的中心环节。生产过程一方面是产品的制造过程，另一方面是物化劳动与活劳动的消耗过程。企业生产产品会发生各种生产耗费，包括生产资料中的营运手段（如机器设备）和劳动对象（如原材料）的耗费，以及劳动力等方面的耗费。生产业务核算的主要内容就是归集和分配各项费用，确定产品的制造成本。

（一）生产费用的定义

生产费用是指制造业企业在生产过程中发生的用货币表现的生产耗费。这些费用最终都要归集分配到一定种类的产品上去，从而形成各种产品的成本。也就是说，企业为生产一定种类一定数量产品所支出的各种生产费用的总和对象化于产品就形成了这些产品的成本。

（二）生产费用的构成

生产费用按其计入产品成本的方式不同，可以分为直接费用和间接费用。

1. 直接费用

直接费用是指企业生产产品过程中实际消耗的各项支出，它包括直接材料和直接工资。

（1）直接材料。直接材料是指企业在生产产品和提供劳务的过程中所消耗的、直接用于产品生产，构成产品实体的各种原材料及主要材料、外购半成品以及有助于产品形成的辅助材料等。

（2）直接工资。直接工资是指企业在生产产品和提供劳务过程中，直接从事产品生产的工人工资、津贴、补贴等。

2. 间接费用

间接费用是指企业为生产产品和提供劳务而发生的各项间接支出，也称制造费用。间接费用的构成内容比较复杂，包括间接的工资费、福利费、折旧费、修理费、办公费、水电费、机物料消耗、季节性停工损失等。

上述各个项目是生产费用按其计入产品成本的方式不同进行的分类，在会计上我们一般将其称为成本项目。

二、生产过程业务的核算

（一）账户设置

为了归集产品生产过程中所发生的各项费用，正确计算产品成本，应设置"生产成本""制造费用""应付职工薪酬""管理费用""累计折旧""库存商品"等账户。

1. "生产成本"账户

"生产成本"账户属于成本类账户，用来归集和分配产品生产过程中所发生的各项生产费用，正确地计算产品生产成本。其借方登记应计入产品生产成本的各项费用，包括直接计入产品生产成本的直接材料、直接人工以及期末按照一定的方法分配计入产品生产成本的制造费用；贷方登记结转完工入库产成品的生产成本。期末如有余额在借方，表示尚未完工产品（在产品）的成本即生产资金的占用额。该账户应按产品种类或类别设置明细账户，进行明细分类核算。"生产成本"账户结构如图 4-19 所示。

借方	生产成本（成本类）	贷方
发生的生产费用，包括直接材料、直接人工、分配的制造费用	结转完工入库产品的生产成本	
期末余额：期末尚未完工产品（在产品）的成本		

图 4-19 "生产成本"账户结构

2. "制造费用"账户

"制造费用"账户属于成本类账户，用来归集和分配企业生产车间为组织和管理产品的生产活动而发生的各项间接生产费用，包括车间范围内发生的间接工资（车间管理人员的工资）

及福利费、折旧费、修理费、办公费、水电费、机物料消耗等。其借方登记实际发生的各项制造费用；贷方登记期末经分配转入"生产成本"账户借方，应计入产品生产成本的制造费用。期末在费用结转后该账户一般没有余额。该账户应按不同车间设置明细账户，按照费用项目设置专栏进行明细分类核算。"制造费用"账户结构如图4-20所示。

图4-20 "制造费用"账户结构

3. "应付职工薪酬"账户

"应付职工薪酬"账户属于负债类账户，用来核算企业应付给职工各种薪酬总额与实际发放情况，并反映和监督企业与职工薪酬的结算情况。该账户的贷方登记本月计算的应付职工薪酬总额，包括各种工资、奖金、津贴和福利费等；借方登记本月实际支付的职工薪酬数额。月末余额在贷方，表示本月应付职工薪酬大于实付职工薪酬的数额，即应付而未付的职工薪酬。"应付职工薪酬"账户可以按照"工资""职工福利""社会保险""住房公积金"等进行明细核算。"应付职工薪酬"账户结构如图4-21所示。

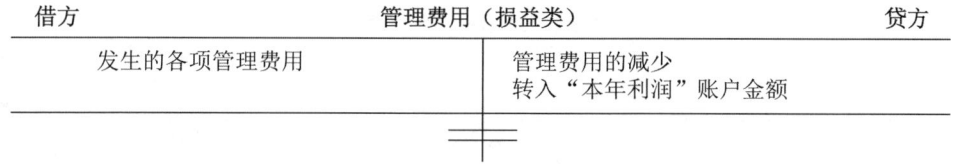

图4-21 "应付职工薪酬"账户结构

4. "管理费用"账户

"管理费用"账户属于损益类账户，用来核算企业为组织和管理生产经营活动所发生的各项费用，包括企业在筹建期间内发生的开办费，董事会费和行政管理部门在企业的经营管理中发生的应由企业统一负担的公司经费、工会经费、董事会费、聘请中介机构费、咨询费、诉讼费、业务招待费、技术转让费、研究费、排污费等。其借方登记发生的各项管理费用，贷方登记期末转入"本年利润"账户的管理费用，经过结转之后，该账户期末没有余额。"管理费用"账户应按照费用项目设置明细账中的专栏，进行明细分类核算。"管理费用"账户结构如图4-22所示。

借方	管理费用（损益类）	贷方
发生的各项管理费用	管理费用的减少 转入"本年利润"账户金额	

图4-22 "管理费用"账户结构

5. "累计折旧"账户

"累计折旧"账户属于资产类账户，用来核算企业固定资产因磨损而减少的价值。由于管理的需要，"固定资产"账户要始终反映企业现有固定资产的原价，其因磨损而减少的金额应通过"累计折旧"账户来核算。"累计折旧"账户是"固定资产"账户的抵减账户，累计折旧的发生是固定资产价值的减少，所以其贷方登记按月提取的折旧额（为累计折旧的增加），借方登记因减少固定资产而减少的累计折旧。期末余额在贷方，表示已提折旧的累计额。该账户只进行总分类核算，不进行明细分类核算。如果要查明某项固定资产已提折旧的具体情况，可以通过固定资产卡片（台账）来了解。"累计折旧"账户结构如图 4-23 所示。

借方	累计折旧（资产类）	贷方
累计折旧的减少	累计折旧的增加	
	期末余额：现有固定资产累计折旧	

图 4-23 "累计折旧"账户结构

6. "库存商品"账户

"库存商品"账户属于资产类账户，用来核算企业库存的外购商品、自制产品（产成品）、自制半成品等的实际成本（或计划成本）的增减变动及其结余情况。其借方登记验收入库商品成本的增加，包括外购、自产、委外加工等；贷方登记库存商品成本的减少（发出），期末余额在借方，表示库存商品成本的期末结余额。"库存商品"账户应按照商品的种类、名称以及存放地点等设置明细账，进行明细分类核算。"库存商品"账户结构如图 4-24 所示。

借方	库存商品（资产类）	贷方
验收入库商品成本的增加	库存商品成本的减少	
期末余额：结存的库存商品成本		

图 4-24 "库存商品"账户结构

（二）业务核算

1. 材料费用的核算

企业在生产活动中耗用的材料费用，一般由会计部门在月末，根据领、退料单等各种原始凭证，按照材料的用途进行归集，编制发出材料汇总表。根据编制好的发出材料汇总表，会计人员采用适当的分配方法，将消耗的各项材料费用分配记入各有关产品成本计算单中的"直接材料"成本项目，然后根据编制的发出材料汇总表编制相应的会计分录。

材料费用的核算

【例 4-18】2024 年 6 月 30 日，新锐家具有限责任公司发出材料汇总表如表 4-1 所示。

表 4-1 发出材料汇总表

数量单位：千克
金额单位：元

领料部门和用途	A 材料		B 材料		C 材料		金额合计
	数量	金额	数量	金额	数量	金额	
甲产品耗用	5 000	100 000	2 000	50 000			150 000
乙产品耗用	3 000	60 000	6 000	150 000			210 000
车间一般耗用					1 400	31 000	31 000
管理部门领用	2 000	40 000	1 000	25 000			65 000
合计	10 000	200 000	9 000	225 000	1 400	31 000	456 000

```
借：生产成本——甲产品                                          150 000
              ——乙产品                                        210 000
    制造费用                                                   31 000
    管理费用                                                   65 000
    贷：原材料                                                              456 000
```

2. 人工费用的核算

企业人工费用的核算主要通过编制工资结算汇总表和工资费用分配表来完成。月末，会计部门根据各种原始凭证，按照工资的用途进行归集，在工资结算汇总表中登记各岗位职工工资薪酬的具体金额。根据编制好的工资结算汇总表，会计人员采用适当的分配方法，将计算的工资费用分配计入各有关产品成本计算单中的"直接人工"成本项目。通过归集和分配之后，根据分配的结果编制工资费用分配表，然后根据编制的工资结算汇总表和工资费用分配表编制会计分录。

人工费用的核算

【例4-19】2024年6月30日，新锐家具有限责任公司工资结算汇总表如表4-2所示，工资费用分配表如表4-3所示。

表4-2　工资结算汇总表

单位：元

部门名称	基本工资	岗位工资	应发金额
生产工人	100 000	60 000	160 000
车间管理人员	50 000	20 000	70 000
管理部门	120 000	80 000	200 000
合计	270 000	170 000	430 000

表4-3　工资费用分配表

金额单位：元

分配对象		工资				工资费用
会计科目	成本费用项目	生产工时（小时）	分配率	分配金额		合计
生产成本	甲产品	直接工资	10 000		100 000	100 000
	乙产品	直接工资	6 000		60 000	60 000
	小计		16 000	10	160 000	160 000
制造费用		工资			70 000	70 000
管理费用		工资			200 000	200 000
合计					430 000	430 000

注：生产甲、乙产品工人工资分配率＝160 000÷16 000＝10（元/小时）

```
借：生产成本——甲产品                                          100 000
              ——乙产品                                         60 000
    制造费用                                                    70 000
    管理费用                                                   200 000
    贷：应付职工薪酬——工资                                                  430 000
```

【例4-20】2024年7月15日，新锐家具有限责任公司通过银行转账支付职工工资。

借：应付职工薪酬——工资　　　　　　　　430 000

贷：银行存款　　　　　　　　　　　　　　　430 000

3. 制造费用的核算

制造费用的核算

制造费用是指企业为生产产品和提供劳务而发生的各项间接费用，包括生产车间发生的机物料消耗、管理人员的工资、福利费等职工薪酬、折旧费、办公费、水电费、季节性的停工损失等。制造费用属于应计入产品成本但不专设成本项目的各项成本。

（1）制造费用的归集。制造费用的归集应当使用"制造费用"账户。该账户应按不同车间设置明细账户，按照费用项目设置专栏进行明细分类核算。应当根据有关付款凭证、转账凭证和前述各种成本分配表借记"制造费用"账户，贷记"原材料""应付职工薪酬""累计折旧""银行存款"等账户。

【例4-21】2024年6月30日，新锐家具有限责任公司生产车间厂房计提折旧1 000元，生产用机器设备计提折旧7 000元，企业管理部门办公楼及交通工具计提折旧2 000元。

借：制造费用　　　　　　　　　　　　　　8 000

管理费用　　　　　　　　　　　　　　2 000

贷：累计折旧　　　　　　　　　　　　　　　10 000

【例4-22】2024年6月30日，新锐家具有限责任公司生产车间购买办公用品1 200元，行政管理部门购买办公用品300元。上述款项用现金支付。

借：制造费用　　　　　　　　　　　　　　1 200

管理费用　　　　　　　　　　　　　　　300

贷：库存现金　　　　　　　　　　　　　　　1 500

【例4-23】2024年6月30日，新锐家具有限责任公司以银行存款支付本月水电费1 600元。其中，生产车间负担水电费1 000元，行政管理部门负担水电费600元。

借：制造费用　　　　　　　　　　　　　　1 000

管理费用　　　　　　　　　　　　　　　600

贷：银行存款　　　　　　　　　　　　　　　1 600

（2）制造费用的分配。生产过程中发生的制造费用在平时发生时归集到"制造费用"账户，月末通过适当的分配方法，根据编制的制造费用分配表，将归集的制造费用分配计入生产产品的成本中，即转入"生产成本"账户，然后根据编制的制造费用分配表编制会计分录。

企业发生的制造费用属于间接费用，所以需要采用一定的标准在各种产品之间进行合理分配，常用的分配标准有生产工人工时比例、生产工人工资比例、机器工时比例、耗用原材料的数量比例等。有关计算公式如下：

制造费用分配率 ＝ 制造费用的总和 ÷ 分配标准之和

某产品应分配的制造费用 ＝ 某产品标准 × 分配率

【例 4-24】2024 年 6 月 30 日，新锐家具有限责任公司本月制造费用共计 30 000 元，编制的制造费用分配表如表 4-4 所示，根据该表将制造费用分配计入相关产品成本。

表 4-4　制造费用分配表

金额单位：元

项目	定额工时（小时）	制造费用	
		分配率	分配金额
甲产品	1 800	10	18 000
乙产品	1 200	10	12 000
合计	3 000	—	30 000

借：生产成本——甲产品　　　　　　　　　　　　　　　18 000
　　　　　　　——乙产品　　　　　　　　　　　　　　　12 000
　　贷：制造费用　　　　　　　　　　　　　　　　　　　　　30 000

4. 完工产品生产成本的计算与结转

（1）完工产品生产成本的计算。在将制造费用分配，由各种产品成本负担之后，"生产成本"账户的借方归集了各种产品所发生的直接材料、直接人工、其他直接支出和制造费用的全部内容。在此基础上，可以进行产品成本的计算。产品生产成本的计算应在生产成本明细账中进行。

完工产品的核算

如果月末不存在未完工产品，各种产品生产成本明细账所归集的费用总额，就是该种完工产品的总成本，用完工产品总成本除以该种产品的完工总产量即可计算出该种产品的单位成本。

如果月末存在未完工产品，各种产品生产成本明细账所归集的费用总额需要采取适当的分配方法在完工产品和在产品之间进行分配，然后根据完工产品的总成本来计算单位成本。完工产品成本计算公式如下：

完工产品成本 = 期初在产品成本 + 本期发生的生产费用 − 期末在产品成本

（2）完工产品生产成本的结转。在计算出当期完工产品成本后，对验收入库的产成品结转成本。根据计算的完工产品成本，编制产品成本计算单，将完工产品的生产成本从"生产成本"账户的贷方，转入"库存商品"账户的借方。

【例 4-25】2024 年 6 月 30 日，新锐家具有限责任公司的完工产品成本计算单如表 4-5 所示。

表 4-5　完工产品成本计算单

单位：元

成本项目	甲产品	乙产品
直接材料	80 000	20 000
直接人工	60 000	30 000
制造费用	30 000	10 000
合计	170 000	60 000

借：库存商品——甲产品　　　　　　　　　　　　　　170 000

　　　　　　——乙产品　　　　　　　　　　　　　　 60 000

　　贷：生产成本——甲产品　　　　　　　　　　　　　　　　　　170 000

　　　　　　——乙产品　　　　　　　　　　　　　　　　　　　　 60 000

（三）生产过程业务账户对应关系

生产过程业务账户对应关系如图 4-25 所示。

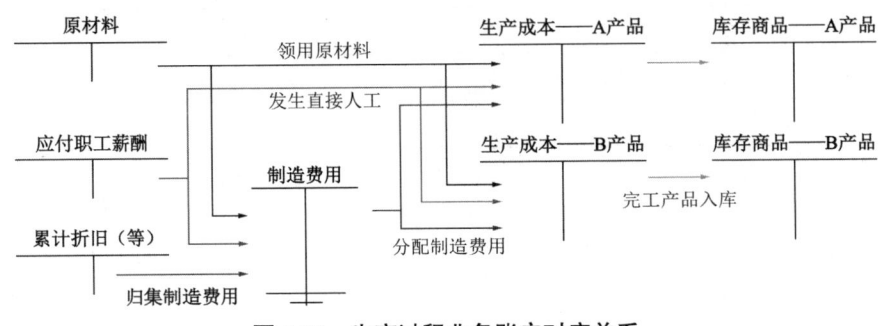

图 4-25　生产过程业务账户对应关系

第五节　销售过程业务核算

　　企业经过产品生产过程，生产出符合要求、可供对外销售的产品，形成了存货，接下来就要进入销售过程。通过销售过程企业将生产出来的产品销售出去，实现它们的价值。销售过程是企业经营过程的最后一个阶段。

一、销售过程业务概述

　　产品制造企业在销售过程中，通过销售产品，按照销售价格收取产品价款，形成商品销售收入。在销售过程中结转的商品销售成本以及发生的运输、包装、广告等销售费用，按照税收法律法规规定计算缴纳的各种销售税金等，都应该从销售收入中得到补偿，补偿之后的差额即为企业销售商品的业务成果，即利润或亏损。

　　企业在销售过程中除了发生销售商品、自制半成品以及提供工业性劳务等业务，还可能发生一些其他业务，如销售材料、出租包装物、出租固定资产等。所以，这一节中主要介绍企业主营业务收支和其他业务收支的核算内容。

二、销售过程业务的核算

（一）账户设置

1.“主营业务收入”账户

　　“主营业务收入”账户是损益类账户，用来核算企业销售商品和提供工业性劳务所实现的收入。其贷方登记企业实现的主营业务收入即主营业务收入的增加，借方登记

销售业务的核算

发生销售退回和销售折让时应冲减本期的主营业务收入，以及期末转入"本年利润"账户的主营业务收入（按净额结转），结转后该账户月末应没有余额。"主营业务收入"账户应按照主营业务的种类设置明细账，进行明细分类核算。"主营业务收入"账户结构如图 4-26 所示。

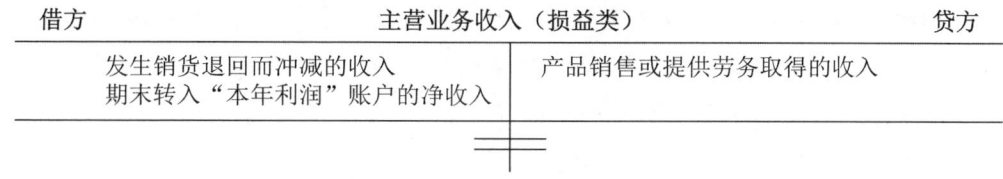

借方	主营业务收入（损益类）	贷方
发生销货退回而冲减的收入 期末转入"本年利润"账户的净收入	产品销售或提供劳务取得的收入	

图 4-26 "主营业务收入"账户结构

2. "主营业务成本"账户

"主营业务成本"账户是损益类账户，用来核算企业主营业务发生的实际成本及其结转情况。其借方登记主营业务发生的实际成本，贷方登记期末转入"本年利润"账户的主营业务成本。经过结转之后，该账户期末没有余额。"主营业务成本"账户应按照主营业务的种类设置明细账户，进行明细分类核算。"主营业务成本"账户结构如图 4-27 所示。

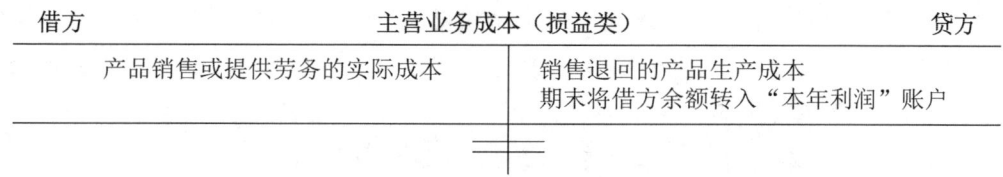

借方	主营业务成本（损益类）	贷方
产品销售或提供劳务的实际成本	销售退回的产品生产成本 期末将借方余额转入"本年利润"账户	

图 4-27 "主营业务成本"账户结构

3. "税金及附加"账户

"税金及附加"账户是损益类账户，用来核算企业经营主要业务（包括销售商品、提供劳务等）而应由主营业务负担的各种税金及附加的计算及其结转情况。其借方登记按照有关的计税依据计算出的各种税金及附加额，贷方登记期末转入"本年利润"账户的税金及附加。经过结转之后，该账户期末没有余额。"税金及附加"账户结构如图 4-28 所示。

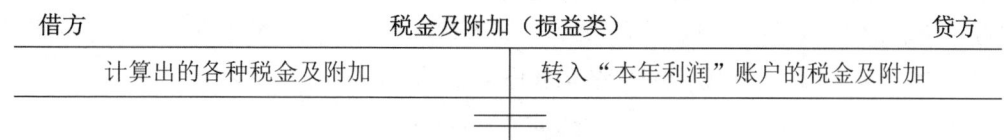

借方	税金及附加（损益类）	贷方
计算出的各种税金及附加	转入"本年利润"账户的税金及附加	

图 4-28 "税金及附加"账户结构

【知识延伸】

　　企业在销售商品过程中取得了收入，就应该向国家税务机关缴纳各种销售税金及附加，包括消费税、城市维护建设税、教育费附加、资源税等相关税费。这些税金及附加一般是根据当月的销售额或应税额，依据规定的税率计算，并在下月初缴纳。

　　（1）消费税。消费税是对消费品和特定的消费行为按流转额征收的一种商品税。国家在对商品普遍征收增值税的基础上，选择部分消费品再征收一道消费税，目的是调节产品结构，引导消费方向，保证国家财政收入。消费税的计税依据包括分别采用从价、从量，或两者结合。实行从价计税办法征税的应税消费品，计税依据为应税消费品的销售额。实行从量定额办法征税的应税消费品，通常以每单位应税消费品的重量、容积或数量为计税依据。

（2）城市维护建设税。城市维护建设税（以下简称"城建税"），是以纳税人实际缴纳的增值税、消费税的税额为计税依据，依法计征的一种税。城建税专款专用，用来保证城市的公共事业和公共设施的维护和建设。随"二税"（增值税、消费税）同时附征，本质上属于一种附加税。

城建税相关法律规定，纳税人所在地为城市市区的，税率为7%；纳税人所在地为县城、建制镇的，税率为5%；纳税人所在地不在城市市区、县城或建制镇的，税率为1%。这种根据城镇规模不同，差别设置税率的办法，较好地照顾了城市建设的不同需要。

原则上讲，只要缴纳增值税、消费税中任一税种的纳税人都要缴纳城建税。这也就等于说，除了减免税等特殊情况以外，任何从事生产经营活动的企业单位和个人都要缴纳城建税。

（3）教育费附加。教育费附加是对缴纳增值税、消费税的单位和个人征收的一种附加费，作用是发展地方性教育事业，扩大地方教育经费的资金来源。教育费附加的征收率为3%，其计算公式如下：

$$应纳教育费附加 = (实际缴纳的增值税 + 消费税) \times 3\%$$

（4）资源税。资源税是以各种应税自然资源为课税对象、为了调节资源级差收入并体现国有资源有偿使用而征收的一种税。对在我国境内开采应税矿产品和生产盐的单位和个人就其应税数量来进行征收。

4."销售费用"账户

"销售费用"账户是损益类账户，用来核算企业在销售商品过程中发生的各项销售费用及其结转情况。其借方登记发生的各项销售费用，贷方登记期末转入"本年利润"账户的销售费用，经过结转之后，该账户期末没有余额。"销售费用"账户应按照费用项目设置明细账户，进行明细分类核算。"销售费用"账户结构如图4-29所示。

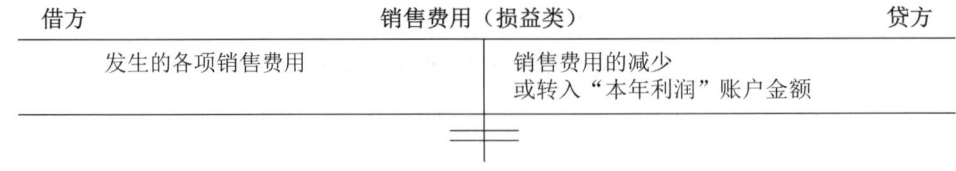

借方	销售费用（损益类）	贷方
发生的各项销售费用	销售费用的减少 或转入"本年利润"账户金额	

图4-29 "销售费用"账户结构

5."其他业务收入"账户

"其他业务收入"账户是损益类账户，用来核算企业除主营业务的其他业务收入的实现及其结转情况。其贷方登记其他业务收入的实现即增加，借方登记期末转入"本年利润"账户的其他业务收入，经过结转之后，该账户期末没有余额。"其他业务收入"账户应按照其他业务的种类设置明细账户，进行明细分类核算。"其他业务收入"账户结构如图4-30所示。

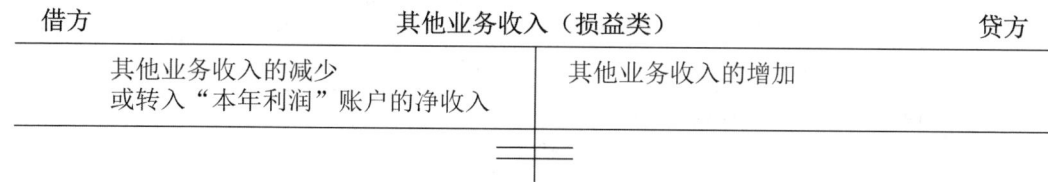

图 4-30 "其他业务收入"账户结构

6."其他业务成本"账户

"其他业务成本"账户是损益类账户,用来核算企业除主营业务的其他业务支出的发生及其转销情况。其借方登记其他业务支出,包括材料销售成本、提供劳务的成本费用(即其他业务支出的增加),贷方登记期末转入"本年利润"账户的其他业务成本,经过结转后,该账户期末没有余额。"其他业务成本"账户应按照其他业务的种类设置明细账户,进行明细分类核算。"其他业务成本"账户结构如图 4-31 所示。

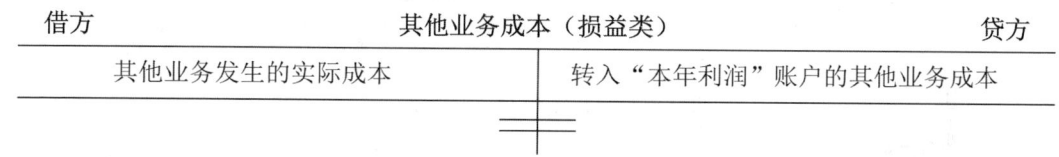

图 4-31 "其他业务成本"账户结构

7."应收账款"账户

"应收账款"账户是资产类账户,用来核算因销售商品和提供劳务等而应向购货单位或接受劳务单位收取货款的结算情况(结算债权),代购买单位垫付的各种款项也在该账户中核算。其借方登记由于销售商品以及提供劳务等而发生的应收账款(即应收账款的增加),包括应收取的价款、税款和代垫款等;贷方登记已经收回的应收账款(即应收账款的减少)。期末余额如在借方,表示尚未收回的应收账款。"应收账款"账户应按不同的购货单位或接受劳务单位设置明细账户,进行明细分类核算。"应收账款"账户结构如图 4-32 所示。

借方	应收账款(资产类)	贷方
应收账款的增加	应收账款的减少	
期末余额:尚未收回的应收账款		

图 4-32 "应收账款"账户结构

8."应收票据"账户

"应收票据"账户是资产类账户,用来核算企业因销售商品和提供劳务等而收到的商业汇票,包括银行承兑汇票和商业承兑汇票。其借方登记应收票据的增加数;贷方登记应收票据的减少数;期末借方余额反映企业持有的商业汇票的票面价值和应计利息。"应收票据"账户应按不同的票据种类分别设置明细账户,进行明细分类核算。企业还应设置应收票据备查簿,逐项登记应收票据,应收票据到期结清票款后应在备查簿内逐项注销。"应收票据"账户结构如图 4-33 所示。

借方	应收票据（资产类）	贷方
应收票据的增加	应收票据的减少	
期末余额：企业持有的商业汇票的票面价值和应计利息		

图 4-33 "应收票据"账户结构

9. "预收账款"账户

"预收账款"账户是负债类账户，用来核算企业按照合同的规定预收购买单位订货款的增减变动及其结余情况。其贷方登记预收购买单位订货款的增加，借方登记销售实现时冲减的预收货款。期末余额如在贷方，表示企业预收款项的结余额。"预收账款"账户应按照购货单位设置明细账户，进行明细分类核算。"预收账款"账户结构如图 4-34 所示。

借方	预收账款（负债类）	贷方
冲销预收购买单位的款项	预收购买单位款项的增加	
	期末余额：尚未结算的预收款项的结余	

图 4-34 "预收账款"账户结构

（二）账务处理

销售业务的账务处理涉及主营业务收支、其他业务收支、销售费用核算，增值税销项税额以及其他税费核算等业务。

【例 4-26】2024 年 7 月 10 日，新锐家具有限责任公司按合同规定向东方公司预收购买甲产品货款 100 000 元，款项存入银行。

  借：银行存款   100 000

   贷：预收账款——东方公司   100 000

【例 4-27】2024 年 7 月 12 日，新锐家具有限责任公司销售给乐居公司甲产品 1 000 件，增值税专用发票注明单价为 500 元，价款为 500 000 元，增值税为 65 000 元，款项尚未收到。

  借：应收账款——乐居公司   565 000

   贷：主营业务收入   500 000

     应交税费——应交增值税（销项税额） 65 000

【例 4-28】2024 年 7 月 15 日，新锐家具有限责任公司销售给北上公司乙产品 600 件，增值税专用发票注明单价为 600 元，价款为 360 000 元，增值税为 46 800 元，已收到对方开出的承兑期为 3 个月的商业汇票。

  借：应收票据——北上公司   406 800

   贷：主营业务收入   360 000

     应交税费——应交增值税（销项税额） 46 800

【例 4-29】2024 年 7 月 18 日，新锐家具有限责任公司以银行存款支付产品宣传费 2 000 元。

  借：销售费用   2 000

   贷：银行存款   2 000

【例4-30】 2024年7月20日，新锐家具有限责任公司对外销售一批不需用的材料，增值税专用发票注明价款为30 000元，增值税为3 900元，款项已存入银行。

借：银行存款   33 900

 贷：其他业务收入   30 000

  应交税费——应交增值税（销项税额） 3 900

【例4-31】 承［例4-26］，2024年7月23日，新锐家具有限责任公司按合同规定销售给东方公司甲产品200件，增值税专用发票注明单价为500元，价款为100 000元，增值税为13 000元，余款尚未收到。

借：预收账款   113 000

 贷：主营业务收入   100 000

  应交税费——应交增值税（销项税额） 13 000

【例4-32】 承［例4-31］，2024年7月25日，新锐家具有限责任公司收到东方公司交来的余款13 000元，存入银行。

借：银行存款   13 000

 贷：预收账款   13 000

【例4-33】 2024年7月31日，新锐家具有限责任公司结转本月已售甲产品1 200件的制造成本360 000元，乙产品600件的制造成本240 000元。

借：主营业务成本   600 000

 贷：库存商品——甲产品   360 000

    ——乙产品   240 000

【例4-34】 2024年7月31日，新锐家具有限责任公司结转本月已售材料的成本16 000元。

借：其他业务成本   16 000

 贷：原材料   16 000

【例4-35】 2024年7月31日，新锐家具有限责任公司根据规定计提本月应缴纳的城市维护建设税2 800元，教育费附加1 200元。

借：税金及附加   4 000

 贷：应交税费——应交城市维护建设税 2 800

    ——教育费附加   1 200

【例4-36】 2024年7月31日，新锐家具有限责任公司以银行存款缴纳城市维护建设税2 800元，教育费附加1 200元。

借：应交税费——应交城市维护建设税 2 800

   ——教育费附加   1 200

 贷：银行存款   4 000

（三）销售过程业务账户对应关系

销售过程业务账户对应关系如图4-35所示。

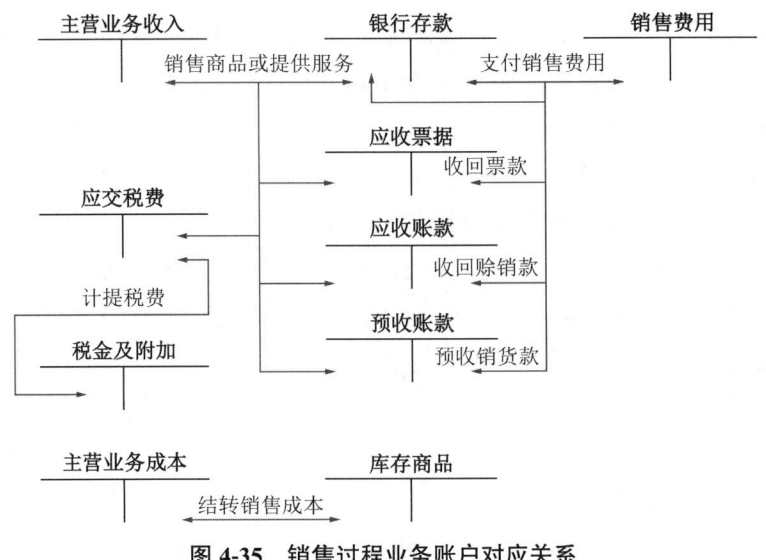

图 4-35　销售过程业务账户对应关系

第六节　财务成果形成与分配业务核算

财务成果是指企业在一定会计期间从事经济活动所取得的经营成果，它是企业一定会计期间的收入与费用相抵后的余额。财务成果的表现形式有利润和亏损两种。当收入大于费用时，其差额表现为利润；反之，当收入小于费用时，其差额表现为亏损。利润是综合反映企业在一定时期生产经营成果的重要指标，因此获取利润就成为企业生产经营的主要目的之一。一个企业的获利与否，不仅关系到企业的稳定发展和职工生活水平的提高，而且也会影响到社会的积累与发展。

一、财务成果形成的核算

（一）利润的构成与计算

企业的利润，就其形成来看，既有通过生产经营活动而获得的，也有通过投资活动而获得的，还有那些与生产经营活动无直接关系的事项所引起的盈亏。

利润形成的核算

根据《企业会计准则》的规定，利润是指企业在一定会计期间的经营成果，包括营业利润、利润总额和净利润三个层次。营业利润加上营业外收入，减去营业外支出后的数额称为利润总额；利润总额减去所得税费用后的数额称为净利润。相关计算公式如下：

利润总额（或亏损总额）＝营业利润＋营业外收入－营业外支出

净利润（或净亏损）＝利润总额（或亏损总额）－所得税费用

1. 营业利润

营业利润是指企业日常经营活动所产生的利润，是企业利润总额和净利润的主要来源。相关计算公式如下：

营业利润＝营业收入－营业成本－税金及附加－销售费用－管理费用－研发费用－财务费用＋其他收益＋投资收益（－投资损失）＋净敞口套期收益（－净敞口套期损失）＋公允价值变动收益（－公允价值变动损失）－信用减值损失－资产减值损失＋资产处置收益（－资产处置损失）

其中：营业收入＝主营业务收入＋其他业务收入

营业成本＝主营业务成本＋其他业务成本

2. 利润总额

利润总额是指企业通过日常的经营活动实现的营业利润，再加或减营业外收支，即为企业的利润总额或亏损总额。相关计算公式如下：

利润总额＝营业利润＋营业外收入－营业外支出

3. 净利润

净利润是指企业各类经营活动实现的利润总额，必须按照税收法律法规规定缴纳所得税。所以，企业利润总额减去应从当期利润总额中扣除的所得税费用后的余额即为净利润，也称为税后利润。相关计算公式如下：

净利润＝利润总额－所得税费用

【例 4-37】2024 年 7 月 31 日，新锐家具有限责任公司各收入类账户发生额为：主营业务收入 110 万元，其他业务收入 4 万元，投资收益 2 万元，营业外收入 6 万元。本月各成本费用类账户发生额为：主营业务成本 58 万元，其他业务成本 3 万元，营业外支出 8 万元，管理费用 4 万元，财务费用 1 万元，销售费用 8 万元。计算该公司本月的营业利润、利润总额、所得税费用及净利润（所得税税率 25%）。

营业利润＝110＋4＋2－58－3－4－1－8＝42（万元）

利润总额＝营业利润＋营业外收入－营业外支出＝42＋6－8＝40（万元）

企业所得税＝40×25%＝10（万元）

净利润＝利润总额－企业所得税＝40－10＝30（万元）

（二）期间费用的核算

1. 期间费用的含义与内容

期间费用是指与产品制造过程没有直接关系的各种费用。一般来说，我们能够很容易地确定期间费用应归属的会计期间，但难以确定其应归属的产品。也就是说，难以确定期间费用的直接负担者。所以期间费用不能直接归属于某个特定的产品，即并不直接计入产品的生产成本，而应该计入当期损益。

期间费用包括为管理企业的生产经营活动而发生的管理费用，为筹集资金而发生的财务费用，为销售商品而发生的销售费用等。这些费用的发生对企业取得收入有很大的作用，但很难与各类收入直接配比，所以将其视为与取得某期间的营业收入相关的期间费用，按其实际发生额予以确认。财务费用的具体内容在本章第二节即筹资过程业务核算中作了阐述，销售费用的具体内容在本章第五节即销售过程业务核算中作了阐述，这里只对期间费用中的管理费用的内容进行介绍。

2. 管理费用的含义与核算

管理费用是指企业行政管理部门为组织和管理企业的生产经营活动而发生的各种费用，包括企业在筹建期间内发生的开办费、董事会和行政管理部门在企业的经营管理中发生的或者应由企业统一负担的公司经费（包括行政管理部门职工工资及福利费、物料消耗、低值易耗品摊销、办公费和差旅费等）、工会经费、董事会费（包括董事会成员津贴、会议费和差旅费等）、聘请中介机构费、咨询费（含顾问费）、诉讼费、业务招待费、技术转让费、矿产资源补偿费、研究费用、排污费等。

为了核算企业管理费用的情况，企业应设置"管理费用"账户。该账户借方登记企业为组织和管理企业的生产经营活动而发生的各项费用，即管理费用的增加；贷方登记期末结转记入"本年利润"账户的管理费用额，结转后本账户没有期末余额。"管理费用"账户应按照费用项目设置明细账户，进行明细分类核算。"管理费用"账户结构如图4-36所示。

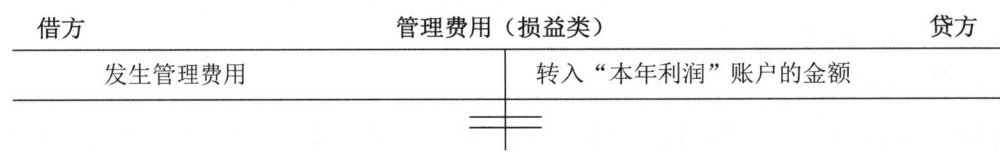

借方	管理费用（损益类）	贷方
发生管理费用	转入"本年利润"账户的金额	

图4-36　"管理费用"账户结构

【例4-38】2024年7月5日，新锐家具有限责任公司总经理王某因出差借款5 000元，回来后报销差旅费5 200元，不足部分用现金补齐。

以上业务实际是借款、报销两笔经济业务。

（1）出差借款。出差借款，企业应该在其"其他应收款"账户核算。"其他应收款"是资产类账户，借出款项即应收款增加登记在借方。收回款项即减少应收款登记在贷方。

总经理王某出差借款时，企业付出现金，应该登记在"库存现金"账户的贷方，表示企业库存现金的减少。同时，王某借款时没有发生实际的差旅费，只能将其暂时作为一项债权，记入"其他应收款"账户的借方，会计分录如下：

借：其他应收款——王某　　　　　　　　　　　　5 000
　　贷：库存现金　　　　　　　　　　　　　　　　　　　　5 000

（2）出差归来报销。差旅费属于企业的期间费用，在企业"管理费用"账户核算。差旅费5 200元应作为管理费用的增加，记入"管理费用"账户的借方。同时，应冲减之前的其他应收款5 000元，记入"其他应收款——王某"账户的贷方。借、贷方之间的差额200元属于超出借款数额、由王某垫付的、应由企业实际负担的差旅费，应付给王某现金，记入"库存现金"账户的贷方，会计分录如下：

借：管理费用　　　　　　　　　　　　　　　　　5 200
　　贷：其他应收款——王某　　　　　　　　　　　　　　5 000
　　　　库存现金　　　　　　　　　　　　　　　　　　　　200

如果本例中，王某归来报销差旅费用 4 800 元，则其之前的借款足以支付全部的差旅费用，且有剩余，剩余部分应该归还企业，会计分录如下：

借：管理费用　　　　　　　　　　　　　　　　　4 800

　　库存现金　　　　　　　　　　　　　　　　　　200

　　贷：其他应收款——王某　　　　　　　　　　　　　　5 000

【例 4-39】2024 年 7 月 8 日，新锐家具有限责任公司行政管理部门购买办公用品 1 000 元，用银行存款支付。

借：管理费用　　　　　　　　　　　　　　　　　1 000

　　贷：银行存款　　　　　　　　　　　　　　　　　　1 000

【例 4-40】2024 年 7 月 11 日，新锐家具有限责任公司发生业务招待费 600 元，开出现金支票支付。

借：管理费用　　　　　　　　　　　　　　　　　600

　　贷：银行存款　　　　　　　　　　　　　　　　　　600

（三）营业外收支的核算

营业外收支是指与企业正常的生产经营业务没有直接关系的各项收入和支出，包括营业外收入和营业外支出。营业外收支虽然与企业正常的经营活动没有直接关系，但从企业主体考虑，营业外收支同样能够增加或减少企业的利润，对利润或亏损总额乃至净利润会产生一定的影响。在会计核算过程中，一般按照营业外收支具体项目发生的时间，按其实际数额在当期作为利润的加项或减项分别予以确认和计量。

1. 营业外收入

营业外收入是指与企业正常的生产经营活动没有直接关系的各项收入，包括非流动资产损毁报废收益、与企业日常活动无关的政府补助、盘盈利得、捐赠利得、罚款收入等。营业外收入是企业的一种纯收入，不需要也不可能与有关费用进行配比，事实上，企业为此并没有付出代价，因此，在会计核算过程中应严格区分营业外收入与营业收入。发生营业外收入时，应按其实际发生数进行核算，并直接增加企业的利润总额。

为了核算营业外收入的具体内容，企业应设置"营业外收入"账户。该账户是损益类账户，用来核算企业各项营业外收入的实现及其结转情况。其贷方登记营业外收入的实现即营业外收入的增加，借方登记会计期末转入"本年利润"账户的营业外收入，经过结转之后，该账户期末没有余额。"营业外收入"账户应按照收入的具体项目设置明细账户，进行明细分类核算。"营业外收入"账户结构如图 4-37 所示。

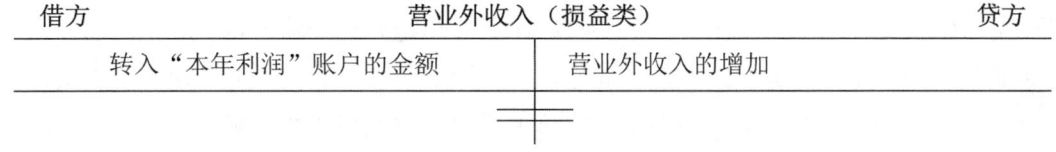

借方	营业外收入（损益类）	贷方
转入"本年利润"账户的金额	营业外收入的增加	

图 4-37　"营业外收入"账户结构

【例 4-41】2024 年 7 月 15 日，新锐家具有限责任公司通过银行收到政府补助 400 000 元，用于补偿公司因市政建设搬迁而发生的相关费用。

借：银行存款　　　　　　　　　　　　　　　　　　　400 000

贷：营业外收入　　　　　　　　　　　　　　　　　　　　　400 000

2. 营业外支出

营业外支出是指与企业正常生产经营活动没有直接关系的各项支出，包括非流动资产损毁报废损失、捐赠支出、盘亏损失、非常损失、罚款支出等。营业外收入与营业外支出应该分别核算，因为两者之间不存在配比关系，所以，不能以营业外收入直接冲减营业外支出。在实际发生营业外支出时，应直接冲减企业当期的利润总额。

为了核算企业营业外支出的具体内容，需要设置"营业外支出"账户。该账户是损益类账户，用来核算企业各项营业外支出的发生及其转销情况。其借方登记营业外支出的增加，贷方登记期末转入"本年利润"账户的营业外支出，经过结转之后，期末没有余额。"营业外支出"账户应按照支出的具体项目设置明细账户，进行明细分类核算。"营业外支出"账户结构如图 4-38 所示。

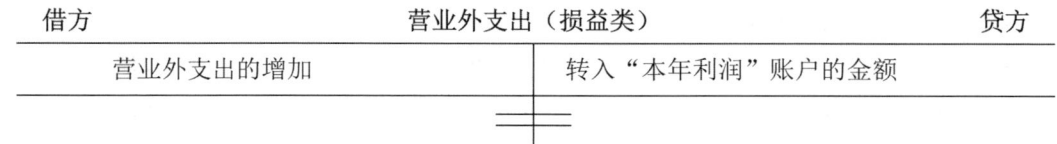

借方	营业外支出（损益类）	贷方
营业外支出的增加	转入"本年利润"账户的金额	

图 4-38　"营业外支出"账户结构

【例 4-42】2024 年 7 月 16 日，新锐家具有限责任公司因违反有关环保规定，受到 100 000 元的罚款处罚，罚款通过银行付讫。

借：营业外支出　　　　　　　　　　　　　　　　　　100 000

贷：银行存款　　　　　　　　　　　　　　　　　　　　　100 000

（四）所得税费用的核算

所得税是企业按照税收法律法规的有关规定，对企业某一经营年度实现的经营所得和其他所得，按照规定的所得税税率计算缴纳的一种税款。所得税是企业使用政府所提供的各种服务而向政府应尽的义务。

企业的所得税通常是按年计算，分期预缴，年末汇算清缴的，有关计算公式为：

应交所得税额 = 应纳税所得额 × 所得税税率

应纳税所得额 = 利润总额 + 所得税前利润中予以调整的项目

公式中的"所得税前利润中予以调整的项目"包括纳税调整增加项目和纳税调整减少项目两部分。纳税调整增加项目主要包括税收法律法规规定允许扣除项目，即企业已计入当期费用但超过法规规定扣除标准的金额，如超过规定标准的工资支出、业务招待费支出、税收罚款滞纳金、捐赠支出等；纳税调整减少项目主要包括按税收法律法规规定允许弥补的亏损和准予免税的项目，如 5 年内未弥补完的亏损、国债的利息收入等。

由于纳税调整项目的内容比较复杂，在本书中，为了简化核算，我们一般假设纳税调整项目为0，就可以以会计上的利润总额为基础计算所得税额。企业的所得税税率通常为25%。所以应交所得税额的计算公式为：

$$应交所得税额 = 利润总额 \times 所得税税率$$

为了核算所得税费用的发生及结存情况，企业需要设置"所得税费用"账户。该账户是损益类账户，借方用来登记按照有关规定应当在当期损益中扣除的所得税费用额，贷方登记期末结转记入"本年利润"账户的所得税费用额，结转后没有期末余额。"所得税费用"账户结构如图4-39所示。

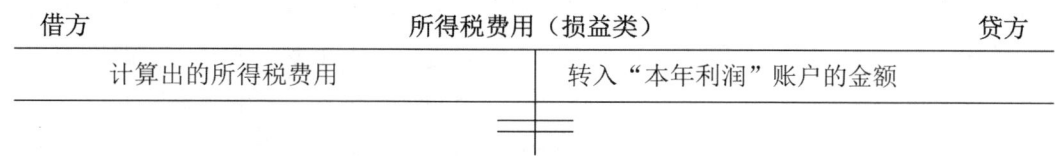

借方	所得税费用（损益类）	贷方
计算出的所得税费用	转入"本年利润"账户的金额	

图4-39 "所得税费用"账户结构

【例4-43】2024年7月31日，新锐家具有限责任公司经计算得知，当期实现利润总额为500 000元，该公司适用25%的所得税税率，假定不存在纳税调整项目。请写出计提所得税和结转所得税的会计分录。

应交所得税＝利润总额×税率＝500 000×25%＝125 000（元）

（1）计算应交所得税：

借：所得税费用 125 000

贷：应交税费——应交所得税 125 000

（2）结转所得税费用：

借：本年利润 125 000

贷：所得税费用 125 000

【例4-44】2024年8月2日，新锐家具有限责任公司以银行存款缴纳所得税费用125 000元。

借：应交税费——应交所得税 125 000

贷：银行存款 125 000

（五）净利润形成的核算

按照《企业会计准则》的要求，企业一般应当按月核算利润，按月核算有困难的，经批准，也可以按季或者按年核算利润。企业计算确定本期利润总额、净利润和本年累计利润总额、净利润有账结法和表结法两种。

账结法下，每月月末均需编制结转分录，将已结计出发生额的各损益类账户均结转记入"本年利润"账户。结转后，"本年利润"账户的本月余额反映当月实现的利润或发生的亏损，"本年利润"账户的本年余额反映本年累计实现的利润或发生的亏损。账结法虽然在各个月均可以通过"本年利润"账户提供当月及当年累计的利润或亏损额，但增加了转账环节和工作量。

表结法下，各损益类账户每月月末只需计算出本月发生额和月末累计余额，不结转到"本年利润"账户，只有在年末时才将全年累计发生额结转记入"本年利润"账户。但每月月末要将损益类账户的本月发生额合计数填入利润表的本月数栏，同时将本月末累计余额填入利润表的本年累计数栏，通过利润表计算反映各期的利润（或亏损）。表结法下，年终损益类科目无须结转入"本年利润"科目，从而减少了转账环节和工作量，同时并不影响利润表的编制和有关损益指标的利用。

为了核算企业一定时期内财务成果的具体形成情况，在会计上需要设置"本年利润"账户。该账户是所有者权益类账户，用来核算企业一定时期内净利润的形成或亏损的发生情况。其贷方登记会计期末转入的各项收入，借方登记会计期末转入的各项支出。该账户年内期末余额如果在贷方，表示实现的累计净利润，即当年实现收入大于发生的费用；如果期末余额在借方，表示累计发生的亏损。年末，应将该账户余额结转记入"利润分配"账户。如果实现的是净利润，应该由"本年利润"账户的借方结转记入"利润分配"账户的贷方，表示当期可供分配利润的增加；如果发生的是亏损，则应该由"本年利润"账户的贷方结转记入"利润分配"账户的借方。结转后，"本年利润"账户没有期末余额。"本年利润"账户结构如图 4-40 所示。

借方	本年利润（所有者权益类）	贷方
期末转入的各项支出		期末转入的各项收入
期末余额：累计亏损 结转记入"利润分配"账户贷方的累计净利润额		期末余额：累计净利润 结转记入"利润分配"账户借方的累计亏损额

图 4-40 "本年利润"账户结构

【例 4-45】2024 年 7 月 31 日，新锐家具有限责任公司各损益类账户期末余额如表 4-6 所示。

表 4-6 新锐家具有限责任公司各损益类账户期末余额

单位：元

账户名称	借方	账户名称	贷方
主营业务成本	320 000	主营业务收入	800 000
其他业务成本	30 000	其他业务收入	80 000
税金及附加	5 000	营业外收入	20 000
销售费用	12 000		
管理费用	20 000		
财务费用	8 000		
营业外支出	5 000		

要求：根据上述内容计算营业利润；结转损益类账户；计算利润总额；计提并结转所得税费用；计算净利润。

（1）计算营业利润：

营业利润 = 800 000 + 80 000 - 320 000 - 30 000 - 5 000 - 12 000 - 20 000 - 8 000 = 485 000（元）

（2）结转收入类账户：

借：主营业务收入   800 000

其他业务收入   80 000

营业外收入   20 000

贷：本年利润   900 000

（3）结转费用类账户：

借：本年利润   400 000

贷：主营业务成本   320 000

其他业务成本   30 000

税金及附加   5 000

销售费用   12 000

管理费用   20 000

财务费用   8 000

营业外支出   5 000

（4）计算利润总额：

利润总额 = 900 000 - 400 000 = 500 000（元）

（5）计提并结转所得税费用：

应交所得税 = 500 000 × 25% = 125 000（元）

借：所得税费用   125 000

贷：应交税费——应交所得税   125 000

借：本年利润   125 000

贷：所得税费用   125 000

（6）计算净利润：

净利润 = 500 000 - 125 000 = 375 000（元）

年末，将净利润转入"利润分配——未分配利润"账户的贷方，"本年利润"账户无余额。

结合上述内容分析，财务成果形成核算示意图如图 4-41 所示。

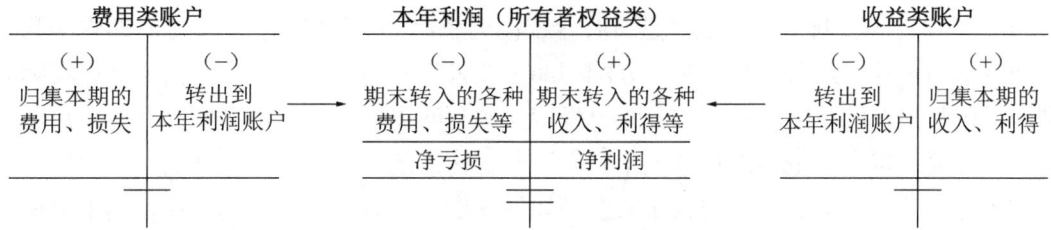

图 4-41 财务成果形成核算示意图

利润分配
业务的核算

二、财务成果分配的核算

财务成果的分配主要体现为利润的分配，就是企业根据法律、董事会或类似机构提请股东大会或类似批准机构批准的、对企业可供分配利润指定其特定用途和分配给投资者的行为。

（一）利润分配的顺序

企业实现的净利润，应按照国家的规定和投资者的决议进行合理的分配。企业净利润的分配涉及各个方面的利益关系，包括投资人、企业以及企业内部职工的经济利益，所以必须遵循兼顾投资人利益、企业利益以及企业职工利益的原则对净利润进行分配。

根据《公司法》等有关法律、法规的规定，利润分配应按照下列顺序进行。

（1）计算可供分配利润。企业当期实现的净利润，加上年初未分配利润（或减去年初未弥补亏损）和其他转入（盈余公积弥补的亏损等）后的余额，为可供分配利润。

$$可供分配利润 = 净利润(或亏损) + 年初未分配利润 -$$
$$弥补以前年度的亏损 + 其他转入的金额$$

如果可供分配利润为负数，即企业为亏损状态，则不能进行后续分配；如果可供分配利润为正数，即企业目前累计盈利，则可以进行后续的分配。

（2）提取法定盈余公积。法定盈余公积应按照本年实现净利润的一定比例提取，公司制企业按净利润的10%提取；其他企业可以根据需要确定提取比例，但不得低于10%。企业提取的法定盈余公积累计额超过注册资本50%的，可以不再提取。

（3）提取任意盈余公积。公司从税后利润中提取法定盈余公积后，经股东会或者股东大会决议，还可以从税后利润中提取任意盈余公积。非公司制企业经类似权力机构批准，也可提取任意盈余公积。

（4）向投资者分配利润或股利。企业实现的净利润在扣除上述项目后，再加上年初未分配利润和其他转入数（公积金弥补的亏损等），形成可供投资者分配的利润。

利润经过上述分配之后，剩余的部分为企业的未分配利润（或未弥补亏损），未分配利润是企业留待以后年度进行分配的利润或等待分配的利润，它是所有者权益的一个重要组成部分。相对于所有者权益的其他部分来说，企业对于未分配利润的使用分配有较大的自主权。

（二）账户设置

为了核算企业利润分配的具体过程及结果，全面贯彻企业利润分配政策，以便于更好地进行利润分配业务的核算，企业需要设置以下几个账户。

（1）"利润分配"账户。该账户是所有者权益类账户，用来核算企业一定时期内净利润的分配或亏损的弥补以及历年结存的未分配利润（或未弥补亏损）情况。其借方登记实际分配的利润，包括提取的盈余公积金和分配给投资人的利润以及年末从"本年利润"账户转入的全年累计亏损；贷方登记年末从"本年利润"账户转入的全年实现的净利润。年内期末余额如果在借方，表示已分配的利润；年末余额如果在借方，表示未弥补的亏损；期末余额如果在贷方，表示未分配利润。

"利润分配"账户一般应设置以下几个主要明细账户："未分配利润""提取法定盈余公积""提取任意盈余公积""应付现金股利"等。年末，应将"利润分配"账户下的其他明细账户的余额全部转入"未分配利润"明细账户。经过结转后，除"未分配利润"明细账户有余额外，其他各个明细账户均无余额。"利润分配"账户结构如图 4-42 所示。

借方	利润分配（所有者权益类）	贷方
年末转入的净亏损 实际分配的利润： ①提取的盈余公积 ②向投资者分配的股利	从"本年利润"账户转入的净利润	
年内余额：已分配的利润 年末余额：未弥补的亏损	未分配的利润	

图 4-42 "利润分配"账户结构

（2）"盈余公积"账户。该账户是所有者权益类账户，用来核算企业从税后利润中提取的盈余公积包括法定盈余公积、任意盈余公积的增减变动及其结余情况。其贷方登记提取的盈余公积（即盈余公积的增加），借方登记实际使用的盈余公积（即盈余公积的减少）。期末余额在贷方，表示结余的盈余公积。"盈余公积"账户应设置"法定盈余公积""任意盈余公积"明细账户。"盈余公积"账户结构如图 4-43 所示。

借方	盈余公积（所有者权益类）	贷方
盈余公积的减少	盈余公积的增加	
	期末余额：结余的盈余公积	

图 4-43 "盈余公积"账户结构

（3）"应付股利"账户。该账户是负债类账户，用来核算企业按照董事会或股东大会决议分配给投资人股利（现金股利）或利润的增减变动及其结余情况。其贷方登记应付给投资人股利（现金股利）或利润的增加，借方登记实际支付给投资人的股利（现金股利）或利润即应付股利的减少。期末余额在贷方，表示尚未支付的股利（现金股利）或利润。这里需要注意的是企业分配给投资人的股票股利不在本账户核算。"应付股利"账户结构如图 4-44 所示。

借方	应付股利（负债类）	贷方
应付股利的减少	应付股利的增加	
	期末余额：尚未支付的股利	

图 4-44 "应付股利"账户结构

（三）利润分配业务的账务处理

利润分配业务的账务处理主要包括净利润转入分配、提取盈余公积、向投资者分配利润、未分配利润的结转等业务。

【例 4-46】12 月 31 日，经计算新锐家具有限责任公司本年实现的净利润为 5 600 000 元，结转本期实现的净利润。

　　借：本年利润　　　　　　　　　　　　　　　　　　5 600 000
　　　　贷：利润分配——未分配利润　　　　　　　　　　　　　5 600 000

【例 4-47】承［例 4-46］，假设新锐家具有限责任公司年初"利润分配"账户余额为 0，公司股东会决定按照当年净利润的 10% 提取法定盈余公积，按 5% 提取任意盈余公积。

借：利润分配——提取法定盈余公积   560 000

    ——提取任意盈余公积   280 000

  贷：盈余公积——法定盈余公积   560 000

     ——任意盈余公积   280 000

【例 4-48】承［例 4-47］，新锐家具有限责任公司股东会决定，将可供分配利润的 50% 分配给投资者。

可供分配利润 = 5 600 000 − 560 000 − 280 000 = 4 760 000（元）

应付股利 = 4 760 000 × 50% = 2 380 000（元）

借：利润分配——应付现金股利   2 380 000

  贷：应付股利   2 380 000

【例 4-49】承［例 4-48］，新锐家具有限责任公司通过银行向投资者支付分配的利润。

借：应付股利   2 380 000

  贷：银行存款   2 380 000

【例 4-50】承［例 4-49］，新锐家具有限责任公司将"利润分配"账户下的其他明细账户的余额结转入"未分配利润"明细账户。

借：利润分配——未分配利润   3 220 000

  贷：利润分配——提取法定盈余公积   560 000

     ——提取任意盈余公积   280 000

     ——应付现金股利   2 380 000

结合上述内容分析，财务成果分配核算的账务处理如图 4-45 所示。

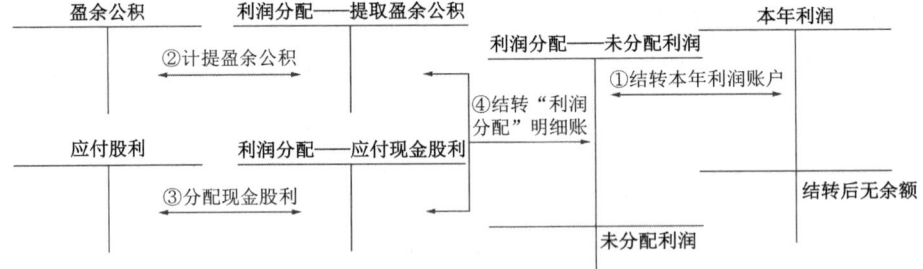

图 4-45 财务成果分配核算示意图

本章小结

本章主要讲解了制造业企业依次从资金筹集、采购、生产、销售到财务成果的形成和分配这五个环节所涉及的主要账户及相关的会计核算。

一、资金筹集过程业务核算

（一）所有者权益筹资

借：银行存款

原材料 （按投资双方协议中约定的价值入账）

固定资产 （按投资双方协议中约定的价值入账）（必须公允）

无形资产 （按投资双方协议中约定的价值入账）

应交税费——应交增值税（进项税额）

贷：实收资本（或股本） （实收资本 = 注册资本）

资本公积 （资本溢价、股本溢价）

（二）负债筹资（以短期借款——到期一次还本付息为例）

1. 借入时：

借：银行存款

贷：短期借款 （本金）

2. 计提利息时：

借：财务费用

贷：应付利息 （利息 = 本金 × 利率 × 期限）（利率和期限要保持一致）

3. 归还本息：

借：短期借款 （本金）

应付利息 （已提取部分）

财务费用 （未提取的部分，归还本金当期的利息）

贷：银行存款 （本金 + 利息）

二、采购过程业务核算

（一）购入材料的业务核算

1. 材料已入库：

借：原材料

应交税费——应交增值税（进项税额）

贷：银行存款（应付账款、应付票据）

2. 已付款，材料未验收入库：

借：在途物资

应交税费——应交增值税（进项税额）

贷：银行存款

入库时：

借：原材料

        贷：在途物资

3. 预付方式购进：

（1）预付时：

    借：预付账款

        贷：银行存款

（2）收到材料办理结算：

    借：原材料

        应交税费——应交增值税（进项税额）

        贷：预付账款

（3）结清预付账款（补、退）：

    借：预付账款

        贷：银行存款

【退回多付款项的会计分录与上述分录相反】

（二）购入固定资产的业务核算

1. 不需要安装：

    借：固定资产

        应交税费——应交增值税（进项税额）

        贷：银行存款（应付账款、应付票据等）

2. 需要安装：

（1）购入后投入安装：

    借：在建工程

        应交税费——应交增值税（进项税额）

        贷：银行存款（等）

（2）发生安装费：

    借：在建工程

        贷：原材料　　　　　　　　　　　　（领用安装材料）

            应付职工薪酬　　　　　　　　（发生安装人员薪酬）

（3）达到预定可使用状态：

    借：固定资产　　　　　　　　　　　　（买价＋安装成本）

        贷：在建工程

三、生产过程业务核算

（一）材料费用

    借：生产成本　　　　　　　　　　　　（生产产品领用）

制造费用   （车间一般耗用）

  管理费用   （行政管理部门领用）

  销售费用   （专设销售机构领用）

  贷：原材料

（二）人工费用

1. 分配职工薪酬：

  借：生产成本   （车间生产工人薪酬）

    制造费用   （车间管理人员、技术人员薪酬）

    管理费用   （行政管理部门人员工薪酬）

    销售费用   （专设销售机构人员薪酬）

    贷：应付职工薪酬

2. 发放薪酬：

  借：应付职工薪酬

    贷：银行存款

（三）制造费用

1. 计提折旧费：

  借：制造费用   （生产车间固定资产折旧）

    管理费用   （行政管理部门固定资产折旧）

    销售费用   （专设销售机构固定资产折旧）

    其他业务成本   （经营出租固定资产折旧）

    贷：累计折旧

2. 发生其他制造费用（办公费、水电费等）：

  借：制造费用

    贷：银行存款

3. 制造费用分配：

  借：生产成本——××产品

      ——××产品

    贷：制造费用

4. 结转完工产品成本：

  借：库存商品

    贷：生产成本

四、销售过程业务核算

（一）主营业务收支

1. 实现收入时：

  借：银行存款   （现销方式）

应收账款	（赊销方式）
应收票据	（商业汇票结算方式）
预收账款	（预收账款方式）

   贷：主营业务收入

    应交税费——应交增值税（销项税额）

2. 结转销售成本时：

   借：主营业务成本

    贷：库存商品

（二）其他业务收支

1. 取得收入：

   借：银行存款（等）

    贷：其他业务收入

     应交税费——应交增值税（销项税额）

2. 结转成本：

   借：其他业务成本

贷：原材料	（销售材料）
累计折旧	（出租固定资产）

（三）计提税金及附加

   借：税金及附加

    贷：应交税费——应交城市维护建设税

       ——应交教育费附加

五、财务成果形成与分配业务核算

（一）财务成果形成业务核算

1. 期间费用：

借：销售费用	（为销售产品发生的广告费、展览费等及专设销售机构发生的各项费用）
管理费用	（行政管理部门发生的办公费、差旅费等）
财务费用	（利息支出、金融机构手续费、汇兑损失、现金折扣）

    贷：相关科目

2. 营业外收支：

   借：银行存款（等）

    贷：营业外收入

借：营业外支出

  贷：银行存款（等）

3. 所得税费用：

借：所得税费用

  贷：应交税费——应交所得税

借：应交税费——应交所得税

  贷：银行存款

4. 结转收入和费用：

（1）结转收入、利得：

借：主营业务收入

  其他业务收入

  投资收益

  营业外收入

  贷：本年利润

（2）结转成本、费用、损失：

借：本年利润

  贷：主营业务成本

  其他业务成本

  税金及附加

  销售费用

  管理费用

  财务费用

  资产减值损失

  所得税费用

（二）财务成果分配业务核算

1. 结转净利润（或净亏损）：

借：本年利润

  贷：利润分配——未分配利润

【结转净亏损的分配与上述分录相反】

2. 提取盈余公积：

借：利润分配——提取法定盈余公积

  ——提取任意盈余公积

  贷：盈余公积——法定盈余公积

  ——任意盈余公积

3. 宣告发放现金股利：

借：利润分配——应付现金股利

贷：应付股利

4. 结转"利润分配"明细账户：

借：利润分配——未分配利润

贷：利润分配——提取法定盈余公积

——提取任意盈余公积

——应付现金股利

课后习题

一、单选题

1. 下列关于"实收资本"账户的表述中，不正确的是（　　　）。

A. "实收资本"是资产类账户，借方记增加，贷方记减少

B. "实收资本"是所有者权益类账户，贷方记增加，贷方记减少

C. "实收资本"账户应按投资人不同开设明细账户，进行明细分类核算

D. 股份有限公司不设"实收资本"账户，设"股本"账户

2. 股份有限公司发行股票取得的溢价应记入的账户是（　　　）。

A. "实收资本"　　　　B. "股本"　　　　C. "资本公积"　　　　D. "盈余公积"

3. 2024 年 1 月 1 日，某企业向银行借入期限为 3 个月、年利率为 12%的借款 100 000 元，双方约定到期一定还本付息。2024 年 1 月 31 日时，企业的会计处理是（　　　）。

A. 不需要作账务处理

B. 借：财务费用　　　　　　　　　　　　1 000

贷：银行存款　　　　　　　　　　　　　　1 000

C. 借：财务费用　　　　　　　　　　　　1 000

贷：应付利息　　　　　　　　　　　　　　1 000

D. 借：财务费用　　　　　　　　　　　　1 000

贷：短期借款　　　　　　　　　　　　　　1 000

4. 企业开出一张转账支票购入一批材料，价款和增值税合计为 116 000 元，会计核算时应贷记的账户是（　　　）。

A. "应付票据"　　　　　　　　　　　　B. "应付账款"

C. "银行存款"　　　　　　　　　　　　D. "转账支票"

5. 某一般纳税人企业从外单位采购一批材料，共发生材料款 10 万元、增值税 1.3 万元、采购人员差旅费 0.4 万元，支付运费 1 万元，途中合理损耗 0.5 万元。则该批材料入库时的实际成本为（　　　）万元。

A. 10　　　　　　　B. 13.5　　　　　　　C. 11.9　　　　　　　D. 11

6. "固定资产"账户所核算的固定资产的原始价值是指（　　　）。

A. 该固定资产投入市场初期的价格

B. 不包括运杂费、安装费的买价

C. 购建当时的买价和附带支出

D. 现行的购置价格与附带支出

7. "在建工程"属于（　　　）类账户。

A. 流动资产　　　　B. 非流动资产　　　　C. 成本　　　　D. 费用

8. 下列属于产品生产成本核算内容的是（　　　）。

A. 管理部门人员发生的工资　　　　B. 销售部门发生的工资

C. 车间管理人员发生的工资　　　　D. 生产工人发生的工资

9. 企业为安装固定资产发生的人员工资应记入（　　　）账户的借方。

A. "固定资产"　　　　B. "在建工程"

C. "安装成本"　　　　D. "应付职工薪酬"

10. 企业生产车间发生的固定资产日常修理费应记入（　　　）账户。

A. "生产成本"　　　　B. "制造费用"

C. "管理费用"　　　　D. "在建工程"

11. 下列项目中，不属于外购存货成本的是（　　　）。

A. 材料买价　　　　B. 运杂费

C. 入库前的挑选整理费　　　　D. 入库后的保管费

12. 月末结转完工产品成本时，完工产品成本应从生产成本转入（　　　）。

A. 原材料　　　　B. 库存商品　　　　C. 固定资产　　　　D. 制造费用

13. 下列各项中，应记入"主营业务收入"账户进行核算的是（　　　）。

A. 转让固定资产收入　　　　B. 转让原材料收入

C. 销售商品收入　　　　D. 提供非工业性劳务收入

14. 下列各项中，能与"主营业务收入"账户贷方形成对应关系的账户是（　　　）。

A. "银行存款"　　　　B. "应收账款"

C. "应交税费"　　　　D. "预收账款"

15. 下列各项中，不会影响利润总额的是（　　　）。

A. 营业收入　　　　B. 投资收益

C. 营业外收入　　　　D. 所得税费用

16. 下列各项中，不会影响营业利润的是（　　　）。

A. 主营业务成本　　　　B. 财务费用

C. 营业外支出　　　　D. 其他业务成本

17. 下列各项中，不属于期间费用的是（　　　）。

A. 税金及附加　　　　B. 销售费用　　　　C. 管理费用　　　　D. 财务费用

18. 下列各项中，应在"管理费用"账户中核算的是（　　）。

    A. 生产产品领用材料　　　　　　　　B. 工程建设部门领用材料

    C. 专设销售机构领用材料　　　　　　D. 行政管理部门领用材料

19. 其他业务收入和其他业务成本不会影响（　　）计算。

    A. 主营业务利润　　　　　　　　　　B. 其他业务利润

    C. 营业利润　　　　　　　　　　　　D. 利润总额

20. 企业出租固定资产取得的租金收入，应记入（　　）账户。

    A. "主营业务收入"　　　　　　　　　B. "其他业务收入"

    C. "营业外收入"　　　　　　　　　　D. "租金收入"

二、多选题

1. 企业收到投资人投入的机器设置，在编制会计分录时，会使用到（　　）账户。

    A. "实收资本"　　　　　　　　　　　B. "资本公积"

    C. "无形资产"　　　　　　　　　　　D. "应交税费"

2. 下列各项中，可作为投资人投入企业资本的方式的有（　　）。

    A. 货币资金　　　　B. 实物资产　　　　C. 无形资产　　　　D. 劳务

3. 下列各项中，应记入"财务费用"账户借方的有（　　）。

    A. 利息收入　　　　　　　　　　　　B. 利息支出

    C. 汇兑损失　　　　　　　　　　　　D. 金融机构手续费

4. 一次购买不同的原材料发生的共同运费，可以选择（　　）标准进行分配，计入各种材料的实际成本。

    A. 材料的重量　　　　　　　　　　　B. 材料的体积

    C. 材料的买价　　　　　　　　　　　D. 材料的数量

5. 下列各项中，属于外购材料成本构成内容的有（　　）。

    A. 买价　　　　　　　　　　　　　　B. 支付的增值税

    C. 运输途中的合理损耗　　　　　　　D. 运杂费

6. 下列有关固定资产和特征的表述中，正确的有（　　）。

    A. 固定资产属于一种有形资产

    B. 固定资产是为了生产商品、提供劳务、出租或者经营管理而持有

    C. 固定资产的使用寿命超过一年

    D. 固定资产是一种流动资产

7. 下列各项中，不属于成本类账户的有（　　）。

    A. "生产成本"　　　　　　　　　　　B. "制造费用"

    C. "销售费用"　　　　　　　　　　　D. "管理费用"

8. 企业在核算发出材料时，可以借记的会计账户有（　　）。

A．"原材料"   B．"在途物资"

C．"生产成本"   D．"管理费用"

9. 下列账户中，能与"应付职工薪酬"账户形成对应账户的有（   ）。

A．"生产成本"   B．"制造费用"

C．"管理费用"   D．"财务费用"

10. 下列各项中，属于企业财务会计中的利润指标的有（   ）。

A．营业利润   B．利润总额

C．边际利润   D．净利润

11. 下列各项中，对企业营业利润会产生影响的有（   ）。

A．税金及附加   B．投资收益

C．公允价值变动收益   D．资产减值损失

12. 下列账户中，属于备抵账户的有（   ）。

A．"应收账款"   B．"坏账准备"

C．"固定资产"   D．"累计折旧"

13. 期间费用会影响（   ）。

A．主营业务利润   B．营业利润

C．利润总额   D．净利润

14. 下列各项中，属于其他业务收入核算的有（   ）。

A．转让不需用固定资产的净收入

B．转让积压的原材料收入

C．出租包装物租金收入

D．接收外商捐赠收入

15. 下列各项中，应记入"其他业务成本"账户核算的有（   ）。

A．销售材料的成本

B．让渡资产使用权时发生的相关成本

C．提供劳务时发生的成本费用

D．销售商品的成本

16. 制造业企业计算缴纳的税金中，通过"税金及附加"账户核算的有（   ）。

A．增值税   B．消费税

C．教育费附加   D．城市维护建设税

17. 期末结转损益时，应转入"本年利润"账户贷方的有（   ）。

A．主营业务收入   B．主营业务成本

C．营业外收入   D．营业外支出

18. 下列关于"利润分配——未分配利润"账户的年末余额的表述中，正确的有（   ）。

A．借方余额表示本年未弥补的亏损

B. 贷方余额表示本年未分配的利润

C. 借方余额表示历年累计未弥补的亏损

D. 贷方余额表示历年累计未分配的利润

19. 盈余公积主要用于（　　　）。

A. 转增资本   B. 弥补亏损

C. 分配利润   D. 发放职工福利

20. 下列账户中，月末一般没有余额的有（　　　）。

A. "生产成本"   B. "制造费用"

C. "管理费用"   D. "财务费用"

三、判断题

1. 企业接受所有者以知识产权等无形资产投资时，应按照无形资产的公允价值入账。

（　　　）

2. 所有者投入的资本一经投入，不得随意抽回，所有"实收账本"账户的借方一般没有发生额。（　　　）

3. 短期借款和长期借款的目的是一样的，都是为了保证企业生产经营的正常需要。

（　　　）

4. 企业生产车间发生的所有与产品生产有关的支出，都应在发生时直接记入"生产成本"账户。（　　　）

5. 当月增加的固定资产不提折旧，当月减少的固定资产应照提折旧。（　　　）

6. 企业月末将制造费用分配到各产品生产成本以后，制造费用账户一定无余额。（　　　）

7. 财务成果是指企业在一定时期内所实现的最终经营成果，包括利润和亏损。（　　　）

8. 期间费用包括管理费用、财务费用、销售费用和制造费用，期间费用不会影响产品成本的计算。（　　　）

9. 其他业务收支是指企业除主营业务以外的与经营性活动相关的其他活动收入和支出。

（　　　）

10. 营业外收入和营业外支出不会影响企业营业利润。（　　　）

11. 如果一个企业的营业利润很小但利润总额很大，则说明企业盈利能力很强。（　　　）

12. "生产成本"账户属于成本费用类账户，所以其期末必定没有余额。（　　　）

四、业务分析题

（一）目的：熟悉制造业企业资金运动过程，掌握各阶段所使用的主要账户，利用借贷记账法原理编制会计分录。

（二）资料：新锐家具有限责任公司2024年发生下列主要经济业务。

1. 筹集资金过程发生的经济业务

（1）1月1日，向银行申请取得期限为3年的借款150 000元，已存入银行。

（2）1月5日，新华公司以新建厂房一栋向企业投资，协商作价 500 000 元。

（3）1月10日，因临时需要向银行申请 3 个月期借款 50 000 元，存入银行。

（4）1月15日，收到飞龙工厂以专利权向企业的投资，评估价 60 000 元。

（5）1月20日，收到大华工厂投入资本 200 000 元，存入银行。

（6）1月30日，经批准将资本公积 120 000 元转增注册资本。

（7）1月31日，用银行存款归还已到期的为期 6 个月的借款 60 000 元。

（8）1月31日，收到万达工厂投入的机器设备，双方协商价 100 000 元。

2. 采购过程发生的经济业务

（9）3月2日，从星海工厂购入 A 材料 500 千克，买价 60 000 元，增值税进项税额 7 800 元，包装费 400 元，款项已用银行存款支付，材料验收入库。

（10）3月5日，从五金商店购入 C 材料 20 千克，买价 400 元，增值税进项税额 52 元，D 材料 5 千克，买价 100 元，增值税进项税额 13 元，价款已用现金支付，材料验收入库。

（11）3月10日，用银行存款偿还上月欠东方工厂的购料款 58 500 元。

（12）3月18日，从大洋工厂购入 B 材料 300 千克，买价 30 000 元，增值税进项税额 3 900 元，包装费 800 元，款项用银行存款支付，材料尚未到达。

（13）3月20日，从大洋工厂购入的 B 材料 300 千克到达，并验收入库。

（14）3月24日，从光华工厂购入 A 材料 200 千克，买价 24 000 元，增值税进项税额 3 120 元，包装费 160 元，款项尚未支付，材料验收入库。

（15）3月28日，用银行存款支付欠光华工厂购料款 27 280 元。

3. 生产过程发生的经济业务

（16）6月1日，生产甲产品领用 A 材料 500 千克，单价 40 元，B 材料 200 千克，单价 30 元。

（17）6月2日，采购员李红出差，预借差旅费 800 元，现金付讫。

（18）6月5日，预付下半年报纸杂志订阅费 3 000 元，用银行存款支付。

（19）6月5日，从银行提取现金 40 000 元。

（20）6月5日，用现金发放工资 40 000 元。

（21）6月12日，采购员刘力出差回来，报销差旅费 760 元，退回余款 40 元。

（22）6月15日，生产甲产品领用 A 材料 200 千克，单价 40 元；C 材料 600 千克，单价 15 元；生产车间领用 C 材料 300 千克，单价 15 元；管理部门领用 D 材料 300 千克，单价 10 元。

（23）6月20日，用银行存款支付生产车间办公费 2 000 元。

（24）6月30日，用银行存款支付本季度短期借款利息 900 元。

（25）6月30日，用银行存款支付本月水电费 20 000 元，其中生产车间应负担 12 000 元，管理部门应负担 8 000 元。

（26）6月30日，结算本月应支付职工工资 40 000 元，其中生产甲产品工人工资 25 000 元，车间管理人员工资 6 000 元，企业管理人员工资 9 000 元。

（27）6 月 30 日，由工会委员会提议，职工代表大会决定，经董事会同意，发放职工福利费 5 600 元，其中生产甲产品工人 3 500 元，车间管理人员 840 元，企业管理人员 1 260 元。

（28）6 月 30 日，计提本月固定资产折旧 4 000 元，其中生产车间 2 660 元，管理部门 1 340 元。

（29）6 月 30 日，将本月发生的制造费用 28 500 元转入生产成本。

（30）6 月 30 日，本月生产的 500 件甲产品全部完工入库，结转其生产成本 100 000 元。

4. 销售过程发生的经济业务

（31）7 月 3 日，销售给五环工厂甲产品 100 件，单位售价 400 元，增值税销项税额 5 200 元，款项已收存银行。

（32）7 月 5 日，用银行存款支付产品广告费 1 500 元。

（33）7 月 8 日，销售给光明工厂乙产品 200 件，单位售价 300 元，增值税销项税额 7 800 元，款项暂未收到。

（34）7 月 21 日，收到光明工厂前欠的乙产品货款 70 200 元，存入银行。

（35）7 月 31 日，结转本月销售甲产品 900 件的生产成本 72 000 元，乙产品 300 件的生产成本 45 000 元。

（36）7 月 31 日，按本月产品销售应交增值税 13 000 元的 7% 和 3%，计算本月产品销售应缴纳的城市维护建设税 910 元和教育费附加 390 元。

（37）7 月 31 日，用银行存款上交增值税 13 000 元，城市维护建设税 910 元和教育费附加 390 元。

5. 财务成果形成与分配发生的经济业务

（38）12 月 10 日，收到华丰公司分来的投资利润 70 000 元，存入银行。

（39）12 月 13 日，经批准将无法支付的欠平安工厂的购料款 80 000 元转为营业外收入。

（40）12 月 15 日，用银行存款向地震灾区捐款 50 000 元。

（41）12 月 18 日，用银行存款支付因违反有关税收规定而支付的税收罚款 10 000 元。

（42）12 月 31 日，结转收入类账户的余额。

（43）12 月 31 日，结转费用类账户的余额。

（44）12 月 31 日，按本月实现利润总额的 25% 计算并结转应交所得税。

（45）12 月 31 日，年末结转全年实现的净利润。

（46）12 月 31 日，按全年净利润的 10% 提取盈余公积。

（47）12 月 31 日，经研究决定按剩余净利润的 20% 向投资者分配利润。

（48）12 月 31 日，用银行存款缴纳本月应交所得税。

（49）12 月 31 日，用银行存款支付投资者的现金股利。

（50）12 月 31 日，经批准，将企业的盈余公积 1 000 000 元转增为资本。

（三）要求：根据以上经济业务编制会计分录。

第五章
会计凭证

📖 **学习目标** ···

1. 理解会计凭证的概念和种类。
2. 掌握原始凭证的填制与审核。
3. 掌握收、付、转记账凭证和通用记账凭证的填制与审核。
4. 熟悉会计凭证的传递与保管。

📖 **知识地图及思政元素** ···

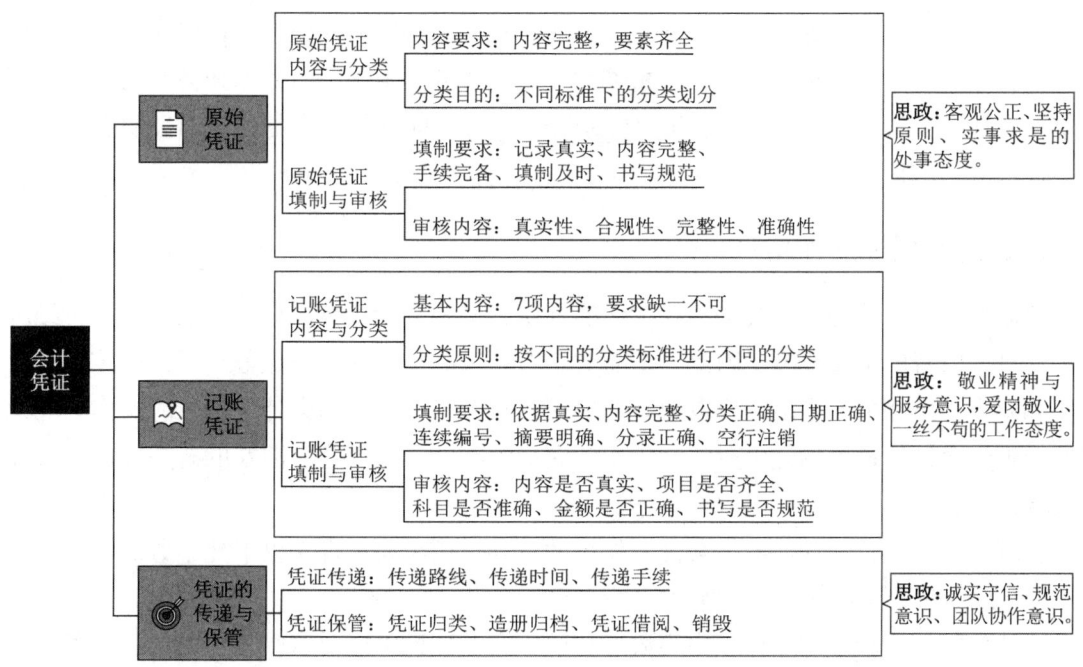

现在是法治社会，凡事口说无凭，一定要有证据。例如，我们去商场买东西，会有购物小票，这就是我们在商场购物的凭证；我们交电话费，会有话费清单，这是证明话费结清的凭证；乘坐公交车，索要车票，这是我们乘车的凭证等。

李鑫约了几个朋友晚上聚餐，酒足饭饱后，结账时发现现金不够，于是刷卡支付，本次消费金额为 512.3 元，刷卡后李鑫将账单习惯性地随手扔掉。信用卡到期还款时李鑫发现本月应还款的数额过大，最后发现这笔餐费由于收银员的失误而打成了 5 123 元。由于当时的凭证账单已丢失，也没有索要就餐发票，没法证明消费的金额，缺乏相应的证据，4 600 多元的损失就无法追回。

【思考 1】从会计角度看，经济业务发生都必须取得相应的证据，会计人员应当用什么证明已将公司销售产品的钱存入了银行、员工的工资已经发放、贷款已经支付等事情呢？

【思考 2】为什么需要会计凭证？会计凭证的具体内容有哪些？如何使用会计凭证？

第一节　会计凭证的概念、作用与分类

一、会计凭证的概念

企业在日常的生产经营中会发生各种各样的经济业务，这些经济业务的发生，都需要一系列的单据来进行记录和证明。例如，企业购买材料，会收到销售方开具的销售发票；材料验收入库，会有材料入库单；固定资产达到预定可使用状态，会有固定资产验收单；销售商品，需要开具销售发票等。生产经营的各个环节所涉及的单据种类繁多、格式不一，会计人员需要将这些单据分类整理，并填制相关的凭据。业务发生的原始单据和会计人员整理填制的单据，都属于会计凭证。会计凭证是记录经济业务、明确经济责任的书面证明文件，是登记会计账簿的依据。

二、会计凭证的作用

填制和审核会计凭证，既是会计工作的开始，又是会计核算的重要方法，还是对经济业务进行日常监督的重要环节。因此，企业对于所发生的每一项经济业务，都必须按照规定的程序和要求，由相关人员填制或取得会计凭证，只有审核无误的会计凭证才能够作为登记账簿的依据。会计凭证可以记录业务的发生和完成时间、具体内容、涉及的有关单位以及经办人员等信息。

会计凭证在经营管理活动与会计工作中的重要作用主要体现在以下几个方面。

（一）记录业务发生和完成情况

企业的经济活动多种多样，内容大不相同，会计凭证可以对这些复杂的经济业务进行记录，清楚地反映经济活动的来龙去脉，对会计凭证的整理和分类会使得会计记录更加系统化和条理化。

（二）提供记账依据

企业进行账簿的登记，必须以审核无误的原始凭证为依据，及时、准确、真实地填制和审核会计凭证，才能保证账簿记录的准确性，确保会计核算资料的客观和准确。

（三）加强会计监督

只有审核无误的原始凭证才能作为登记账簿的依据，因此会计人员会对凭证进行认真地审查、核对，由此可以检查业务的合理性、合法性，判断经济业务是否符合相关规章制度和经济法规的要求等，从而实现会计监督的职能。

（四）强化内部控制

会计凭证需要经办人、经办单位、复核人等相关责任群体签名盖章，由此明确相关人员等所承担的责任，促使各经办人员增强法律意识和责任意识，确保会计凭证真实、合法，便于互相监督，利于企业管理。

三、会计凭证的分类

经济业务的纷繁复杂决定了会计凭证是多种多样的。为了正确地使用和填制会计凭证，必须对会计凭证进行分类。会计凭证按照编制的程序和用途不同，分为原始凭证和记账凭证。

【拓展思考】

消失的会计凭证

"都怪我私心太重！"2021年5月26日，在江苏省连云港市赣榆区青口镇召开的警示教育专题会议上，青口镇农技中心原主任宋某在警示片中泣不成声。此前，赣榆区纪委监委收到区委巡察机构转来关于青口镇农技中心存在违规配备公车的问题线索。

根据巡察机构提供的会计凭证复印件，赣榆区纪委监委第五纪检监察室主任张念民带领核查人员，来到青口镇农技中心下属单位连云港赣榆丰产农机服务专业合作社，对违规配备的公车购买、使用情况进行调查。可是，相关购买公车的会计凭证原件竟然不翼而飞！

"凭空消失，怎么可能？背后一定有猫腻！"张念民觉察到问题的严重性，立刻对合作社的会计开展谈话。

"这份购车会计凭证，原件在哪？"

"会计凭证都在账上，没人动过，你们看会计凭证和账本都是相符的，收支也没问题。合作社不符合配备公车的条件，也没有配备公车，更不会有车辆的相关支出费用。"看到核查人员出具的会计凭证复印件，合作社会计李某百般抵赖，始终不承认违规购车。

核查人员在公安机关配合下，获取大数据信息，发现该合作社名下赫然登记着一辆汽车。

"不如实交代问题，隐匿会计凭证是要负法律责任的！"铁证如山，不容抵赖。李某终于交代：农技中心主任宋某让他将这部分收支凭证撤掉并销毁，但他觉得如果销毁会计凭证，需要承担的责任太大，所以就私下把原件撤下，并藏匿起来。随后，李某主动将这部分原始会计凭证交给核查人员。

从这部分原始会计凭证中，核查人员查出丰产合作社60余万元记账凭证被隐匿，随后，宋某通过签订虚假合同、开具虚假发票套取财政项目资金38.3万元，并将资金存放在该合作社，用于购买汽车的违纪违法事实终于浮出水面。

另一组核查人员找到宋某时，他矢口否认："这个项目已经实施完了，没有套取资金问题；车辆是为了工作和公务接待；安排会计将凭证藏起来，是不想惹没必要的麻烦……"面对宋某的百般狡辩，核查人员立即兵分两路，一路与宋某继续谈话，一路查清相关项目的具体情况。

根据项目资金拨款记录，核查人员找到某园林绿化公司负责人吴某。"我和宋某是朋友，他让我帮忙签个合同、开几张发票，说是单位用的，我就帮他做了，实际上我并没有实施过这个项目。为了感谢我，宋某还送了我5 000元的好处费。"吴某说道。

当诸多证据摆在宋某面前时，他顿时泄了气，说出了套取项目资金购买汽车供自己使用的事实。随着调查的深入，宋某涉嫌贪污、受贿、挪用公款、职务侵占、挪用资金等六项犯罪，涉案金额达200余万元。

最终，宋某因犯贪污罪、受贿罪等被赣榆区人民法院依法判处有期徒刑六年零六个月，并没收个人财产人民币5万元，处罚金人民币30万元。相关违纪违法款项均被追缴。

（资料来源：徐辰光，孙宇涵. 连云港市赣榆区：消失的会计凭证[EB/OL].(2021-05-31)[2025-03-26]. http://www.xzjj.gov.cn/html/2021/2021053134571.html.）

第二节　原始凭证的填制与审核

原始凭证的
填制与审核

一、原始凭证的概念及基本内容

（一）原始凭证的概念

原始凭证又称单据，是在经济业务发生或完成时所取得或填制的，用来记录和证明经济业务的发生或完成情况的具有法律效力的证明文件。原始凭证是编制记账凭证的依据，也是进行会计核算的原始资料和重要证据。在企业的日常生产经营中会有很多的书面文件，但并非所有书面文件都可以称为原始凭证。例如，商品购销合同、银行存款余额调节表等文件，不能证明业务的发生或完成，因此不能作为原始凭证。

（二）原始凭证的基本内容

生活中的原始凭证多种多样，如增值税专用发票、材料入库单、固定资产验收单、差旅费报销单、发料汇总表等。考虑原始凭证的多样性，会计准则中对原始凭证的内容和格式并没有严格的规定，但通常来讲，它们都具有以下基本内容：

（1）原始凭证的名称和编号。

（2）填制凭证的日期。

（3）填制和接收凭证的单位名称。

（4）经济业务的主要内容（如品名、数量、单价、金额等）。

（5）填制单位或个人的签章。

如果原始凭证是从其他单位取得的，则必须由填制单位加盖公章；若是从个人处取得的原始凭证，则应有填制人签名或盖章。以上为常见的原始凭证中的基本内容，单位也可以根据实际需要增加其他必要的内容。有些经常发生的共同性经济业务，也会使用统一的凭证格式，如发票、银行结算凭证等。

二、原始凭证的分类

原始凭证按照不同的分类依据可以得到不同的分类结果，通常从三个维度对原始凭证进行分类。

（一）原始凭证按来源不同分类

原始凭证按照来源不同可以分成外来原始凭证和自制原始凭证。

1. 外来原始凭证

外来原始凭证，是指企业在同外单位发生经济业务时从其他会计主体或个人处取得的原始凭证。例如，增值税专用发票和增值税普通发票，出差乘坐交通工具取得的车票、船票、机票等。增值税专用发票如图 5-1 所示。

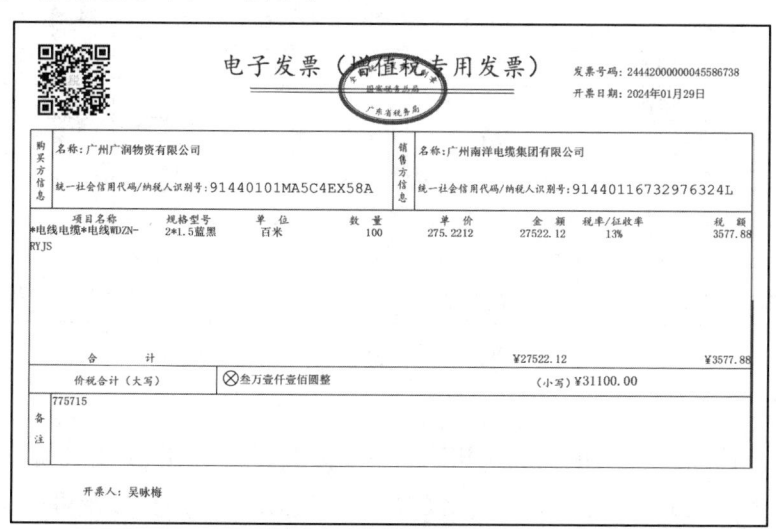

图 5-1 增值税专用发票

2. 自制原始凭证

自制原始凭证是指经济业务发生时由本单位的相关部门和人员自行填制的原始凭证，如领料单、入库单、职工借款时的借款单等。领料单如图5-2所示。

领料单

领料单位：第一车间						凭证编号：0010		
用途：生产产品			2024 年 1 月 5 日				仓库：2 号	
材料类别	材料编号	材料名称	规格	计量单位	数量		单价（元/千克）	金额（元）
					请领	实领		
型钢	00345	圆钢	25mm	千克	1 500	1 500	4.40	6 600
型钢	00348	圆钢	25mm	千克	1 500	1 000	4.40	4 400
合计					2 500	2 500	4.40	11 000
发料：刘芳			领料：张平			领料单位负责人：赵详		

图 5-2　领料单

（二）原始凭证按填制手续及内容不同分类

原始凭证按其填制手续及内容不同可分为一次凭证、累计凭证和汇总凭证。

1. 一次凭证

一次凭证是指只反映一项经济业务或同时记录若干项同类性质经济业务的原始凭证，其填制手续是一次完成的。外来原始凭证都是一次凭证。

2. 累计凭证

累计凭证是指在一定时期内（一般以1个月为限）多次记录发生的同类型的经济业务的自制原始凭证，其填制手续是随着经济业务事项的发生而分次进行的。累计凭证简化了填制的手续，减少了凭证的张数。限额领料单就是一种常见的累计凭证，如图5-3所示。

限额领料单

领料部门：生产一车间								发料仓库：2 号		
用途：B 产品生产			2024 年 1 月					编号：008		
材料类别	材料编号	材料名称及规格	计量单位	领料限额	实际领用		单价（元/千克）	金额（元）		备注
型钢	00348	圆钢；10mm	千克	500	480		4.40	211		
日期	请领		实发			限额结余	退库			
	数量	签章	数量	发料人	领料人		数量	退库单		
1.3	200		200	姜同	王立	300				
1.12	100		100	姜同	王立	200				
1.20	180		180	姜同	王立	20				
合计	480		480			20				
供应部门负责人：李威			生产计划部门负责人：佟伟				仓库负责人签章：刘俊			

图 5-3　限额领料单

3. 汇总凭证

汇总凭证是指根据一定时期内反映相同经济业务的多张原始凭证，汇总编制而成的自制原始凭证，可以用来集中反映某项经济业务的总括发生情况。汇总凭证既可以简化会计核算工作，又便于进行经济业务的分析比较。发出材料汇总表是一种典型的汇总凭证，如图5-4所示。

发出材料汇总表

2024 年 1 月 31 日

单位：元

会计科目（用途）	领料部门	原材料	燃料	合计
生产成本	A产品生产车间	6 600		6 600
	B产品生产车间	2 112		2 112
	小计	8 712		8 712
制造费用	车间一般耗用	220		220
管理费用	管理部门耗用	110		110
合计		9 042		9 042
会计主管：李四		复核：张满		制表：刘晓

图 5-4 发出材料汇总表

（三）原始凭证按格式不同分类

原始凭证按格式不同可分为通用凭证和专用凭证。

1. 通用凭证

通用凭证是由有关部门统一印制的，在一定范围内使用，并且具有统一的格式和使用方法，如出差取得的火车票、银行取得的结算凭证等。

2. 专用凭证

专用凭证是由单位自行印制的，仅在本单位内部使用的原始凭证，如前面提到的领料单、借款单等。

三、原始凭证的填制

原始凭证是填制记账凭证的依据，是会计核算非常重要的原始资料。原始凭证的质量直接影响后续会计核算工作的质量，因此，原始凭证的填制必须符合特定的要求，具体有以下几点。

（一）记录要真实

原始凭证所填列经济业务的内容和数字，必须真实可靠，符合实际情况。

（二）内容要完整

原始凭证所要求填列的项目必须逐项填列齐全，不得遗漏和省略。

（三）手续要完备

自制原始凭证必须有经办单位领导或其他指定人员的签章；对外开出的原始凭证必须加盖本单位公章；从外部取得的原始凭证，必须盖有填制单位的公章；从个人取得的原始凭证，必须有填制人员的签名或盖章。

（四）填制要及时

所有业务的有关部门和人员，在经济业务实际发生或完成时，必须及时填写原始凭证，做到不拖延、不积压，不事后补填，并按规定的程序审核。

（五）书写要清楚、规范

1. 不得使用未经国务院公布的简化汉字，大小写金额必须相符且填写规范

阿拉伯数字应一个一个地写，阿拉伯金额数字前应当书写人民币符号"¥"。人民币符号与阿拉伯金额数字之间不得留有空白。金额数字一律填写到角分；无角分的，角位和分位写"00"或者符号"—"；有角无分的，分位应当写"0"，不得用符号"—"代替。汉字填写金额如零、壹、贰、叁、肆、伍、陆、柒、捌、玖、拾、佰、仟、万、亿等，应一律用正楷或行书体填写，不得用〇、一、二、三、四、五、六、七、八、九、十等简化字代替。不得任意自造简化字。大写金额数字到元或角为止的，在"元"或"角"之后应当写"整"或"正"字。阿拉伯金额数字之间有"0"时，汉字大写金额应写"零"字；阿拉伯金额数字中间连续有几个"0"时，大写金额中可以只有一个"零"；阿拉伯金额数字元位为"0"或者数字中间连续有几个"0"，元位也是"0"，但角位不是"0"时，汉字大写金额可以只写一个"零"字，也可以不写"零"字。在发票等须填写大写金额数字的原始凭证上，如果大写金额数字前未印有货币名称，应当加填货币名称，然后在其后紧接着填写大写金额数字，货币名称和金额数字之间不得留有空白。

2. 编号要连续

如果原始凭证已预先印定编号，在写坏作废时，应加盖"作废"戳记，妥善保管，不得撕毁。

3. 不得涂改、刮擦、挖补

原始凭证有错误的，应当由出具单位重开或更正，更正处应当加盖出具单位印章。原始凭证金额有错误的，应当由出具单位重开，不得在原始凭证上更正。

4. 使用蓝、黑墨水笔书写

为了保证凭证记录的持久性，防止涂改，填制凭证时必须使用蓝、黑墨水笔或者碳素墨水笔书写，不得使用圆珠笔（复写凭证除外）或者铅笔书写。

四、原始凭证的审核

《中华人民共和国会计法》第 14 条第 3 款规定，会计机构、会计人员必须按照国家统一的会计制度的规定对原始凭证进行审核，对不真实、不合法的原始凭证有权不予接受，并向单位负责人报告；对记载不准确、不完整的原始凭证予以退回，并要求按照国家统一的会计制度的规定更正、补充。原始凭证的审核具体包括以下四个方面。

（一）原始凭证的真实性

审查原始凭证所反映的经济业务是否同实际情况相符合，如购进货物的数量、品种、规格等是否和验收单相一致，销售货物的数量、品种、规格等是否和出库单相一致等，有无伪造、变造凭证从中贪污等情况。

（二）原始凭证的合规性

原始凭证反映的经济业务是否符合现行财政、税收、经济、金融等有关的法令规定，是否符合现行财务会计制度。例如，费用开支是否符合开支标准、范围的财务规定，付出现款是否符合现金管理规定等；同时，还要审核原始凭证本身是否为合法凭证，任何企业、单位购进物品、材料，委外加工、运输、建筑安装以及其他服务，都必须取得对方开具的税务局规定的统一发票；外地企业来本地承办本企业单位加工，运输、建筑安装、装饰等业务的，应开具业务发生地税务局规定的统一发票（包括临时经营发票），不得开出外地发票收款，更不得开出白条；对方是行政事业单位开具的收费、收款收据，要符合本地财政局的规定。

（三）原始凭证的完整性

原始凭证完整性的检查包括内容是否填写齐全，手续是否完备，是否有经办人签字或盖章。出纳员在具体审核过程中，应注意如下三个方面。

（1）对于外来发票和收据，应注意凭证上单位名称、发票抬头、品名、计量单位、数量、单价总金额等各项内容是否齐全，是否有税务机关的发票制章。

（2）对于外来的原始凭证，本单位办理手续是否齐备，如发票、收据等是否经过有关人员复核，货物是否经过验收，报销时有关经办人员是否签章，是否经过领导批准等。

（3）对于自制的原始凭证，同样应审查填写是否齐全，有关人员是否签章，是否经管理人员批准等。

（四）原始凭证的准确性

会计人员应认真审核原始凭证所填列的数字是否符合要求，包括数量、单价金额以及小计、合计等填写是否清晰，计算是否准确，有无涂改、刮擦、挖补等弄虚作假行为。对于发票，应特别注意其金额（包括合计数）计算是否准确，大写金额和小写金额是否相符。

第三节　记账凭证的填制与审核

记账凭证的
填制与审核

一、记账凭证的概念及内容

记账凭证又称分录凭证，是会计人员根据审核无误的原始凭证或原始凭证汇总表，按照经济业务的内容加以归类，并据以确定会计分录后所填制的一种会计凭证。记账凭证是登记账簿的直接依据。

各单位的经济内容和规模大小都各不相同，为了满足记账的基本需求，记账凭证通常应具有以下基本内容：

（1）记账凭证的名称。

（2）填制凭证的日期、凭证编号。

（3）经济业务的内容摘要。

（4）经济业务应记入账户的名称、记账方向和金额。

（5）所附原始凭证的张数和其他附件资料。

（6）会计主管、记账、复核、出纳、制单等有关人员签名或盖章。

（7）记账标记。

二、记账凭证的种类

会计凭证记录和反映的经济业务多种多样，因此记账凭证也是多种多样的。记账凭证按不同的标准，可以分为不同的种类。

（一）记账凭证按其反映的经济内容不同分类

记账凭证按其反映的经济内容不同，可分为收款凭证、付款凭证、转账凭证三种。

1. 收款凭证

收款凭证是指专门用于记录库存现金和银行存款收款业务的会计凭证，收款凭证是出纳人员收讫款项的依据，也是登记总账、库存现金日记账和银行存款日记账以及有关明细账的依据，一般按库存现金和银行存款分别编制。收款凭证如图5-5所示。

收款凭证

	应贷科目		记账	金额									
摘要	一级科目	二级科目或明细科目		千	百	十	万	千	百	十	元	角	分
合计													

应借科目：　　　　　　　　　　年　月　日　　　　　　字　号

会计主管　　　记账　　　　　出纳　　　　　复核　　　　制单

附件　张

图 5-5　收款凭证

2. 付款凭证

付款凭证是指专门用于记录库存现金和银行存款付款业务的会计凭证。付款凭证是出纳人员支付款项的依据，也是登记总账、库存现金日记账和银行存款日记账以及有关明细账的依据，一般按库存现金和银行存款分别编制。付款凭证如图5-6所示。

付款凭证

	应借科目		记账	金额									
摘要	一级科目	二级科目或明细科目		千	百	十	万	千	百	十	元	角	分
合计													

应贷科目：　　　　　　　　　　年　月　日　　　　　　字　号

会计主管　　　记账　　　　　出纳　　　　　复核　　　　制单

附件　张

图 5-6　付款凭证

需要注意的是，如果一笔业务只涉及银行存款和库存现金之间的相互划转，如将现金存入银行或从银行提取现金，则只填付款凭证，不填收款凭证，避免重复记账。

3. 转账凭证

转账凭证是指专门用于记录不涉及库存现金和银行存款收付款业务的会计凭证。它是登记总账和有关明细账的依据。转账凭证如图5-7所示。

转账凭证

摘要	一级科目	二级科目或明细科目	记账	借方金额								贷方金额							
				十	万	千	百	十	元	角	分	十	万	千	百	十	元	角	分
合计																			

　　　　　　　　　　　　　　年　月　日　　　　　　字　号

会计主管　　　复核　　　　　记账　　　　　制单

附件　张

图 5-7　转账凭证

（二）记账凭证按其用途不同分类

记账凭证按其用途不同，可分为专用记账凭证和通用记账凭证。专用记账凭证是指专门用来反映某类经济业务的记账凭证，如前面提到的收款凭证、付款凭证、转账凭证。通用记账凭证是指反映各类经济业务共同使用的统一格式的记账凭证，如图5-8所示。在经济业务比较简单的经济单位，为了简化凭证，可以使用通用记账凭证记录所发生的各种经济业务。

图 5-8　通用记账凭证

（三）记账凭证按其填列方式不同分类

记账凭证按其填列方式不同，可分为单式记账凭证、复式记账凭证和汇总记账凭证。

1. 单式记账凭证

单式记账凭证是在每张凭证上只填列经济业务事项所涉及的一个会计科目及其金额的记账凭证。填列借方科目的称为借项记账凭证，填列贷方科目的称为贷项记账凭证。一项经济业务涉及几个科目，就分别填制几张凭证，并采用一定的编号方法将它们联系起来。单式凭证的优点是内容单一，便于记账工作的分工，也便于按科目汇总，并可加速凭证的传递；其缺点是凭证张数多，内容分散，在一张凭证上不能完整地反映一笔经济业务的全貌，不便于检验会计分录的正确性，故需加强凭证的复核、装订和保管工作。

2. 复式记账凭证

复式记账凭证是将每一笔经济业务事项所涉及的全部会计科目及其发生额均在同一张凭证中反映的一种记账凭证，即一张记账凭证上登记一项经济业务所涉及的两个或者两个以上的会计科目，既有"借方"，又有"贷方"。复式记账凭证的优点是可以集中反映账户的对应关系，有利于了解经济业务的全貌；同时还可以减少凭证的数量，减轻编制记账凭证的工作量，便于检验会计分录的正确性。其缺点是不便于汇总计算每一会计科目的发生额和进行分工记账。在实际工作中，普遍使用的是复式记账凭证。上述介绍的收款凭证、付款凭证、转账凭证都属于复式记账凭证。

3. 汇总记账凭证

汇总记账凭证是将许多同类记账凭证逐日或定期加以汇总后填制的凭证，按照其汇总的范围不同，可以分为分类汇总记账凭证（如汇总收款凭证、汇总付款凭证、汇总转账凭证）和全部汇总记账凭证（如记账凭证汇总表）。

三、记账凭证的填制

（一）记账凭证的填制要求

填制记账凭证是一项重要的会计工作，为了便于登记账簿，保证账簿记录的正确性，填制记账凭证应符合以下要求。

1. 依据真实

除结账和更正错误外，记账凭证应根据审核无误的原始凭证及有关资料填制。每张记账凭证都要注明所附原始凭证的张数，原始凭证张数的计算一般应以原始凭证的自然张数为准。

2. 内容完整

记账凭证应具备的内容都要具备，要按照记账凭证上所列项目逐一填写清楚，有关人员的签名或者盖章要齐全不可缺漏。

3. 分类正确

填制记账凭证，要根据经济业务的内容，区别不同类型的原始凭证，正确应用会计账户和记账凭证。

4. 日期正确

记账凭证的填制日期一般应填制记账凭证当天的日期，不能提前或拖后。

5. 连续编号

为了分清会计事项处理的先后顺序，以便记账凭证与会计账簿之间的核对，确保记账凭证完整无缺，填制记账凭证时，应当对记账凭证连续编号。记账凭证编号的方法有多种：①将全部记账凭证作为一类统一编号。②分别按库存现金和银行存款收款业务、库存现金和银行付款业务、转账业务三类进行编号，这样记账凭证的编号应分为收字第×号、付字第×号、转字第×号。③分别按库存现金收入、库存现金支出、银行存款收入、银行存款支出和转账业务五类进行编号，这种情况下，记账凭证的编号应分为现收字第×号、现付字第×号、银收字第×号、银付字第×号和转字第×号。无论采用哪一种编号方法，都应该按月顺序编号，即每月都从 1 号编起，按自然数 1、2、3、4、5……顺序编至月末，不得跳号、重号。一笔经济业务需要填制两张或两张以上记账凭证的，可以采用分数编号法进行编号。例如，有一笔经济业务需要填制三张记账凭证，凭证顺序号为 6，就可以编成 $6\frac{1}{3}$、$6\frac{2}{3}$、$6\frac{3}{3}$，前面的数表示凭证顺序，后面分数的分母表示该号凭证共有三张，分子表示三张凭证中的第一张、第二张、第三张。

6. 摘要明确

记账凭证中的摘要应与原始凭证内容一致，正确反映经济业务的主要内容，既要防止简而不明，又要防止过于烦琐。

7. 分录正确

记账凭证必须根据国家统一会计制度的规定和经济业务的内容，正确设置会计科目，不得任意简化或改动。应填写会计科目的名称，或者同时填写会计科目的名称和编号，不应只填编号，不填会计名称。应填明总账科目和明细科目，以便于登记总账和明细账。会计科目的对应关系要填写清楚，应先借后贷。填入金额数字后，要在记账凭证的合计行计算填写合计金额。记账凭证中借、贷方的金额必须相等，合计数必须计算正确。

8. 空行注销

填制记账凭证时，应按行次逐行填写，不得跳行或留有空行。记账凭证填完经济业务后，如有空行，应当在金额栏自最后一笔金额数字下的空行至合计数上的空行处划斜线注销。

（二）记账凭证的填制方法

1. 收款凭证的填制

收款凭证是根据审核无误的库存现金和银行存款收款业务的原始凭证编制的。收款凭证左上角的"借方科目"（或"应借科目"），按收款的性质填写"库存现金"或者"银行存款"；日期填写的是编制凭证的日期；右上角填写编制收款凭证顺序号；"摘要栏"简明扼要地填写经济业务的内容梗概；"贷方科目"（或"应贷科目"）栏内填写与"库存现金"或"银行存款"科目相对应的总账科目及所属明细科目；"金额"栏内填写实际收到的现金或银行存款的数额，各总账科目与所属明细科目的应贷金额，应分别填写在与总账科目或明细科目同一行的"总账科目"（一级科目）或"明细科目"（二级科目）金额栏内；"金额栏"的合计数，只合计"总账科目"金额，表示借方科目"库存现金"或"银行存款"的金额；"记账栏"供记账人员在根据收款凭证登记有关账簿后做记号用，表示已经记账，防止经济业务事项的重记或漏记，该凭证右边"附件　张"根据所附原始凭证的张数填写；凭证最下方有关人员签章处供有关人员在履行了责任后签名或签章，以明确经济责任。

【例5-1】2024年1月20日，新锐家具有限责任公司收到天宇公司偿还所欠货款45 000元，存入银行，根据该笔经济业务填制的收款凭证，如图5-9所示。

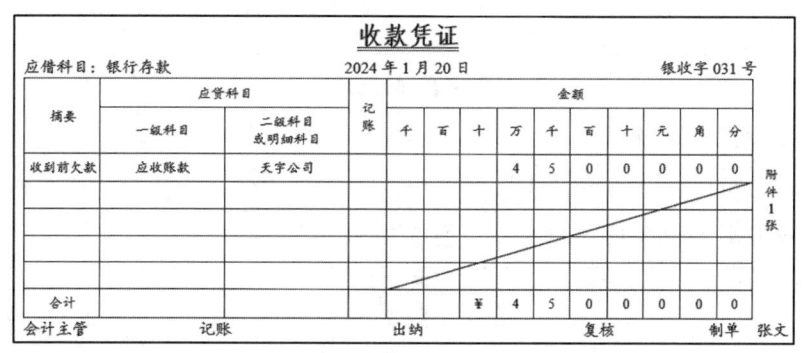

图5-9　收款凭证

2. 付款凭证的填制

付款凭证是根据审核无误的库存现金或银行存款付款业务的原始凭证编制的。付款凭证的左上角"贷方科目"，应填列"库存现金"或者"银行存款"，"借方科目"栏应填写与"库存现金"或"银行存款"科目相对应的总账科目及所属的明细科目。其余各部分的填制方法与收款凭证基本相同。

【例 5-2】2024 年 1 月 20 日，新锐家具有限责任公司以现金支付采购员王林预借差旅费 2 800 元，根据该经济业务填制的付款凭证，如图 5-10 所示。

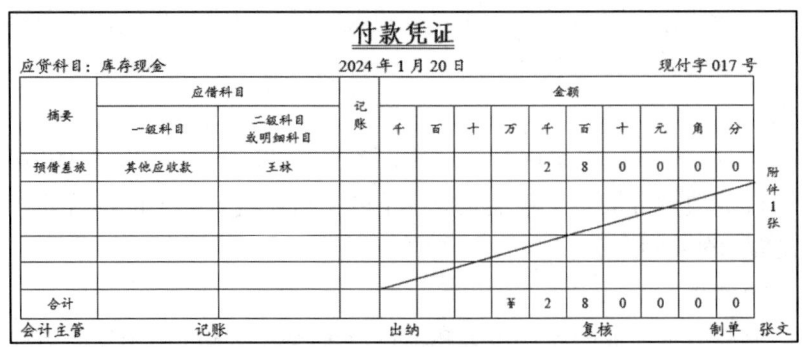

图 5-10　付款凭证

3. 转账凭证的填制

【例 5-3】2024 年 1 月 21 日，新锐家具有限责任公司销售产品 8 000 元，增值税税率为 13%，收到一张商业汇票用于抵冲货款，根据该经济业务所填制的转款凭证，如图 5-11 所示。

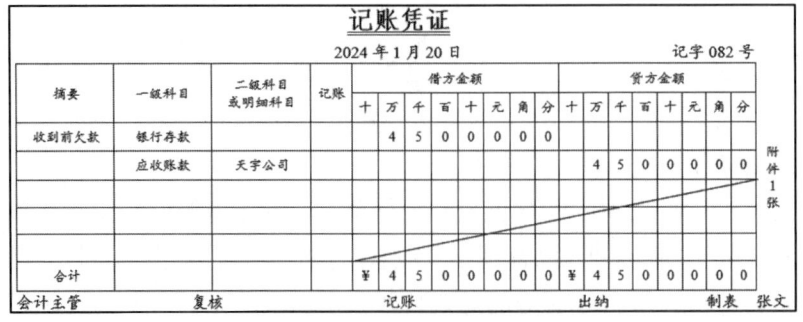

图 5-11　转账凭证

4. 通用记账凭证的填制

【例 5-4】承［例 5-1］至［例 5-3］，若新锐家具有限责任公司使用通用记账凭证，则前三笔业务填制方法分别如图 5-12、图 5-13、图 5-14 所示。

图 5-12　通用记账凭证 1

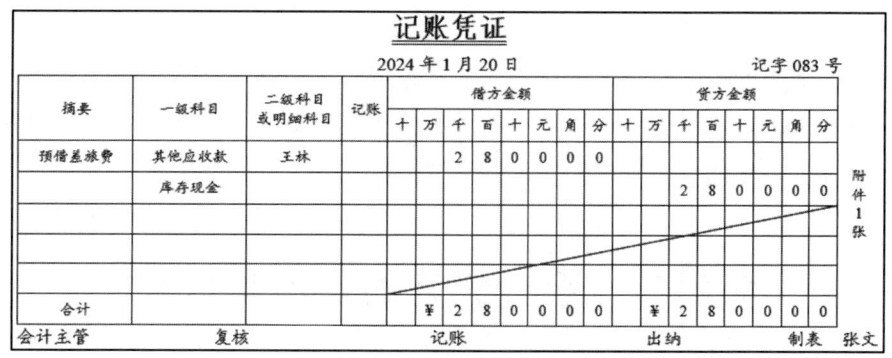

记账凭证

2024 年 1 月 20 日　　　　　　记字 083 号

摘要	一级科目	二级科目或明细科目	记账	借方金额	贷方金额	附件
预借差旅费	其他应收款	王林		2 8 0 0 0 0		附件1张
	库存现金				2 8 0 0 0 0	
合计				¥2 8 0 0 0 0	¥2 8 0 0 0 0	

会计主管　　　复核　　　记账　　　出纳　　　制表 张文

图 5-13　通用记账凭证 2

记账凭证

2024 年 1 月 21 日　　　　　　记字 084 号

摘要	一级科目	二级科目或明细科目	记账	借方金额	贷方金额	附件
销售	应收票据			9 0 4 0 0 0		附件3张
	主营业务收入				8 0 0 0 0 0	
	应交税费	应交增值税（销项税额）			1 0 4 0 0 0	
合计				¥9 0 4 0 0 0	¥9 0 4 0 0 0	

会计主管　　　复核　　　记账　　　出纳　　　制表 张文

图 5-14　通用记账凭证 3

四、记账凭证的审核

记账凭证编制后，必须由专人进行审核，借以监督经济业务的真实性、合法性和合理性，并检查记账凭证的编制是否符合要求。只有做好记账凭证的审核才能正确地发挥会计反映和监督的作用。记账凭证审核的基本内容包括以下几项。

（一）内容是否真实

审核记账凭证是否有原始凭证为依据，所附原始凭证的内容是否与记账凭证的内容一致，记账凭证汇总表的内容与其所依据的记账凭证的内容是否一致等。

（二）项目是否齐全

审核记账凭证各项目的填写是否齐全，如日期、凭证编号、摘要、金额、所附原始凭证张数及有关人员签章等。

（三）账户是否准确

审核记账凭证的应借、应贷科目是否正确，是否有明确的账户对应关系，所使用的会计账户是否符合国家统一的会计制度的规定等。

（四）金额是否正确

审核记账凭证所记录的金额与原始凭证的有关金额是否一致、计算是否正确，记账凭证汇总表的金额与记账凭证的金额合计是否相符等。

（五）书写是否规范

审核记账凭证中的记录是否文字工整、数字清晰，是否按规定进行更正等。在审核过程中，如果发现不符合要求的地方，应要求有关人员采取正确的方法进行更正。只有经过审核无误的记账凭证，才能作为登记账簿的依据。

第四节　会计凭证的传递与保管

一、会计凭证的传递

会计凭证的传递是指凭证从取得或填制时起，经过审核、记账、装订到归档保管时止，在单位内部各有关部门和人员之间按规定的时间、路线办理业务手续和进行处理的过程。

正确、合理地组织会计凭证的传递，对于及时处理和登记经济业务，协调单位内部各部门、各环节的工作，加强经营管理的岗位责任制，实行会计监督，具有重要作用。例如，对材料收入业务的凭证传递，应明确规定：材料运达企业后，需多长时间验收入库，由谁负责填制收料单，又由谁在何时将收料单送交会计及其他有关部门；会计部门由谁负责审核收料单，由谁在何时编制记账凭证和登记账簿，又由谁负责整理或保管凭证等。这样既可以把材料收入业务从验收入库到登记入账的全部工作在本单位内部进行分工，通过各部门的协作来共同完成，同时也便于考核经办业务的有关部门和人员是否按照规定的会计手续办事。

会计凭证的传递主要包括凭证的传递路线、传递时间和传递手续三个方面的内容。

（一）会计凭证的传递路线

会计凭证的传递路线是指各单位应根据经济业务的特点、机构设置、人员分工情况，以及经营管理上的需要，明确规定会计凭证的联次及其流程。这既要使会计凭证经过必要的环节进行审核和处理，又要避免会计凭证在不必要的环节停留，从而保证会计凭证沿着最简洁、最合理的路线传递。

（二）会计凭证的传递时间

会计凭证的传递时间是指各种凭证在各经办部门、环节所停留的最长时间。它应考虑各部门和有关人员，在正常情况下办理经济业务所需时间来合理确定。明确会计凭证的传递时间，能防止拖延处理和积压凭证，保证会计工作的正常秩序，提高工作效率。一切会计凭证的传递和处理，都应在报告期内完成。否则，将会影响会计核算的及时性。

（三）会计凭证的传递手续

会计凭证的传递手续是指在凭证传递过程中的衔接手续，应该做到既完备严密，又简便易行。凭证的收发、交接都应按一定的手续制度办理，以保证会计凭证的安全和完整。

会计凭证的传递还应根据实际情况的变化及时加以修改，以确保会计凭证传递的科学化、制度化。

二、会计凭证的保管

会计凭证是各项经济活动的历史记录，是重要的经济档案。为了便于随时查阅利用，各种会计凭证在办理好各项业务手续，并据以记账后，应由会计部门加以整理、归类，并送交档案部门妥善保管。

（一）会计凭证的整理归类

会计部门在记账以后，应定期（一般为每月）将会计凭证加以归类整理，即把记账凭证及其所附原始凭证，按记账凭证的编号顺序进行整理，在确保记账凭证及其所附原始凭证完整无缺后，将其折叠整齐，加上封面、封底，装订成册，并在装订线上加贴封签，以防散失和任意拆装；在封面上要注明单位名称、凭证种类、所属年月和起讫日期、起讫号码、凭证张数等。会计主管或指定装订人员要在装订线封签处签名或盖章，然后入档保管。

对于那些数量过多或各种随时需要查阅的原始凭证，可以单独装订保管，在封面上注明记账凭证的日期、编号、种类，同时在记账凭证上注明"附件另订"。各种经济合同和重要的涉外文件等凭证，应另编目录，单独登记保管，并在有关记账凭证和原始凭证上注明。

（二）会计凭证的造册归档

每年的会计凭证都应由会计部门按照归档的要求，负责整理立卷或装订成册。当年的会计凭证，在会计年度终了后，可暂由会计部门保管1年；期满后，原则上应由会计部门编造清册移交本单位档案部门保管。档案部门接收的会计凭证，原则上要保持原卷册的封装，个别需要拆封重新整理的，应由会计部门和经办人员共同拆封整理，以明确责任。会计凭证必须做到妥善保管存放有序，查找方便，并要严防毁损、丢失和泄密。

（三）会计凭证的借阅

会计凭证原则上不得借出，如有特殊需要，须报请批准，但不得拆散原卷册，并应限期归还。需要查阅已入档的会计凭证时，必须办理借阅手续。其他单位因特殊原因需要使用原始凭证时，经本单位负责人批准，可以复制。但向外单位提供的原始凭证复印件，应在专设的登记簿上登记，并由提供人员和收取人员共同签名或盖章。

（四）会计凭证的销毁

会计凭证的保管期限，一般为30年。保管期未满，任何人都不得随意销毁会计凭证。按规定销毁会计凭证时，必须开列清单，报经批准后，由档案部门和会计部门共同委派人员监销。在销毁会计凭证前，监督销毁人员应认真清点核对，销毁后，在销毁清册上签名或盖章，并将监销情况报告本单位负责人。

【拓展思考】

会计凭证保管的小故事

2016年，青岛市即墨区的一位林业战线的老职工步履匆匆地来到市林业局办公室，焦急地请财务人员帮忙查找他1978年、1979年的工资单。原来，他1978年从学校毕业后，直接被招聘进即墨区林业局并分配到备案办事处（原营上镇）林业站工作。之后他一直在林业战线辗转，在通济街道办事处时，已到退休年龄。但因为档案里缺少1978 年和 1979 年的工资单，他的这两年工龄不被认可为有效的工龄，所以非常着急。林业局的财务会计人员先安慰他不要着急，说林业局档案管理规范、齐全，然后到档案室将 1978 年、1979 年的会计凭证搬出来，从 1 月份开始认真仔细地查找，功夫不负有心人，终于在 1978 年 11 月份的中国银行信汇凭证中找到他的信汇工资，又找到 11 月份的工资单，还有补发 10 月份工资的凭证。这位老职工非常激动，握住会计的手连声感谢，然后盖上林业局公章，高高兴兴地回去办理退休手续了。

通过这个故事，我们可以深刻地体会到一名会计人员在会计工作中对原始会计档案收集、整理、保管的重要性，整理好档案，管理好档案，保护好档案有利于我们每一个人。

本章小结

会计凭证是记录经济业务、明确经济责任的书面证明文件，是登记会计账簿的依据。填制和审核会计凭证，既是会计工作的开始，又是会计核算的重要方法，也是对经济业务进行日常监督的重要环节。

按照编制的程序和用途不同，会计凭证分为原始凭证和记账凭证。原始凭证反映的内容要完整、项目要齐全、手续要完备。会计机构、会计人员必须按照国家统一的会计制度的规定对原始凭证的真实性、合规性、完整性、准确性进行审核。记账凭证是根据审核无误的原始凭证编制的，同时，记账凭证又是登记账簿的直接依据。为了保证账簿记录的正确性以及会计信息的质量，记账前必须由专人对已编制记账凭证的科目、金额以及所附原始凭证进行认真、严格的审核。

会计凭证的传递是指凭证从取得或填制时起，经过审核、记账、装订到归档保管时止，在单位内部各有关部门和人员之间按规定的时间、路线办理业务手续和进行处理的过程。会计凭证的保管则包括整理归档、造册归档、借阅和销毁。

课后习题

一、单选题

1. 企业购进原材料 60 000 元，款项未付。该笔经济业务应编制的记账凭证是（　　）。

    A. 收款凭证　　　　B. 付款凭证　　　　C. 转账凭证　　　　D. 以上均可

2. 原始凭证有错误的，正确的处理方法是（　　）。

A. 向单位负责人报告   B. 退回，不予接受

C. 由出具单位重开或更正   D. 本单位代为更正

3. 下列表示方法正确的是（   ）。

A. ￥508.00   B. ￥86.00

C. 人民币伍拾陆元捌角伍分整   D. 人民币 柒拾陆元整

4. 关于会计凭证的保管，下列说法不正确的是（   ）。

A. 会计凭证应定期装订成册，防止散失

B. 会计主管人员和保管人员应在封面上签章

C. 原始凭证不得外借，其他单位如有特殊原因确实需要使用时，经本单位会计机构负责人、会计主管人员批准，可以复制

D. 经单位领导批准，会计凭证在保管期满前可以销毁

5. 付款凭证左上角的"贷方科目"可能登记的科目是（   ）。

A. 预付账款   B. 银行存款   C. 预收账款   D. 其他应付款

6. 下列各项中，不属于自制原始凭证的是（   ）。

A. 领料单   B. 成本计算单   C. 入库单   D. 火车票

7. 下列业务中，应该编制收款凭证的是（   ）。

A. 购买原材料用银行存款支付   B. 收到销售商品的款项

C. 购买固定资产，款项尚未支付   D. 销售商品，收到商业汇票一张

8. 根据连续反映某一时期内不断重复发生而分次进行的特定业务编制的原始凭证是（   ）。

A. 一次凭证   B. 累计凭证   C. 记账凭证   D. 汇总凭证

9. 将库存现金送存银行，应填制的记账凭证是（   ）。

A. 库存现金收款凭证   B. 库存现金付款凭证

C. 银行存款收款凭证   D. 银行存款付款凭证

10. 下列各项中，属于累计凭证的是（   ）。

A. 领料单   B. 限额领料单   C. 耗用材料汇总表   D. 工资汇总表

11. 出纳人员付出货币资金的依据是审核无误的（   ）。

A. 收款凭证   B. 付款凭证   C. 转账凭证   D. 原始凭证

12. 填制记账凭证时，错误的做法是（   ）。

A. 根据每一张原始凭证填制

B. 根据若干张同类原始凭证汇总填制

C. 将若干张不同内容和类别的原始凭证汇总填制在一张记账凭证上

D. 根据原始凭证汇总表编制

13. 在审核原始凭证时，对于内容不完整、填写有错误或手续不完备的原始凭证，应该（   ）。

A. 拒绝办理，并向本单位负责人报告

B. 予以抵制，对经办人员进行批评

C. 由会计人员重新编制或予以更正

D. 予以退回，要求更正、补充，以至重新编制

14. 下列各项中，关于原始凭证的说法不正确的是（   ）。

A. 按照来源的不同，分为外来原始凭证和自制原始凭证

B. 按照格式的不同，分为通用原始凭证和专用原始凭证

C. 按照填制手续及内容不同，分为一次原始凭证、累计原始凭证和汇总凭证

D. 按照填制方法不同，分为外来原始凭证和自制原始凭证

15. 原始凭证按（   ）分类，分为一次凭证、累计凭证等类。

A. 用途和填制程序　　B. 形成来源　　　　C. 填制方式　　　　D. 填制程序及内容

16. 下列各项中，可以不附原始凭证的记账凭证是（   ）。

A. 更正错误的记账凭证　　　　　　B. 从银行提取现金的记账凭证

C. 以现金发放工资的记账凭证　　　D. 职工临时性借款的记账凭证

17. 在原始凭证上书写阿拉伯数字，错误的做法是（   ）。

A. 金额数字前书写货币币种符号

B. 币种符号与金额数字之间要留有空白

C. 币种符号与金额数字之间不得留有空白

D. 数字前写有币种符号的，数字后不再写货币单位

18. 下列各项中，属于通用凭证的是（   ）。

A. 收料单　　　　　B. 折旧计算表　　　C. 增值税专用发票　D. 差旅费报销单

19. 下列各项中，不能作为会计核算的原始凭证的是（   ）。

A. 发货票　　　　　B. 合同书　　　　　C. 入库单　　　　　D. 领料单

20. 下列各项中，不符合原始凭证基本要求的是（   ）。

A. 从个人取得的原始凭证，必须有填制人员的签名盖章

B. 原始凭证不得涂改、刮擦、挖补

C. 上级批准的经济合同，应作为原始凭证

D. 大写和小写金额必须相等

二、多选题

1. 原始凭证的基本内容包括（   ）。

A. 原始凭证名称　　　　　　　　　　B. 接受原始凭证的单位名称

C. 经济业务的性质　　　　　　　　　D. 凭证附件

2. 下列说法中，正确的有（   ）。

A. 已经登记入账的记账凭证，在当年内发现填写错误时，直接用蓝字重新填写一张正确的记账凭证即可

B. 发现以前年度记账凭证有错误的，可以用红字填写一张与原内容相同的记账凭证，再用蓝字重新填写一张正确的记账凭证

C. 如果会计科目没有错误只是金额错误，也可以将正确数字与错误数字之间的差额，另填制一张调整的记账凭证，调增金额用蓝字，调减金额用红字

D. 发现以前年度记账凭证有错误的，应当用蓝字填制一张更正的记账凭证

3. 其他单位因特殊原因需要使用本单位的原始凭证，正确的做法有（   ）。

　　A. 可以外借

　　B. 将外借的会计凭证拆封抽出

　　C. 不得外借，经本单位会计机构负责人或会计主管人员批准，可以复制

　　D. 将向外单位提供的凭证复印件在专设的登记簿上登记

4. 在原始凭证上书写阿拉伯数字，正确的有（   ）。

　　A. 金额数字一律填写到角、分

　　B. 无角分的，角位和分位可写"00"或者"－"号

　　C. 有角无分的，分位应当写"0"

　　D. 有角无分的，分位也可以用"－"号代替

5. 下列各项中，属于外来原始凭证的有（   ）。

　　A. 本单位开具的销售发票　　　　　B. 供货单位开具的发票

　　C. 职工出差取得的飞机票和火车票　　D. 银行收付款通知单

6. 下列说法中，正确的有（   ）。

　　A. 记账凭证上的日期指的是经济业务发生的日期

　　B. 对于涉及库存现金和银行存款之间的经济业务，一般只编制收款凭证

　　C. 出纳人员不能直接依据有关收、付款业务的原始凭证办理收、付款业务

　　D. 出纳人员必须根据经会计主管或其指定人员审核无误的收、付款凭证办理收、付款业务

7. 下列各项中，属于一次凭证的有（   ）。

　　A. 收据　　　　　　B. 发货票　　　　　C. 工资结算单　　　　D. 工资汇总表

8. 下列各项中，关于收款凭证的说法正确的有（   ）。

　　A. 收款凭证是指用于记录现金和银行存款收款业务的会计凭证

　　B. 收款凭证分为库存现金收款凭证和银行存款收款凭证两种

　　C. 从银行提取库存现金的业务应该编制库存现金收款凭证

　　D. 从银行提取库存现金的业务应该编制银行存款付款凭证

9. 原始凭证的审核内容包括（   ）。

　　A. 有关数量、单价、金额是否正确无误

　　B. 是否符合有关的计划和预算

　　C. 记录的经济业务的发生时间

D. 有无违反财经制度的行为

10.对原始凭证发生的错误，正确的更正方法有（　　　　）。

A. 由出具单位重开或更正

B. 由本单位的会计人员代为更正

C. 金额发生错误的，可由出具单位在原始凭证上更正

D. 金额发生错误的，应当由出具单位重开

三、判断题

1. 转账支票只能用于转账，而现金支票不仅可以用于提取现金还可以用于转账。

（　　　）

2. 所有的记账凭证都必须附有原始凭证，否则，不能作为记账的依据。　（　　　）

3. 原始凭证原则上不得外借，其他单位如有特殊原因确实需要使用时，经本单位会计机构负责人、会计主管人员批准，可以外借。　（　　　）

4. 原始凭证是会计核算的原始资料和重要依据，是登记会计账簿的直接依据。

（　　　）

5. 发现以前年度记账凭证有错误，不必用红字冲销，直接用蓝字填制一张更正的记账凭证。

（　　　）

6. 记账凭证填制完经济业务事项后，如有空行，应当自金额栏最后一笔金额数字下的空行处至合计数上的空行处划线注销。　（　　　）

7. 对于真实、合法、合理但内容不够完善、填写有错误的原始凭证，会计机构和会计人员不予以接受。　（　　　）

8. 自制原始凭证都是一次凭证，外来原始凭证绝大多数是一次凭证。　（　　　）

9. 原始凭证发生的错误，正确的更正方法是由出具单位在原始凭证上更正。（　　　）

第六章

会计账簿

学习目标

1. 了解会计账簿的概念及分类。
2. 熟悉会计账簿的登记要求。
3. 掌握日记账、总分类账及有关明细分类账的格式和登记方法。
4. 熟悉总分类账与明细分类账平行登记的要点。
5. 掌握对账与结账的方法。
6. 掌握错账查找与更正的方法。
7. 熟悉各种账务处理程序的步骤、特点及适用范围。

知识地图及思政元素

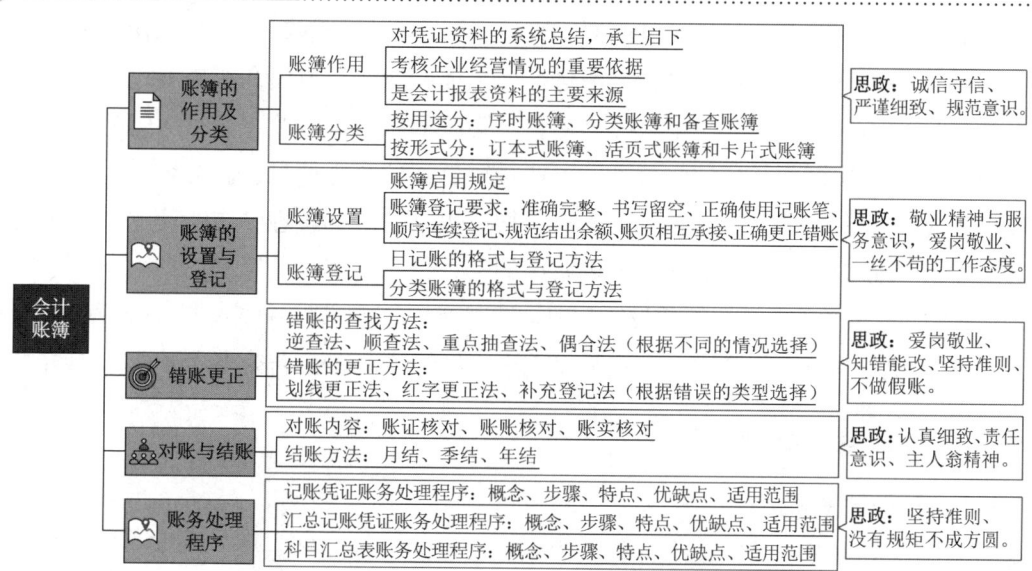

 案例讨论

"帐""账"的由来

"帐"字本身与会计核算无关，在商代，人们把账簿称作"册"；从西周开始又把它更名为"籍"或"籍书"；战国时代有了"簿书"这个称号；西汉时，人们把登记会计事项的账册称为"簿"。据现有史料考察，"帐"字引申到会计方面起源于南北朝。

南北朝时，皇帝和达官显贵都习惯到外地巡游作乐。每次出游前，沿路派人记帷帐，帐内备有各种生活必需品及装饰品，奢侈豪华，供其享用，此种帷帐称为"供帐"。供帐内所用之物价值均相当昂贵，数额巨大，为了维护这些财产的安全，官府通常指派专门官吏掌管并实行专门核算，在核算过程中，逐渐把登记这部分财产及供应之费的簿书称为"簿帐"或"帐"，把登记供帐内的经济事项称为"记帐"。

以后"簿帐"或"帐"之称又逐渐扩展到整个会计核算领域，后来的财计官员便把登记日用款目的簿书通称作"簿帐"或"帐"，又写作"账簿"或"账"。

从此，"帐""账"就取代了一切传统的名称，我国会计界曾经在相当长的时间内使用"帐"字，经过多年演变发展，现统一使用"账"字。

【思考】企业如何设置并使用账簿？

第一节　会计账簿的概念、作用与分类

企业单位在经营过程中，要发生各种各样的经济业务，对于这些经济业务，先要有原始凭证作为最初的反映，再由会计人员按照会计信息系统的要求，采用复式记账方法，编制记账凭证。由于会计凭证的数量繁多，比较分散，而且每张会计凭证只能记录单笔经济业务，提供的也只是个别的数据，会计人员不便于直接通过会计凭证观察会计主体在一定会计期间内所发生的全部经济业务内容，也就无法对会计主体的资产、负债和所有者权益等财务状况以及收入、费用和利润等经营成果有一个完整、系统的认识。因此，为了对经济业务进行连续、系统、全面的核算，从分散的数据中提取系统有用的会计信息，就必须采用登记会计账簿的方法，把分散在会计凭证上的零散资料，加以集中和分类整理，在账簿这个重要的载体上得以综合，从而为企业的经营管理提供系统的会计信息资料。

总而言之，企业单位会计账簿的设置和记录的正确、完整与否，直接影响企业单位经济核算的质量，所以，更好地设置与使用会计账簿，对于提高企业单位的经营管理水平具有重要的意义。

一、会计账簿的概念及作用

（一）会计账簿的概念

会计账簿又称账簿，是指以会计凭证为依据，序时、连续、系统、全面地记录和反映企

业、机关和事业单位等经济活动全部过程的簿籍。这种簿籍是由若干具有专门格式又相互联结的账页组成的。账页一旦标明会计科目，这个账页就成为用来记录该科目所核算内容的账户。也就是说，账页是账户的载体，账簿则是若干账页的集合。根据会计凭证在有关账户中进行登记，就是指把会计凭证所反映的经济业务内容记入设立在账簿中的账户，即通常所说的登记账簿，也称记账。

（二）会计账簿的作用

设置账簿是会计工作的一个重要环节，登记账簿则是会计核算的一种专门方法。科学地设置账簿和正确地登记账簿对于全面完成会计核算工作具有重要意义。

1. 会计账簿是对凭证资料的系统总结

在会计核算中，通过会计凭证的填制和审核，可以反映和监督每项经济业务的完成情况。然而一张会计凭证只能反映一项或几项经济业务，所提供的信息是零星的、片段的、不连续的，不能把某一时期的全部经济活动完整地反映出来。账簿既能够提供总括的核算资料，又能够提供详细的资料；既能够提供分类核算资料，又能够提供序时核算资料，进而反映经济活动的轨迹，这对于企业加强经济核算、提高管理水平、探索资金运动的规律具有重要的作用。

2. 会计账簿是考核企业经营情况的重要依据

通过登记账簿，企业可以发现整体经营活动的运行情况，完整地反映企业的经营成果和财务状况，评价企业的总体经营情况；同时，可以监督和促进各企业遵纪守法、依法经营。

3. 会计账簿是财务报表资料的主要来源

企业定期编制的资产负债表、利润表、现金流量表等财务报表的各项数据均来源于账簿的记录。企业在编制财务报表及其附注时，对于生产经营状况、利润实现和分配情况、税金缴纳情况、各种财产物资变动情况，也主要以账簿记录的数据为依据。从这个意义上说，账簿的设置和登记是否准确、真实、齐全，直接影响到财务报表的质量。

二、会计账簿的分类

由于会计核算对象的复杂性和不同的会计信息使用者对会计信息需要的多重性，导致了反映会计信息的载体之一账簿的多样化。不同的会计账簿可以提供不同的信息，满足不同的需要。为了更好地了解和使用会计账簿，就需要对会计账簿进行分类。在实际工作中，人们使用最多的有以下两种分类方法。

会计账簿
的分类

（一）按照账簿的用途分类

账簿按照用途的不同可以分为三大类，即序时账簿、分类账簿和备查账簿。

1. 序时账簿

序时账簿也称日记账，是按照经济业务完成时间的先后顺序进行逐日逐笔登记的账簿。在古代会计中也把它称为"流水账"。日记账又可分为普通日记账和特种日记账。普通日记账是将企业每天发生的所有经济业务，不论其性质如何，按其先后顺序，编成会计分录记入账簿；特种日记账是按经济业务性质单独设置的账簿，它只把特定项目按经济业务顺序记入账簿，反映其详细情况，如库存现金日记账和银行存款日记账。特种日记账的设置，应根据业务特点和管理需要而定，特别是那些发生频繁、需严加控制的项目。

2. 分类账簿

分类账簿是对全部经济业务按总分类账和明细分类账进行分类登记的账簿。总分类账簿，简称总账，是根据总账科目开设账户，用来分类登记全部经济业务，提供总括核算资料的账簿。明细分类账簿简称明细账，是根据总账科目所属明细科目开设账户，用来分类登记某一类经济业务，提供明细核算资料的账簿。

3. 备查账簿

备查账簿又称辅助账簿，是对某些在日记账和分类账等主要账簿中未能记载的会计事项或记载不全的经济业务进行补充登记的账簿。所以，备查账簿也称补充登记簿。它可以对某些经济业务的内容提供必要的参考资料，与其他账簿之间不存在严密的依存和勾稽关系，备查账簿不是根据记账凭证登记的，它更加注重使用文字来记录各项内容，如租入固定资产备查簿、应付票据备查簿等。备查账簿的设置应视实际需要而定，并非一定要设置，而且没有固定格式。

（二）按照账簿的形式分类

账簿按照形式的不同可以分为订本式账簿、活页式账簿和卡片式账簿等。

1. 订本式账簿

订本式账簿，简称订本账，是指把具有一定格式的账页加以编号并订成固定本册的账簿。它可以避免账页的散失或被抽换，但不能根据需要增减账页。一本订本账同一时间只能由一人记账，不便于会计人员分工协作记账，也不便于计算机打印记账。对于那些比较重要的内容一般采用订本式账簿，如序时账簿、联合账簿、总分类账簿等。还有特种日记账，如库存现金日记账、银行存款日记账以及总分类账必须采用订本账。

2. 活页式账簿

活页式账簿，简称活页账，是指把零散的账页装在账夹内，可以随时增添账页的账簿。它可以根据需要灵活添页或排列，但账页容易散乱丢失。活页账由于账页并不事先固定装订在一起，同一时间可以由若干会计人员分工记账，也便于计算机打印记账。一般明细账都采用活页账。

3. 卡片式账簿

卡片式账簿，简称卡片账，是指将硬卡片作为账页，存放在卡片箱内保管的账簿。它实际上是一种活页账。为了防止因经常抽取造成破损而采用硬卡片形式，可以跨年度使用，如固定资产明细账常采用卡片账。

活页式账簿和卡片式账簿的账页都需要连续编号使用，归档时应装订成册保存。

第二节　会计账簿的启用、设置与登记

账簿的设置应当根据经济业务的特点和管理上的需要来确定。账簿的设置要能保证系统、全面地反映和监督经济活动的情况，满足经济管理的需要，为经济管理提供总括的和明细的核算资料。账簿在设置时，既要考虑各账簿之间要有明确的分工，又要考虑到它们之间的密切联系，力求避免重复或遗漏。账簿的格式应当简便适用，便于登记、查找、更正错误和保管。新的会计年度开始，每个会计主体都应该启用新的会计账簿。

一、会计账簿的启用

启用会计账簿时，应当在账簿封面上写明单位名称和账簿名称，并在账簿扉页上附启用表。启用订本式账簿应当从第一页到最后一页顺序编定页数，不得跳页、缺号。使用活页式账簿应当按账户顺序编号，并定期装订成册，装订后再按实际使用的账页顺序编定页码，另加目录以便于记明每个账户的名称和页次。

二、会计账簿的设置

（一）设置账簿的封面与封底

除订本账不另设封面以外，各种活页账都应设置封面和封底，并登记单位名称、账簿名称和所属会计年度。

会计账簿
的设置与登记

（二）填写账簿启用及交接表

在启用新会计账簿时，应填写扉页上的账簿启用及交接表，其中包括单位名称、账簿名称、账簿编号、账簿页数、启用日期、经管人员、接管日期、移交日期、会计负责人等项目，并加盖单位公章。在会计人员发生变更时，应办理交接手续并填写账簿启用及交接表。账簿启用及交接表如图 6-1 所示。

账簿启用及交接表								
单位名称								单位公章
账簿名称								
账簿编号		字第　　号第　　册共　　页						
账簿页数		本账簿共计　　页						
启用日期		年　　月　　日						
经管人员		接管日期			移交日期		会计负责人	印花税票粘贴处
姓名	盖章	年	月	日	年	月	日	姓名	盖章

图 6-1　账簿启用及交接表

（三）填写账户目录

总分类账应按照会计科目的编号顺序填写科目名称及启用页码。在启用活页式明细分类账时，应按照所属会计科目填写科目名称和页码，在年度结账后，撤去空白账页，填写使用页码。

三、会计账簿的登记要求

为了保证账簿记录的正确性，会计人员必须根据审核无误的会计凭证登记会计账簿，并确保会计账簿的登记符合有关法律、行政法规和国家统一的会计制度的规定。

（一）准确完整

登记会计账簿时，应当将会计凭证日期、编号、业务内容摘要、金额和其他有关资料逐项记入账内。账簿记录中的日期，应当填写记账凭证上的日期；以自制原始凭证（如收料单、领料单等）作为记账依据的，账簿记录中的日期应按有关自制凭证上的日期填列。记账凭证登记完毕后，要在记账凭证上签名或者盖章，并注明已经登账的符号，表示已经登账。

（二）书写留空

账簿中书写的文字和数字不要写满格，一般占格距的1/2，上面要留有适当的空间，以便于更正。

（三）正确使用记账笔

为了保持账簿记录的持久性，登记账簿必须使用黑、蓝墨水或碳素墨水笔书写，不得使用圆珠笔（银行的复写账簿除外）或铅笔书写。以下情况可以使用红色墨水笔书写：

（1）根据红字冲账的记账凭证，冲销错误记录。

（2）在不设借贷等栏的多栏式账页中，登记减少数。

（3）在三栏式账户的余额栏前，如未印明余额方向的，在余额栏内登记负数余额。

（4）根据国家规定可以用红字登记的其他会计记录。

除上述情况外，不得使用红色墨水笔登记账簿。

（四）顺序连续登记

会计账簿应当按照连续编号的页码顺序登记。记账时发生隔页、跳行时，应在空页、空行处用红色墨水画对角线注销，并注明"此页空白"或"此行空白"等字样，并由记账人员和会计机构负责人（会计主管人员）在更正处签名或盖章。

（五）规范结出余额

凡需要结出余额的账户，结出余额后，应当在余额方向栏内注明"借"或"贷"字样，以示余额的方向；对于没有余额的账户，应在余额方向栏内写"平"字，并在"余额"栏"元"位处用"θ"表示。库存现金日记账和银行存款日记账必须逐日结出余额。

（六）账页相互承接

每一账页登记完毕时，应当结出本页发生额合计及余额，在该账页最后一行"摘要"栏注明"转次页"或"过次页"，并将这一金额记入下一页第一行有关金额栏内，在该行"摘要"栏内注明"承前页"，以保持账簿记录的连续性，便于对账和结账。

（七）正确更正错账

账簿记录发生错误时，不得刮擦、挖补或使用褪色药水更正字迹，应采用规定的方法更正。

四、会计账簿的格式与登记方法

（一）日记账的格式与登记方法

日记账是按照经济业务发生或完成的时间先后顺序逐日逐笔进行登记的账簿，设置日记账是为了使经济业务的时间顺序清晰地反映在账簿记录中。在我国，大多数企业一般只设库存现金日记账和银行存款日记账。

1. 普通日记账的格式与登记方法

普通日记账一般只设置借方和贷方两个金额栏，以便分别记录各项经济业务所确定的账户名称及其借方和贷方的金额，也称两栏式日记账或称分录簿，其格式如表6-1所示。

表 6-1　普通日记账

单位：元

2024 年		凭证号数	摘要	对应科目	金额		过账
月	日				借方	贷方	
1	5	略	销售商品，价税款暂欠	应收账款	22 600		
				主营业务收入		20 000	
				应交税费		2 600	
	8		收到上个月 A 公司所欠货款	银行存款	5 000		
				应收账款		5 000	

采用普通日记账时，会计人员每天应按照经济业务完成时间的先后顺序，逐笔进行登记。登记时，首先，记入经济业务发生的具体时间；其次，在摘要栏内写下经济业务的简要说明；再次，在对应账户栏内记入应借或应贷的账户名称即会计科目；最后，将借方金额和贷方金额分别记入两个金额栏内。除了上述登记外，会计人员每天还应根据日记账中应借和应贷的账户名称和金额登记总分类账。

2. 特种日记账的格式与登记方法

特种日记账是专门用来登记某一类经济业务的日记账，是普通日记账的进一步发展。常用的特种日记账主要有库存现金日记账和银行存款日记账。

1）库存现金日记账

库存现金日记账是顺序登记库存现金收、付业务的日记账，由出纳人员根据审核无误的有关收款凭证和付款凭证，序时逐日逐笔的登记。其中，根据现金收款凭证（如果是银行提取现金业务，则是根据银行存款的付款凭证）登记借方（收入）金额，根据现金付款凭证登记贷方（支出）金额。每日业务终了应分别计算库存现金收入和支出合计数，并结出账面余额。其计算公式为：

$$本日余额 = 上日余额 + 本日收入额 - 本日支出额$$

结出日余额后，还应将账面余额数与库存现金实有数相核对，检查每日库存现金收、支、存的情况，做到日结日清。

库存现金日记账的格式一般采用三栏式，但也可以采用多栏式。三栏式的库存现金日记账的格式如表 6-2 所示。

表 6-2　库存现金日记账

单位：元

2024 年		凭证		摘要	对应科目	借方	贷方	余额
月	日	种类	号数					
1	1			上年结转				1 000
	2	银付	1	提取现金备用	银行存款	4 000		5 000
	5	现付	1	购买办公用品	管理费用		800	4 200
	8	现收	1	销售残料收入	其他业务收入	1 200		5 400
	30	现收	2	收到员工罚款	营业外收入	500		5 900
	31	现付	2	支付材料运费	在途物资		1 300	4 600
	31			本月合计		5 700	2 100	4 600

2）银行存款日记账

银行存款日记账是用来序时反映企业银行存款的增加、减少和结存情况的账簿。银行存款日记账应按企业在银行开立的账户和币种分别设置，每个银行账户设置一本日记账，由出纳人员根据与银行存款收付款业务有关的记账凭证，按时间先后顺序逐日、逐笔登记。根据银行存款收款凭证和有关的库存现金付款凭证（如现金存入银行的业务）登记银行存款借方（收入）栏；根据银行存款付款凭证登记其贷方（支出）栏，每日结出银行存款余额，并定期与银行对账单对账。

银行存款日记账格式一般采用三栏式，但也可以采用多栏式。三栏式的银行存款日记账格式如表 6-3 所示。

表 6-3　银行存款日记账

单位：元

2024 年		凭证		摘要	对应科目	借方	贷方	余额
月	日	种类	号数					
1	1			上年结转				950 000
	2	银付	1	提取现金备用	库存现金		4 000	946 000
	2	银付	2	购买原材料	原材料		35 000	911 000
	8	银收	1	销售商品收入	主营业务收入	63 000		974 000
	9	银付	3	归还短期借款	短期借款		100 000	874 000
……	……	……	……	……	……	……	……	……
	31			本月合计		810 300	535 000	1 025 300

（二）分类账簿的格式与登记方法

1. 总分类账的格式与登记方法

总分类账是按照总分类账户登记以提供总括会计信息的账簿。总分类账最常用的格式为三栏式，设有借方、贷方和余额三个金额栏目。总分类的登记方法因登记的依据不同而有所不同。经济业务少的小型单位的总分类账，可以根据记账凭证逐笔登记；经济业务多的大中型单位的总分类账，可以根据记账凭证汇总表（又称科目汇总表）或汇总记账凭证等定期登记。以原材料总分类账为例，三栏式总分类账的格式如表6-4所示。

表6-4 原材料总分类账

单位：元

2024 年		凭证		摘要	借方	贷方	借或贷	余额
月	日	种类	号数					
1	1			上年结转			借	800 000
	1			购买材料	35 000		借	835 000
	2	略	略	领用材料		50 000	借	785 000
	8			领用材料		30 000	借	755 000
	……			……	……	……	借	……
	31			本月合计	63 000	347 000	借	516 000

2. 明细分类账的格式与登记方法

明细分类账也称明细账，是根据有关明细分类账户设置并登记的账簿，能提供交易或事项比较详细、具体的核算资料，以弥补总账所提供核算资料的不足。因此，各单位在设置总账的同时，还应设置必要的明细账。明细分类账一般根据记账凭证和相关的原始凭证进行登记。根据各种明细分类账所记录经济业务的特点，明细分类账的常用格式如下。

1）三栏式明细账

三栏式明细账的格式和三栏式总分类账的格式相同，即账页设有借方、贷方和余额三个栏目。这种格式的明细账适用于只要求提供货币信息，而不需要提供非货币信息（实物量指标等）的账户。它一般适用于债权债务类明细账，如应付账款、应收账款、预付账款、预收账款、其他应收款、其他应付款等明细账的登记工作。以应收账款明细分类账为例，三栏式明细账的格式如表6-5所示。

表6-5 应收账款明细分类账

二级科目或明细科目：蓝山公司

单位：元

2024 年		凭证		摘要	借方	贷方	借或贷	余额
月	日	种类	号数					
1	1			上年结转			借	226 000
	8	略	略	收回前欠货款		226 000	平	0
	16			销售商品，货款暂欠	113 000		借	113 000
	31			本月合计	113 000	226 000	借	113 000

2）数量金额式明细账

数量金额式明细账在借方（收入）、贷方（发出）和余额（结存）栏内，再增设数量、单价和金额三个专栏。它主要适用于既需要进行金额核算，又需要进行数量核算的账户，如原材料、库存商品、自制半成品等科目的明细核算，能提供企业有关财产物资数量和收、发、存金额的详细资料，有助于加强财产物资的实物管理和使用监督，保证财产物资的安全完整。数量金额式明细分类账的格式如表 6-6 所示。

表 6-6　原材料明细分类账

二级科目：原料及主要材料　　　　　　　　　　　　　　　　　　　　　　　数量单位：千克

材料名称：木板　　　　　　　　　　　　　　　　　　　　　　　　　　　　金额单位：元

材料规格：

2024年		凭证		摘要	借方			贷方			余额		
月	日	种类	号数		数量	单价	金额	数量	单价	金额	数量	单价	金额
1	1			上年结转							100	80	8 000
	6	略	略	领用				60	80	4 800	40	80	3 200
	12			购入	120	80	9 600				160	80	12 800
	……			……			……			……			……
	31			本月合计	300	80	24 000	320	80	25 600	80	80	6 400

3）多栏式明细账

多栏式明细账是根据经济业务的特点和经济管理的要求，在某一总分类账项下，对属于同一一级科目或二级科目的明细科目设置若干专栏，用以在同一张账页上集中反映各有关明细账目的详细资料。它主要适用于收入、成本、费用类科目的明细核算。各种多栏式明细账所记录的经济业务内容不同，所需要核算的指标也不同，因此栏目的设置也不尽相同。按照登记经济业务内容的不同可分为三种：①借方多栏式明细账，如生产成本明细账、制造费用明细账等。②贷方多栏式明细账，如主营业务收入明细账等。③借方贷方多栏式明细账，如本年利润明细账、应交增值税明细账等。以制造费用明细分类账为例，多栏式明细分类账的格式如表 6-7 所示。

表 6-7　制造费用明细分类账

单位：元

2024年		凭证		摘要	合计	（借）方金额分析				
月	日	种类	号数			薪酬	办公费	折旧	水电费	其他
1	1			购买办公用品	2 000		2 000			
	31			计提职工薪酬	5 000	5 000				
	31	略	略	计提折旧	8 000			8 000		
	31			支付水电费	2 400				2 400	
	31			结转制造费用	17 400	5 000	2 000	8 000	2 400	
	31			本月合计	0	0	0	0	0	

第三节 错账的更正

在记账过程中，由于种种原因，账簿记录可能发生错误。账簿记录发生错误，应当采用正确、规范的方法予以更正，不得涂改、挖补、刮擦或者用药水消除字迹，不得重新抄写。

一、错账的查找方法

错账，往往是过账和结算时发生的错误，如漏记账、记重账、记反账、记账串户、记错金额等。为了迅速、准确地更正错账，必须采用比较合理的方法查找错账。结账时，如果试算不平衡，就可以肯定记账发生了错误，应该迅速查找，不得拖延，更不允许伪造平衡，造成错上加错。查找错账可以通过下列方法进行。

（一）逆查法

逆查法是根据账务处理程序的逆程序，从尾到头进行的普遍检查。其检查步骤如下：

（1）检查试算表本身，包括但不限于复核试算表内各栏金额合计数是否平衡；检查表内各账户的期初余额加减本期发生额是否等于期末余额；核对表内该账户的各栏是否抄错。

（2）检查各账户的发生额及余额的计算是否正确。

（3）将记账凭证、原始凭证与账簿记录逐笔核对，检查过账有无错误。

（4）检查记账凭证的填制是否正确。

（二）顺查法

顺查法是根据账务处理程序的顺序，即按照"制证→过账→结账→试算"的顺序，从头到尾进行的普遍检查。其检查步骤如下：

（1）将记账凭证与原始凭证核对，检查有无制证错误。

（2）将记账凭证及所有原始凭证与账簿记录逐笔勾对，检查有无记账错误。

（3）结算各账户的发生额及期末余额，检查有无计算错误。

（4）检查试算表上有无抄写和计算错误。

（三）重点抽查法

重点抽查法是在已初步掌握情况的基础上，有重点地抽取账簿记录中某些部分进行局部检查的方法。例如，差数是元位数时，只找元、角、分位数，其他数字则不必逐一检查。采用这种检查方法的目的是缩小查找范围，比较省力有效。

（四）偶合法

偶合法是根据账簿记录错误中最常见的规律，推测错账的类型，并对与错账有关的记录进行查账的方法。常用的方法有以下几种。

1. 差额检查法

差额检查法又称差数法，是先确定错账的差数，再根据差数去查找错误的方法。这种方法对于发现漏记账目比较有效，也很简便。

2. 差额除二法

差额除二法是先算出借方和贷方的差额，再根据差额的一半来查找错误的方法。这种方法适用于因账簿栏次错写而造成的方向错误的查找。

3. 差额除九法

差额除九法是先算出借方与贷方的差额，再除以 9 来检查错误的方法。这种方法适用于数字错位和数字颠倒两种情况。

二、错账的更正方法

账簿记录应做到整洁，记账应力求正确，如果账簿记录发生错误，应按规定的方法进行更正。更正错账的方法有以下三种。

（一）划线更正法

划线更正法是对账簿记录中的错误文字或者数字，通过划红线注销并作更正的一种方法。在结账以前，如发现账簿记录有错误，而记账凭证没有错误，仅属于记账时文字或数字上的笔误则应采用划线更正法。

运用划线更正法更正时，应先将错误的文字或数字用一条红色横线划去，表示注销；然后在划线的上方用蓝色字迹写上正确的文字或数字，并在划线处加盖更正人图章，以明确责任。注意划掉错误数字时，应将整笔数字划掉，不能只划掉其中一个或几个写错的数字，并保持被划去的字迹仍清晰可辨。

（二）红字更正法

红字更正法也称红字冲销法，是指由于记账凭证错误而使账簿记录发生错误，而用红字冲销原记账凭证，以更正账簿记录的一种方法。这种方法适合下列两种错账情况的更正。

（1）登账后，如果发现账簿记录的错误是由于记账凭证中的应借、应贷会计科目或记账方向有错误而引起的，应用红字更正法进行更正。

更正时先用红字金额填制一张同原错误凭证相同的记账凭证，并用红字金额登记入账，以示冲销原错误记录，同时在摘要栏注明"冲销某月某日第×号凭证错误"，然后用蓝（黑）字填制一张正确的记账凭证，在摘要栏内注明"更正某月某日第×号凭证错误"，并据以登记入账。

【**例 6-1**】新锐家具有限责任公司预提本月银行短期借款利息 5 000 元，填制凭证时，误编为下列分录，并已登记入账。

填错的记账凭证为：

借：管理费用　　　　　　　　　　　　　　　　　　　　　　　　5 000
　　贷：应付利息　　　　　　　　　　　　　　　　　　　　　　　　　　5 000

以上分录中，应借记"财务费用——利息支出"，当发现错误予以更正时，先用红字填制如下记账凭证，并据以登记入账，冲销原错误记录。

借：管理费用   5 000

    贷：应付利息   5 000

再用蓝字（或黑字）填制正确凭证，并据此登记入账。

借：财务费用——利息支出   5 000

    贷：应付利息   5 000

（2）如果在记账后发现记账凭证的应借应贷方向和会计科目正确，而所记金额大于应记金额，也可采用红字更正法予以更正。

更正时，只将正确数字与错误数字之间的差额，用红字金额填制一张应借应贷科目与错误凭证相同的记账凭证，在摘要栏注明"冲销某月某日第×号凭证多记金额"，并据以用红字金额过账，以示冲销多记的金额。

【例6-2】新锐家具有限责任公司销售甲产品1 000千克，收到产品价款10 000元，该企业为一般纳税人，收取增值税1 300元，开具增值税专用发票，款项均由银行收讫。填制记账凭证时，将金额10 000元误记为100 000元，1 300元误记为13 000元，总款项由11 300元误记为113 000元，并已登记入账。

填错的记账凭证如下：

借：银行存款   113 000

    贷：主营业务收入   100 000

        应交税费——应交增值税（销项税额）   13 000

更正时，将多记金额101 700元用红字金额填制一张记账凭证，并以红字金额登记入账，以示冲销多记金额。

借：银行存款   101 700

    贷：主营业务收入   90 000

        应交税费——应交增值税（销项税额）   11 700

（三）补充登记法

补充登记法是指由于记账凭证错误导致账簿记录错误，从而采用编制补充凭证，以更正账簿记录的一种方法。记账以后，发现记账凭证中科目、方向正确，但所记金额有错误（所记金额小于应记的正确金额），应将少记的金额用蓝字填制一张记账凭证，并据以登记入账。

【例6-3】新锐家具有限责任公司月末结转已销产品的实际成本6 500元。

原会计分录如下，并据以登记入账。

借：主营业务成本   5 600

    贷：库存商品   5 600

发现错误后，将少记金额900元（6 500－5 600），用蓝字金额填制凭证，补记入账。

借：主营业务成本   900

    贷：库存商品   900

采用红字更正法和补充登记法，应在重新填制的记账凭证摘要栏内注明原记账凭证的日期、编号及更正原因，以便查阅核实。

第四节 对账与结账

对账与结账

一、对账

对账，是对账簿记录所进行的核对，也就是核对账目。对账工作一般在记账之后结账之前，即在月末进行。一般是在会计期间（月份、季度、年度）终了时，检查和核对账证、账账、账实是否相符，以确保账簿记录的正确性。

会计人员在填制凭证、登记账簿等一系列工作中出现的差错，因管理工作不善而带来的财产管理中的各种问题以及其他一些因素的影响，都可能给账簿记录的真实性和正确性带来影响。为了保证账簿记录的真实、正确、可靠，必须对账簿和账户所记录的有关数据加以检查和核对。

（一）对账的内容

1. 账证核对

账证核对是指将各种账簿记录与会计凭证进行核对，核对账簿记录与原始凭证、记账凭证的时间、凭证字号、内容、金额等是否一致，记账方向是否相符，做到账证相符。

这种核对主要是在日常编制凭证和记账过程中进行，可以采用抽查核对和目标核对的方法进行。核对的重点是凭证所记载的业务内容、金额和分录是否与账簿中的记录一致。若发现差错，应重新对账簿记录和会计凭证进行复核，直到查出错误的原因为止，以保证账证相符。

2. 账账核对

账账核对是指将各种账簿之间的有关数字进行核对。

（1）总分类账簿之间的核对。按照"资产＝负债＋所有者权益"这一会计等式和"有借必有贷、借贷必相等"的记账规则，总分类账簿各账户的期初余额、本期发生额和期末余额之间存在对应的平衡关系，各账户的期末借方余额合计和贷方余额合计也存在平衡关系。通过这种等式和平衡关系，可以检查总账记录是否正确、完整。

（2）总分类账簿与所辖明细分类账簿之间的核对。总分类账各账户的期末余额应与其所辖各明细分类账的期末余额之和核对相符。

（3）总分类账簿与序时账簿之间的核对。这主要是指库存现金总账和银行存款总账的期末余额，与库存现金日记账和银行存款日记账的期末余额之间的核对。

（4）明细分类账簿之间的核对。例如，会计机构有关实物资产的明细账与财产物资保管部门或使用部门的明细账定期核对，以检查余额是否相符。核对方法一般是由财产物资保管部门或使用部门定期编制收、发、结存汇总表报会计机构核对。

3. 账实核对

账实核对是指将各项财产物资、债权债务等账面余额与实有数额之间的核对。它主要包括库存现金日记账账面余额与库存现金实有数相互核对，银行存款日记账账面余额与开户银行出具的银行对账单相互核对,各种材料物资明细账账面余额与材料物资实存数额相互核对,各种应收、应付款项明细账账面余额与有关的债权、债务单位相互核对,保证账实相符。

二、结账

(一)结账的含义

结账是将账簿记录定期结算清楚的会计工作,是在将一定时期内全部会计凭证所反映的内容登记入账的基础上,结算出每个账户的本期发生额和期末余额,并将期末余额转入下期(期末余额结转到下期即为下期期初余额)的过程。企业不能为减少本期的工作量而提前结账,也不能将本期的会计业务推迟到下期或编制报表之后再进行结账。

结账需要结出总分类账和明细分类账的本期发生额和期末余额(包括本期累计发生额)。简单地说,结账工作主要由两部分构成:①结清各种损益类账户,即收入、成本和费用类账户的结转,据以计算确定本期利润。②结出各资产、负债和所有者权益账户的本期发生额合计和期末余额。

结账有利于企业管理者定期总结生产经营情况,对不同会计期间的数据资料进行比较分析,以便发现问题,采取措施及时解决。结账也有利于编制财务报表,提供报表所需的数据资料,满足与企业有利益关系的投资者、债权人作出正确的投资决策,满足国家的宏观调控要求。另外,企业因撤销、合并而办理账务交接时,也需要办理结账手续。

(二)结账的步骤

(1)检查截止结账日以前所发生的全部经济业务是否都已经登记入账。检查账簿记录的完整性和正确性,不能漏记、重记每一项经济业务,也不能出现有错误的记账分录。各种收入和费用应该按照权责发生制的要求进行处理。

(2)编制结账分录。在有关经济业务都已经登记入账的基础上,要将各种收入、成本和费用等账户的余额进行结转,编制各种结转分录,结转到本年利润账户,再编制利润分配的分录。

(3)计算发生额和余额。计算各账户的发生额和余额,并进行结转,最终计算出资产、负债和所有者权益类账户的本期发生额和余额。

(三)结账的方法

根据会计分期的不同,结账分为月结、季结和年结三种。

1.月结

对需要进行按月结计的账户,应在月末最后一笔经济业务下一行,在摘要栏内注明"本月发生额及余额"或"本月合计"字样,计算出本期借、贷发生额合计数及期末余额,并在该行的上下各划一条通栏单红线。

2.季结

季节的结账方法与月结基本相同,但要在摘要栏内注明"本季发生额及余额"或"本季合计"字样。

3. 年结

年度结账时，应在年终"季结"行下的摘要栏内注明"本年发生额及余额"或"本年合计"字样，将本年四个季度的借、贷方季结金额加以累计，并计算出年末余额，并在该行下端划通栏双红线。年度结账后，将各账户的年末余额结转到下年度新账簿中，并在摘要栏内注明"结转下年"字样，结转后使本年度该账户的借、贷双方总额保持平衡，这通常称为"年度封账"。

第五节　账务处理程序

一、账务处理程序的概念和意义

账务处理程序又称会计处理程序或会计核算形式，是指在会计循环中，企业所采用的会计凭证、会计账簿、财务报表的种类和格式，登记账簿的方法和会计循环程序。

实务中，可以选择的会计凭证、会计账簿和财务报表种类较多，格式也各不相同，企业应根据自身经营活动的特点以及企业本身的实际情况，选择适合的账务处理程序。

科学合理的账务处理程序，对准确核算会计业务、及时提供系统完整的会计信息具有重要意义，主要体现在以下方面：

（1）有助于规范会计核算工作。建立科学合理的账务处理程序，规范会计核算工作秩序，确立会计人员责任分工，有助于使会计核算过程有序可循。

（2）有助于保证会计核算工作质量。建立科学合理的账务处理程序，会计信息的加工和整理得到了有效的控制，有助于保证会计核算的正确、完整和合理，从而提高会计核算工作质量和会计信息质量。

（3）有助于提高会计核算工作效率。建立科学合理的账务处理程序，各处理环节分工明确，责任清楚，约束力强，有助于提高会计处理工作的效率。

二、常用的账务处理程序

在实践工作中，企业常用的账务处理程序包括记账凭证账务处理程序、汇总记账凭证账务处理程序、科目汇总表账务处理程序。这三种账务处理程序既有共同点，又有各自的特点。其中，记账凭证账务处理程序是最基本的一种，其他账务处理程序都由此发展演变而来。它们之间根本的区别在于登记总分类账的依据和方法不同。

（一）记账凭证账务处理程序

1. 记账凭证账务处理程序的概念

记账凭证账务处理程序是指对所发生的交易或事项，先根据原始凭证或汇总原始凭证填制记账凭证，再直接根据记账凭证逐笔登记总分类账的一种账务处理程序。记账凭证账务处理程序是最基本的账务处理程序，其他账务处理程序都是在此基础上发展演变而形成的。

2. 记账凭证账务处理程序的设置和步骤

1）记账凭证账务处理程序的凭证账簿设置

在记账凭证账务处理程序下，记账凭证可以设置收款凭证、付款凭证和转账凭证，也可以采用通用记账凭证。会计账簿需要设置借、贷、余三栏式的库存现金日记账、银行存款日记账和总分类账，明细分类账可以根据实际需要采用借、贷、余三栏式，数量金额式或多栏式。

2）记账凭证账务处理程序的步骤

在记账凭证账务处理程序下，对经济业务进行账务处理的程序包括以下步骤，如图6-2所示。

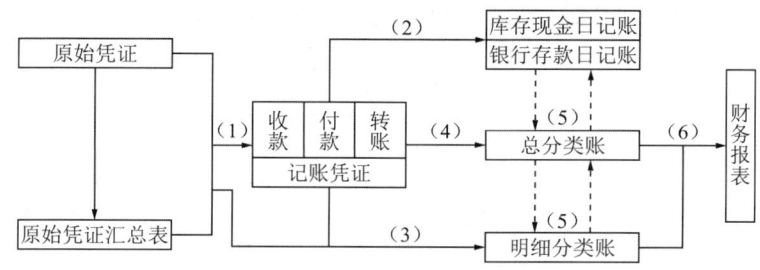

图 6-2 记账凭证账务处理程序

（1）根据原始凭证或原始凭证汇总表，编制记账凭证（包括收款凭证、付款凭证和转账凭证）。

（2）根据收款凭证、付款凭证逐日逐笔登记库存现金日记账和银行存款日记账。

（3）根据原始凭证、汇总原始凭证和记账凭证逐笔登记各种明细分类账。

（4）根据记账凭证登记总分类账。

（5）月末，将日记账、明细分类账与总分类账核对，保证账账相符。

（6）月末，根据总分类账和明细分类账编制财务报表。

3. 记账凭证账务处理程序的特点、优缺点及适用范围

1）记账凭证账务处理程序的特点

记账凭证账务处理程序的特点是直接根据每张记账凭证逐笔登记总分类账。在记账凭证账务处理程序下，登记总分类账的依据是记账凭证。

2）记账凭证账务处理程序的优缺点

优点：记账凭证账务处理程序简单明了，手续简便；总分类账可以详细地记录和反映经济业务的发生情况，便于查对账目。

缺点：记账凭证账务处理程序下的总分类账是直接根据每张记账凭证逐笔登记的，工作量大，也不便于会计工作的分工。

3）记账凭证账务处理程序的适用范围

记账凭证账务处理程序适用于规模较小、业务量较少、会计凭证不多的企业。

（二）汇总记账凭证账务处理程序

1. 汇总记账凭证账务处理程序的概念

汇总记账凭证账务处理程序是指对发生的经济业务，先根据原始凭证或汇总原始凭证编制记账凭证，然后定期根据记账凭证分类编制汇总记账凭证，再根据汇总记账凭证登记总分类账的一种账务处理程序。

2. 汇总记账凭证账务处理程序的设置和步骤

1）汇总记账凭证账务处理程序的凭证和账簿设置

汇总记账凭证账务处理程序下，应设置收款凭证、付款凭证和转账凭证，并设置汇总收款凭证、汇总付款凭证和汇总转账凭证，作为登记总分类账的依据。

（1）汇总收款凭证是按库存现金和银行存款科目的借方分别设置，定期将这一期间内的全部现金收款凭证、银行存款收款凭证按对应的贷方科目加以归类汇总得到。汇总收款凭证的格式如表6-8所示。

表 6-8 汇总收款凭证

借方科目：库存现金（或银行存款）　　　　　　　　　　　　　　　　　　汇收第　　号

贷方科目	金额				总账账页	
	1-10日	11-20日	21-月末	合计	借方	贷方
合计						

（2）汇总付款凭证是按库存现金和银行存款科目的贷方分别设置，定期将这一期间内的全部现金付款凭证、银行存款付款凭证按对应的借方科目加以归类汇总得到。汇总付款凭证的格式如表6-9所示。

表 6-9 汇总付款凭证

贷方科目：库存现金（或银行存款）　　　　　　　　　　　　　　　　　　汇付第　　号

借方科目	金额				总账账页	
	1-10日	11-20日	21-月末	合计	借方	贷方
合计						

（3）汇总转账凭证是根据一定时期的转账凭证汇总编制而成的。汇总转账凭证按贷方科目分别设置，按对应的借方科目加以归类汇总。为了便于编制汇总转账凭证，要求所有的转账凭证只能编制一借一贷或多借一贷的分录，不得编制一借多贷的分录。当某些贷方科目一个月出现的次数不多，对这些转账凭证可以不编制汇总转账凭证，可直接登记总分类账。汇总转账凭证的格式如表6-10所示。

表 6-10 汇总转账凭证

贷方科目：　　　　　　　　　　　　　　　　　　　　　　　　　　　　　　汇转第　　号

借方科目	金额				总账账页	
	1-10日	11-20日	21-月末	合计	借方	贷方
合计						

2）汇总记账凭证账务处理程序的步骤

在汇总记账凭证账务处理程序下，对经济业务进行账务处理的程序包括以下步骤，如图6-3所示。

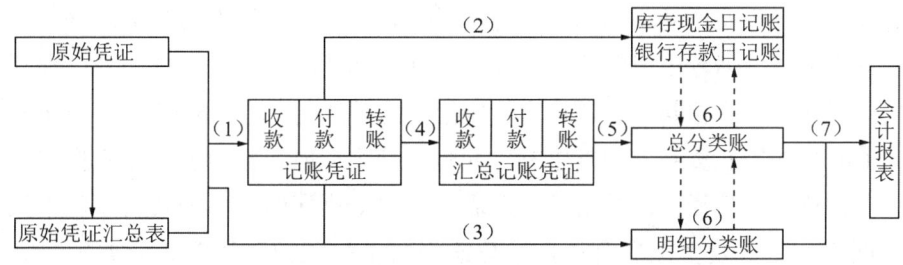

图6-3 汇总记账凭证账务处理程序

（1）根据原始凭证或汇总原始凭证，编制记账凭证（包括收款凭证、付款凭证和转账凭证）。

（2）根据收款凭证、付款凭证逐日逐笔登记库存现金日记账和银行存款日记账。

（3）根据原始凭证、汇总原始凭证和记账凭证逐笔登记各种明细分类账。

（4）根据一定时期内的全部记账凭证，汇总编制汇总收款凭证、汇总付款凭证和汇总转账凭证。

（5）根据定期编制的汇总收款凭证、汇总付款凭证和汇总转账凭证登记总分类账。

（6）月末，将日记账、明细分类账与总分类账核对，保证账账相符。

（7）月末，根据总分类账和明细分类账编制财务报表。

3. 汇总记账凭证账务处理程序的特点、优缺点及适用范围

1）汇总记账凭证账务处理程序的特点

汇总记账凭证账务处理程序的特点是定期将记账凭证汇总成汇总记账凭证，然后根据各种汇总记账凭证登记总分类账。

2）汇总记账凭证账务处理程序的优缺点

优点：汇总记账凭证账务处理程序减轻了登记总分类账的工作量，同时由于按照账户对应关系编制记账凭证，便于使用者了解账户之间的相互关系。

缺点：汇总记账凭证账务处理程序下，按每一贷方科目编制汇总转账凭证，不利于会计核算的日常分工，并且当转账凭证较多时，编制汇总转账凭证的工作量较大。

3）汇总记账凭证账务处理程序的适用范围

汇总记账凭证账务处理程序适用于规模较大、业务量较多的企业。

（三）科目汇总表账务处理程序

1. 科目汇总表账务处理程序的概念

科目汇总表账务处理程序也称记账凭证汇总表账务处理程序，是指对发生的经济业务，先根据原始凭证或汇总原始凭证编制记账凭证，然后定期根据记账凭证编制科目汇总表，再根据科目汇总表登记总分类账的一种账务处理程序。

2. 科目汇总表账务处理程序的设置和步骤

1）科目汇总表账务处理程序的凭证和账簿设置

科目汇总表账务处理程序下，其账簿设置、各种账簿的格式以及记账凭证的种类和格式基本上与记账凭证账务处理程序相同。但应增设科目汇总表，以作为登记总分类账的依据。

科目汇总表也是根据专用记账凭证汇总编制而成的。基本的编制方法是：根据一定时期内的全部记账凭证，按照相同会计科目进行归类，定期（每10天或15天，或每月一次）分别汇总每一个账户的借、贷双方的发生额，并将其填列在科目汇总表的相应栏内，借以反映全部账户的借、贷方发生额。根据科目汇总表登记总分类账时，只需要将该表中汇总起来的各科目的本期借、贷方发生额的合计数，分次或月末一次记入相应总分类账的借方或贷方即可。

科目汇总表的一般格式如表6-11和表6-12所示。

表6-11　科目汇总表一般格式1

年　　月　　　　　　　　　　　　　　　　　第　　号

会计科目	记账凭证起讫号码	本期发生额		总账页数
		借方	贷方	
合计				

表6-12　科目汇总表一般格式2

年　　月　　　　　　　　　　　　　　　　　第　　号

会计科目	1-10日		11-20日		21-月末		本月合计	总账页数
	借方	贷方	借方	贷方	借方	贷方		
合计								

2）科目汇总表账务处理程序的步骤

在科目汇总表账务处理程序下，对经济业务进行账务处理的程序包括以下步骤，如图6-4所示。

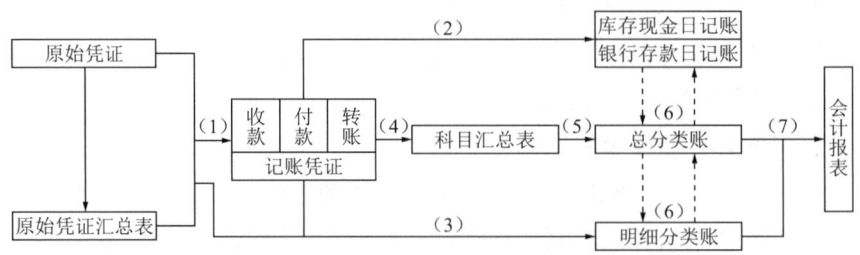

图6-4　科目汇总表账务处理程序

（1）根据原始凭证或汇总原始凭证，编制记账凭证（包括收款凭证、付款凭证和转账凭证）。

（2）根据收款凭证、付款凭证逐日逐笔登记库存现金日记账和银行存款日记账。

（3）根据原始凭证、汇总原始凭证和记账凭证逐笔登记各种明细分类账。

（4）根据一定时期内的全部记账凭证，汇总编制成科目汇总表。

（5）根据定期编制的科目汇总表登记总分类账。

（6）月末，将日记账、明细分类账与总分类账核对，保证账账相符。

（7）月末，根据总分类账和明细分类账编制财务报表。

3. 科目汇总表账务处理程序的特点、优缺点及适用范围

1）科目汇总表账务处理程序的特点

科目汇总表账务处理程序的特点是定期根据每张记账凭证汇总编制科目汇总表，根据科目汇总表登记总分类账。

2）科目汇总表账务处理程序的优缺点

优点：科目汇总表账务处理程序定期对记账凭证进行科目汇总，因此它在一定程度上定期检验了账户的发生额试算平衡，从而保证了总分类账登记的正确性；同时由于总分类账是根据定期编制的科目汇总表登记的，这样可以大大减少登记总分类账的工作量。

缺点：科目汇总表是按照总分类账汇总编制的，只能作为登记总分类账和试算平衡的依据，不便于分析经济业务的缘由，也不便于查对账目。同时编制科目汇总表的工作量比较大。

3）科目汇总表账务处理程序的适用范围

科目汇总表账务处理程序能够进行账户发生额的试算平衡以及减少总分类账登记的工作量等优点，因此主要适用于经济业务较多的单位，但是实际工作中任何规模大小的会计主体都可以采用。

本章小结

账簿是指以会计凭证为依据，序时、连续、系统、全面地记录和反映企事业单位等单位经济活动全过程的簿籍。根据会计凭证在有关账户中进行登记，就是把会计凭证所反映的经济业务内容记入设立在账簿中的账户，即通常所说的登记账簿，也称记账。

账簿按照用途分为序时账簿、分类账簿、备查账；按照账页格式分为三栏式、多栏式、数量金额式等；根据外形特征分为订本账、活页账、卡片账。账簿有相同的登记要求，但是不同形式的账簿有不同的登记方法，在会计期结束时，要对账簿进行结账和更换。在登记账簿的过程中，要定期进行账簿核对，发现记账错误，要采用正确的方法进行更正。

账务处理程序是会计凭证、会计账簿、财务报表等各部分内容的一个综合运用，即如何根据企业的具体情况选择合适的凭证组织、账簿组织并将其有机的结合，形成适合企业的账务处理程序，最后生成有效的会计信息。合理的设置和运用账务处理程序，可以提高会计工作的效率。学生要熟悉并掌握各种账务处理程序的基本内容、特点、程序、优缺点和适用范围等，特别是记账凭证账务处理程序和科目汇总表账务处理程序的具体运用，以提高自己对账务处理程序的理解并熟练掌握。

课后习题

一、单选题

1. 下列各项中，适合采用多栏式明细账格式核算的是（　　）。

    A. 原材料　　　　　B. 制造费用　　　　　C. 应付账款　　　　　D. 库存商品

2. 下列各项中，做法错误的是（　　）。

    A. 库存现金日记账采用三栏式账簿　　　　B. 产成品明细账采用数量金额式账簿

    C. 生产成本明细账采用三栏式账簿　　　　D. 制造费用明细账采用多栏式账簿

3. 下列关于总分类账的登记方法说法中，错误的是（　　）。

    A. 总分类账的登记方法取决于账务处理程序

    B. 总分类账可以根据汇总记账凭证登记

    C. 总分类账可以根据科目汇总表登记

    D. 总分类账不可根据记账凭证直接登记

4. 在登记账簿时，如果经济业务发生日期为2024年11月12日，编制记账凭证日期为2024年11月16日，登记账簿日期为2024年11月17日，则账簿中"日期"栏登记的时间为（　　）。

    A. 2024年11月12日

    B. 2024年11月16日

    C. 2024年11月17日

    D. 2024年11月16日或2024年11月17日均可

5. 下列各项中，适合采用多栏式明细账格式核算的是（　　）。

    A. 固定资产　　　　B. 应收账款　　　　C. 管理费用　　　　D. 原材料

6. 下列明细分类账中，应该采用数量金额式明细分类账的是（　　）。

    A. 原材料明细分类账　　　　　　　　B. 应收账款明细分类账

    C. 制造费用明细分类账　　　　　　　D. 预提费用明细分类账

7. 在下列明细分类账中，一般不宜采用三栏式账页格式的是（　　）。

    A. 应收账款明细账　　　　　　　　　B. 应付账款明细账

    C. 实收资本明细账　　　　　　　　　D. 原材料明细账

8. 专门记载某一类经济业务的序时账簿，称为（　　）。

    A. 普通日记账　　　B. 特种日记账　　　C. 转账日记账　　　D. 分录簿

9. 下列说法中，不正确的是（　　）。

A. 凡需要结出余额的账户，结出余额后，应当在"借或贷"等栏内写明"借"或者"贷"等字样

B. 没有余额的账户，应当在"借或贷"等栏内写"—"，并在余额栏内用"θ"表示

C. 库存现金日记账必须逐日结出余额

D. 银行存款日记账必须逐日结出余额

10.下列说法中，不正确的是（　　）。

A. 出纳人员主要负责登记库存现金日记账和银行存款日记账

B. 库存现金日记账由出纳人员根据现金的收、付款凭证，逐日逐笔顺序登记

C. 银行存款日记账应该定期或者不定期与开户银行提供的对账单进行核对，每月至少核对三次

D. 库存现金日记账和银行存款日记账，应该定期与会计人员登记的库存现金总账和银行存款总账核对

11.在登记账簿过程中，每一账页的最后一行及下一页第一行都要办理转页手续，是为了（　　）。

A. 便于查账　　　　B. 防止遗漏　　　　C. 防止隔页　　　　D. 保持记录的连续性

12.对某些在序时账簿和分类账簿等主要账簿中都不予登记或登记不够详细的经济业务事项进行补充登记时使用的账簿称为（　　）。

A. 日记账　　　　B. 总分类账簿　　　　C. 备查账簿　　　　D. 联合账簿

13.下列各项中，不属于对账工作的是（　　）。

A. 账簿记录与原始凭证之间的核对

B. 总分类账簿与其所属明细分类账簿之间的核对

C. 库存现金日记账的期末余额合计与库存现金总账期末余额的核对

D. 财产物资明细账账面余额与财产物资实存数额的核对

14.下列对账工作中，属于账实核对的是（　　）。

A. 企业银行存款日记账与银行对账单核对

B. 总分类账与所属明细分类账核对

C. 会计部门的财产物资明细账与财产物资保管部门的有关明细账相核对

D. 总分类账与日记账核对

15.采用补充登记法，是因为（　　）导致账簿错误。

A. 记账凭证上会计科目错误

B. 记账凭证上记账方向错误

C. 记账凭证上会计科目或记账方向正确，所记金额大于应记金额

D. 记账凭证上会计科目或记账方向正确，所记金额小于应记金额

16.在月末结账前发现所填制的记账凭证将科目方向记反，并已过账，按照有关规定，更正时应采用的错账更正方法最好是（　　）。

A. 划线更正法　　　B. 平行登记法　　　C. 补充登记法　　　D. 红字更正法

17. 在月末结账前发现所填制的记账凭证无误，根据记账凭证登记账簿时，将 1 568 元误记为 1 586 元，按照有关规定，更正时应采用的错账更正方法是（　　）。

A. 划线更正法　　　B. 红字更正法　　　C. 补充登记法　　　D. 平行登记法

18. 下列情况中，不可以用红色墨水记账的是（　　）。

A. 冲账的记账凭证，冲销错误记录

B. 在不设借贷等栏的多栏式账页中，登记减少数

C. 在三栏式账户的余额栏前，印明余额方向的，在余额栏内登记负数余额

D. 在三栏式账户的余额栏前，未印明余额方向的，在余额栏内登记负数余额

19. 下列说法中，正确的是（　　）。

A. 企业应收应付账款明细账与对方单位账户记录核对属于账账核对

B. 所有账簿，每年必须更换新账

C. 除结账和更正错账外，一律不得用红色墨水登记账簿

D. 账簿记录正确并不一定保证账实相符

20. 结账时，应当划通栏双红线的是（　　）。

A. 12 月末结出全年累计发生额后　　　B. 各月末结出本年累计发生额后

C. 结出本季累计发生额后　　　D. 结出当月发生额后

21. 各种账务处理程序之间的主要区别是（　　）。

A. 凭证及账簿设备不同　　　B. 记账方法不同

C. 记账程序不同　　　D. 登记总账的依据和方法不同

22. 编制科目汇总表直接依据的凭证是（　　）。

A. 原始凭证　　　B. 汇总原始凭证

C. 记账凭证　　　D. 汇总记账凭证

二、多选题

1. 会计账簿按其用途的不同，可以分为（　　）。

A. 分类账簿　　　B. 活页账簿

C. 备查账簿　　　D. 数量金额式账簿

2. 会计账簿按其外形特征的不同，可以分为（　　）。

A. 备查账簿　　　B. 订本账

C. 活页账簿　　　D. 数量金额式账簿

3. 在会计账簿扉页启用表上填列的内容包括（　　）。

A. 账簿名称　　　B. 单位名称

C. 账户名称　　　D. 启用日期

4. 必须采用订本式账簿的有（　　）。

A. 库存现金日记账　　　B. 固定资产明细账

C. 银行存款日记账　　　　　　　　　　D. 管理费用总账

5. 下列说法中，错误的有（　　　）。

　　A. 库存现金日记账采用数量金额式账簿

　　B. 产成品明细账采用数量金额式账簿

　　C. 生产成本明细账采用三栏式账簿

　　D. 制造费用明细账采用多栏式账簿

6. 实际工作中，采用三栏式账页格式的账户有（　　　）。

　　A. 总分类账　　　　　　　　　　　B. 债权债务明细分类账

　　C. 存货明细分类账　　　　　　　　D. 库存现金日记账

7. 会计账簿登记规则包括（　　　）。

　　A. 记账必须有依据

　　B. 按页次顺序连续记账

　　C. 账簿记载的内容应与记账凭证一致，不得随意增减

　　D. 结清余额

8. 以下属于备查账簿的有（　　　）。

　　A. 租入固定资产登记簿　　　　　　B. 代销商品登记簿

　　C. 受托加工材料登记簿　　　　　　D. 材料采购明细账

9. 下列各项中，符合登记会计账簿基本要求的有（　　　）。

　　A. 文字和数字的书写应占格距的1/3

　　B. 不得使用圆珠笔书写

　　C. 应连续登记，不得跳行、隔页

　　D. 无余额的账户，在"借或贷"栏内写"θ"

10. 下列表述中，正确的有（　　　）。

　　A. 多栏式明细账一般适用于资产类账户

　　B. 在会计核算中，一般应通过财产清查进行账实核对

　　C. 因记账凭证错误而造成的账簿记录错误，一定采用红字更正法进行更正

　　D. 各种日记账、总账及资本、债权债务明细账都可以采用三栏式账簿

11. 下列各项中，关于银行存款日记账登记方法的表述正确的有（　　　）。

　　A. 由出纳人员进行登记

　　B. 其借方根据银行存款的收款凭证或现金的付款凭证登记

　　C. 其贷方根据银行存款的付款凭证登记

　　D. 出纳人员应定期与会计人员登记的银行存款总账核对相符

12. 下列账簿中，不能采用卡片式账簿的有（　　　）。

　　A. 库存现金日记账　B. 固定资产　　　C. 总分类账　　　　D. 明细分类账

13. 下列账户的明细账账页格式应采用多栏式的有（　　　）。

A. 管理费用   B. 原材料   C. 财务费用   D. 包装物

14. 会计账簿中，（　　）可以用红色墨水记账。

    A. 按照红字冲账的记账凭证，冲销错误记录

    B. 在不设借贷等栏的多栏式账页中，登记减少数

    C. 在三栏式账户的余额栏前，如未印明余额的方向的（如借或贷），在余额栏内登记负数余额

    D. 会计制度中规定可以用红字登记的其他会计记录

15. 收回货款 1 500 元存入银行，记账凭证中误将金额填为 15 000 元，并已登记入账。错账的更正方法有（　　）。

    A. 用划线更正法更正

    B. 用蓝字借记"银行存款"账户 1 500 元，贷记"应收账款"账户 1 500 元

    C. 用红字借记"应收账款"账户 15 000 元，贷记"银行存款"账户 15 000 元

    D. 用红字借记"银行存款"账户 13 500 元，贷记"应收账款"账户 13 500 元

16. 账账核对包括（　　）。

    A. 总账有关账户的余额核对

    B. 总账与明细账核对

    C. 总账与日记账核对

    D. 银行存款日记账与银行对账单核对

17. 下列各项中，属于账实核对的工作内容的有（　　）。

    A. 库存现金日记账的账面余额与实际库存数核对

    B. 银行存款日记账账面余额与银行对账单核对

    C. 各种债权、债务明细账账面余额与有关单位（或个人）核对

    D. 各种财产物资实有数与相应明细账核对

18. 登记总分类账的依据包括（　　）。

    A. 记账凭证   B. 汇总记账凭证

    C. 科目汇总表   D. 库存现金和银行存款日记账

19. 适用于记账凭证账务处理程序的企业有（　　）。

    A. 规模不大   B. 经济业务数量不多

    C. 规模很大   D. 经济业务数量较多

20. 在汇总记账凭证账务处理程序下，应编制（　　）。

    A. 收款凭证和汇总收款凭证   B. 付款凭证和汇总付款凭证

    C. 转账凭证和汇总转账凭证   D. 科目汇总表

三、判断题

1. 账簿中的每一账页是账户的存在形式和载体，而账户是账簿的具体内容，因此，账户

与账簿的关系是形式与内容的关系。（   ）

2. 凡是明细账都使用活页式账簿，以便于根据实际需要，随时添加空白账页。（   ）

3. 启用订本式账簿，除在账簿扉页填列账簿启用和经管人员一览表外，还应从第一页到最后一页顺序编定页数，不得跳页、缺号。（   ）

4. 各账户在一张账页记满时，应在该账页最后一行结出余额，并在摘要栏注明"转次页"字样。（   ）

5. 登记账簿时，发生的空行、空页一定要补充书写，不得注销。（   ）

6. 银行存款日记账是由出纳人员根据审核后的收款凭证、付款凭证逐日逐笔序时登记的账簿。（   ）

7. 在会计核算中，既要求进行金额核算，又要求进行实物数量核算的各种财产物资，应使用数量金额式明细分类账。（   ）

8. 使用活页式账页，应按账户顺序编号，并定期装订成册。已装订成册的活页账，应按实际使用的账页顺序编写页数。（   ）

9. 备查账簿也称辅助账簿，是指对总账中未记录或记录不全的经济业务进行补充登记的账簿。（   ）

10. 出纳员应在库存现金日记账每笔业务登记完毕，即结出余额，并与库存现金进行核对。（   ）

11. 账簿中书写的文字和数字上面要留有适当空距，一般应占格距的1/2，以便于发现错误时进行修改。（   ）

12. 无论分类账簿还是序时账簿，都需要以记账凭证作为记账依据。（   ）

13. 库存现金日记账和银行存款日记账必须定期结出余额。（   ）

14. 固定资产明细账不必每年更换，可以连续使用。（   ）

15. 办理月结，应在各账户最后一笔记录下面划一条通栏红线，在红线下计算出本月发生额及月末余额，并在摘要栏注明"本月合计"或"本月发生额及余额"字样，然后在下面再划一条蓝线。（   ）

16. 年度结账后，对于发生额很少的总账，不必更换新账。（   ）

17. 红字更正法，就是用红字书写编制一张与原来错误的记账凭证相同的凭证进行冲账的方法。（   ）

18. 会计科目和方向没有错误，所填金额小于应记的金额，导致账簿记录错误的，适用于划线更正法。（   ）

19. 补充登记法适用于记账后，发现记账凭证应借、应贷的账户对应关系正确，但所记金额小于应记金额的情况。（   ）

20. 每月将银行存款日记账的账面余额与银行对账单进行核对，是账实核对的主要内容之一。（   ）

第七章
财产清查

1. 理解财产清查的基本概念，充分认识其在企业管理中的重要性及作用。

2. 掌握财产清查的各种类型及其特点，能够依据企业当前的实际状况，灵活选择适合的清查方式。

3. 掌握货币资金、往来款项及实物资产清查的方法，理解如何对企业资产进行全面、准确的清查，确保资产信息的真实性和完整性。

4. 掌握各种财产物资清查结果的处理方法，以及相应账务处理。

5. 培养严谨、细致的工作态度，确保财产清查工作的准确性和可靠性。

知识地图及思政元素

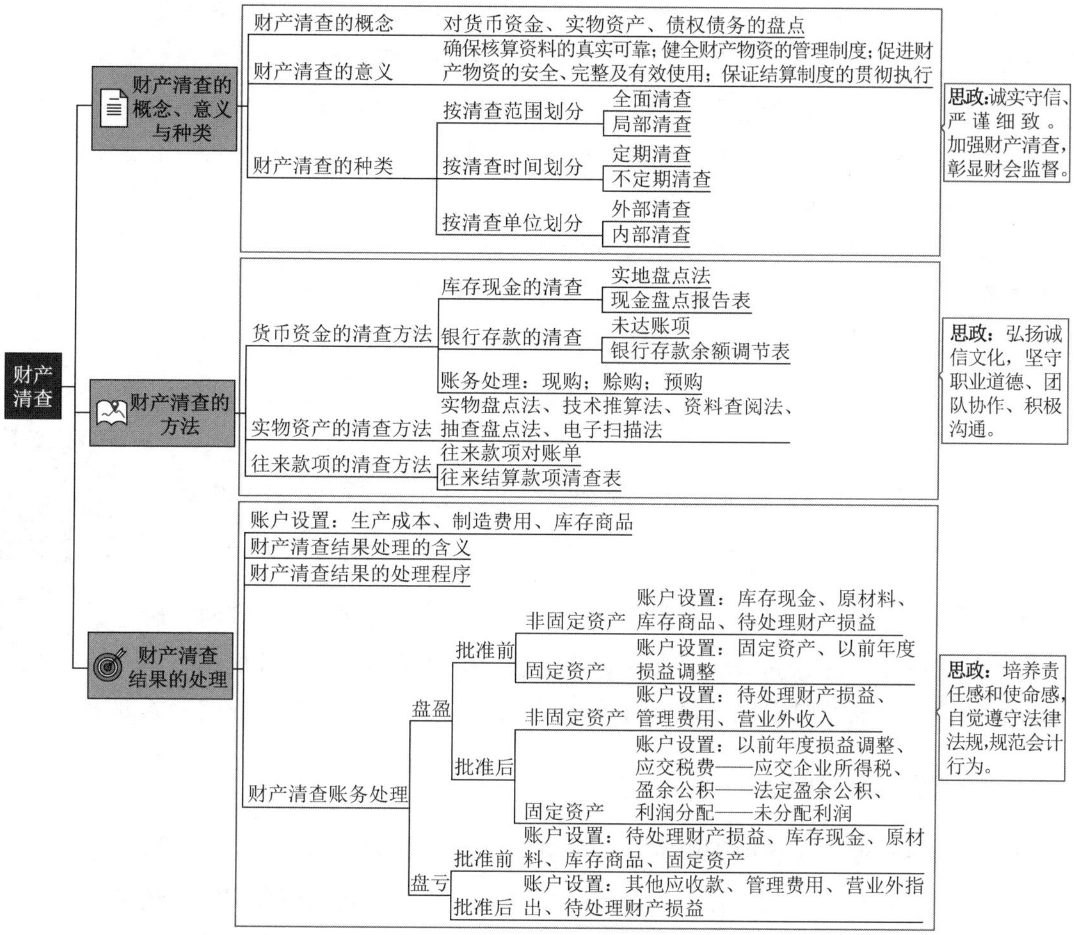

财产清查

财产清查的概念、意义与种类
- 财产清查的概念：对货币资金、实物资产、债权债务的盘点
- 财产清查的意义：确保核算资料的真实可靠；健全财物物资的管理制度；促进财产物资的安全、完整及有效使用；保证结算制度的贯彻执行
- 财产清查的种类
  - 按清查范围划分：全面清查、局部清查
  - 按清查时间划分：定期清查、不定期清查
  - 按清查单位划分：外部清查、内部清查

思政： 诚实守信、严谨细致。加强财产清查，彰显财会监督。

财产清查的方法
- 货币资金的清查方法
  - 库存现金的清查：实地盘点法、现金盘点报告表
  - 银行存款的清查：未达账项、银行存款余额调节表
  - 账务处理：现购；赊购；预购
- 实物资产的清查方法：实物盘点法、技术推算法、资料查阅法、抽查盘点法、电子扫描法
- 往来款项的清查方法：往来款项对账单、往来结算款项清查表

思政： 弘扬诚信文化，坚守职业道德、团队协作、积极沟通。

财产清查结果的处理
- 账户设置：生产成本、制造费用、库存商品
- 财产清查结果处理的含义
- 财产清查结果的处理程序
- 财产清查账务处理
  - 盘盈
    - 批准前
      - 非固定资产：账户设置：库存现金、原材料、库存商品、待处理财产损益
      - 固定资产：账户设置：固定资产、以前年度损益调整
    - 批准后
      - 非固定资产：账户设置：待处理财产损益、管理费用、营业外收入
      - 固定资产：账户设置：以前年度损益调整、应交税费——应交企业所得税、盈余公积——法定盈余公积、利润分配——未分配利润
  - 盘亏
    - 批准前：账户设置：待处理财产损益、库存现金、原材料、库存商品、固定资产
    - 批准后：账户设置：其他应收款、管理费用、营业外指出、待处理财产损益

思政： 培养责任感和使命感，自觉遵守法律法规，规范会计行为。

案例讨论

北斗助力侦破獐子岛"扇贝跑路"谎言

"扇贝跑路"实际上是指獐子岛集团股份有限公司（以下简称"獐子岛"）在财务报告中虚构扇贝存货异常的情况，以掩盖公司实际经营的问题。这并不是真的扇贝在物理意义上"跑路"，而是一种财务造假的比喻。

而北斗卫星导航系统（BDS）是中国自行研制的全球卫星导航系统，它可以在全球范围内提供高精度、高可靠的定位、导航和授时服务。这种系统的精确定位能力，使得它能够被用来追踪和记录各种物体的位置信息。

在獐子岛案例中，北斗卫星导航系统通过记录獐子岛公司采捕船只的航行轨迹，帮助监管机构揭露了獐子岛的财务造假行为。具体来说，北斗卫星导航系统可以追踪和记录采捕船只的航行轨迹，包括它们去了哪些海域，停留了多长时间等信息。这些信息是公开且无法篡改的，因此可以用来验证獐子岛报告的扇贝存货情况是否真实。

通过对比獐子岛报告的数据和北斗卫星导航系统记录的数据，监管机构发现两者之间存在显著的差异，从而揭示了獐子岛虚构扇贝存货的财务造假行为。因此，可以说北斗卫星导航系统在这次事件中起到了关键的助力作用，使得财务造假行为得以被揭露和查处。

总的来说，北斗卫星导航系统通过其高精度的定位能力，为监管机构提供了有力的技术支持，帮助他们揭露了獐子岛的财务造假行为。这也显示了现代科技手段在金融监管领域的重要性和应用价值。

【思考1】对于生物资产的清查，可采用哪些方式以确认资产的完整性和真实性？

【思考2】财产清查中，如何结合传统清查方法与现代科技手段，提高清查效率和准确性？

【思考3】该案例财产清查的结果揭示了哪些问题？这些问题对企业经营和财务报告有何影响？

第一节　财产清查的概念、意义与种类

财产清查的
概念、意义
与种类

财产清查在预防和揭露企业财务舞弊、保障企业财务稳健与声誉方面，扮演着举足轻重的角色。企业按规定进行财产清查，不仅能够确保财务信息的真实性和完整性，更能及时发现并解决财务管理中的漏洞，从而维护企业的财务健康和声誉。

一、财产清查的概念

财产清查是指通过对各项货币资金、实物资产及往来款项（债权债务）进行盘点和核对，以查明各项财产物资实存数，并与账面数进行核对，从而检查账存数和实有数是否相符的一种专门方法。它既是企业加强财产物资管理的重要措施，又是保证会计核算资料真实、准确的基础。财产清查的概念如图7-1所示。

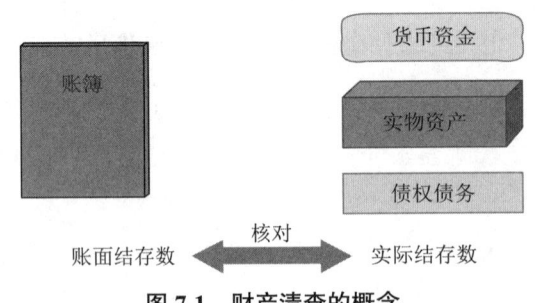

图7-1　财产清查的概念

二、财产清查的意义

财产清查的目的在于通过查明财产物资和债权债务的实有数额，确定企业资产的实有数额，查明账实不符的原因，并调整账簿记录，使账实相符，以保证会计核算资料的真实可靠，并为查明财产物资在保管和使用中存在的问题、改善经营管理提供资料和依据。财产清查不仅是会计核算的专门方法,而且也是内部控制制度中针对财产物资管理的一项重要控制制度。及时、有效地进行财产清查工作,具有如下四个方面的重要意义:

(一)确保核算资料的真实可靠

通过财产清查,企业可以确定各项财产物资的实存数,将实存数与账存数相核对,查明各项财产物资的账实是否相符,以及产生差异的原因和责任,并及时调整账面记录,使其账实相符,从而保证会计核算资料的真实性,为编制财务会计报告做好准备。

(二)健全财产物资的管理制度

造成账实不符的原因中,最主要的是企业管理上的问题。出现财产物资的大量盘盈、盘亏,可能是企业财产物资管理不善的一个信号。通过财产清查,企业可以发现财产物资管理上存在的问题,促使企业不断改进财产物资管理,健全财产物资管理制度,确保财产物资的安全、完整。

(三)促进财产物资的安全、完整及有效使用

在财产清查中,不仅要对财产物资进行账实核对,还要查明各项财产物资的储存和使用情况,储存不足的应及时补足,多余积压的应及时处理,了解财产物资节约使用的经验和铺张浪费的教训。所以,通过财产清查,企业可以促进财产物资的有效使用,充分发挥财产物资的潜力,加速资金周转,避免损失浪费。

(四)保证结算制度的贯彻执行

在财产清查中,对于债权、债务等往来结算账款,也要与对方逐一核对清楚;对于各种应收、应付账款应及时结算,已确认的坏账要按规定处理,避免长期拖欠和长年挂账,共同维护结算纪律和商业信用。

三、财产清查的种类

【课堂讨论】

财产清查是所有财产物资都清点吗?一般什么时候进行财产清查呢?

财产清查按不同的标准可以进行不同的分类,了解和把握财产清查的种类,有利于财产清查工作的及时、顺利进行。财产清查按照清查范围的不同,可分为全面清查和局部清查;按照清查时间的不同,可分为定期清查和不定期清查;按照清查的执行单位不同,可分为内部清查和外部清查。企业在选择清查方式时,应根据自身的实际情况和需求进行权衡和选择。财产清查的分类如图 7-2 所示。

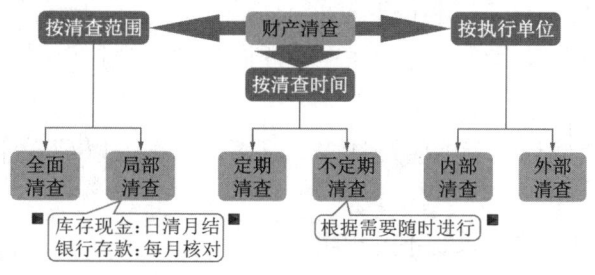

图 7-2 财产清查的分类

（一）按照财产清查的范围不同分类

财产清查按照清查范围的不同，可分为全面清查和局部清查。

1. 全面清查

全面清查也称整体清查，是对企业所有财产进行全面清查、盘点和核对的一种活动。它涉及的对象广泛，包括原材料、在产品、自制半成品、库存商品、库存现金、短期存（借）款、有价证券及外币、在途物资、委托加工物资、往来款项、固定资产等。

全面清查通常在年终决算前进行，或者在企业撤销、合并或改变隶属关系时进行，以确保企业的所有财产物资得到全面的清点和核对，明确经济责任，摸清家底，保证生产的正常需要。全面清查的特点是内容全面，范围广泛，能够全面核实会计主体所有的财产物资、货币资金和债权债务的情况，但相应地需要投入的人力多，花费的时间长。

2. 局部清查

局部清查是根据企业的实际需要，只对财产中某些重点部分进行的清查。它通常集中对部分财产物资或某几种财产物资进行盘点与核对。一般情况下，对于流动性较大的材料物资，除年度清查外，年内还要轮流盘点或重点抽查；对于各种贵重物资，每月都应清查盘点一次；对于库存现金，应由出纳人员当日清点核对；对于银行存款，每月至少要同银行核对一次；对于各种应收账款，每年至少核对一两次。

局部清查的目的在于及时发现和纠正财产管理中的问题，确保特定财产的安全和完整。

（二）按照财产清查的时间不同分类

财产清查按清查的时间不同，可分为定期清查与不定期清查。

1. 定期清查

定期清查是指在规定的时间内所进行的财产清查，一般是在年、季、月度终了后进行，以保证账实相符，财务报表真实可靠。定期清查可以是局部清查，也可以是全面清查，通常情况下，企业在年末进行全面清查，在月末或季末进行局部清查。

2. 不定期清查

不定期清查也称临时清查，是指根据实际需要随时进行的财产清查。例如，企业更换财产物资保管人员、出纳人员时，要对其保管的财产进行清查，以明确经济责任，以便办理交接手续；发生自然灾害或意外损失时，对受损物品进行清查，以查明受损情况；上级主管部门和财政、审计等部门进行会计检查时，按检查要求和范围进行财产清查以验证会计资料的可靠性与内部控制情况；企业撤销、合并、分立、改制或发生隶属关系变化时，进行财产清查，以明确经济责任；进行临时性清产核资时，进行财产清查，以便摸清家底。

定期清查和不定期清查的范围应视具体情况而定，既可以是全部清查，也可以是局部清查。

（三）按照财产清查的执行系统不同分类

财产清查按清查的执行系统不同，可分为内部清查和外部清查。

1. 内部清查

内部清查是由本企业内部自行组织清查工作小组所进行的财产清查工作。大多数财产清查属于内部清查。

2. 外部清查

外部清查是由上级主管部门、审计机关、司法部门、注册会计师等根据国家有关规定或情况需要对本企业所进行的财产清查。一般而言，进行外部清查时应有本企业相关人员参加。

第二节 财产清查的方法

财产清查的方法

由于货币资金、实物资产和往来款项各有特点与管理要求，在进行财产清查时，应采用与其特点和管理要求相适应的方法。

一、货币资金的清查

货币资金清查的范围和内容包括库存现金、银行存款和其他货币资金。这里重点介绍库存现金、银行存款的清查。

（一）库存现金的清查

库存现金清查是指企业对自身手头持有的现金进行全面、系统的核实和检查的过程。它是企业经营管理中不可或缺的一环，对于确保企业财务的安全和合规性具有重要意义。

库存现金采用实地盘点的方法进行清查。清查时，先对库存现金进行实地盘点确定实际结存数，然后再与库存现金日记账的账面余额进行核对，检查账实是否相符。库存现金清查主要包括两种情况：一是由出纳在每日业务终了时对库存现金进行清点核对，做到日清月结；二是在日清月结的基础上，为加强对出纳工作的监督，由有关领导和人员定期或不定期对库存现金进行清查盘点，以确保库存现金的安全完整。

为了明确经济责任，清查时出纳人员必须在场，并由出纳人员经手盘点，清查人员进行监盘。现钞应逐张查点，一切借条、"白条"、收据不允许抵充现金。同时，清查人员还要认真审核库存现金收付款凭证和账簿记录，检查经济业务的合理性、合法性以及库存现金是否超过限额，有无坐支现金等问题。

库存现金盘点后，应根据盘点的结果及与库存现金日记账核对的情况填制库存现金盘点报告表。库存现金盘点报告表是调整库存现金日记账账面余额的原始凭证，它既起到盘存单的作用，又起到账存实存对比表的作用，相关人员应严肃认真地进行填写。库存现金盘点报告表的一般格式如表7-1所示。

表 7-1　库存现金盘点报告表

单位名称：　　　　　　　　　　　　　　　　　　　　　　　　　　　　　年　　月　　日

实存金额	账存金额	实存与账存对比		备注
		盘盈	盘亏	

出纳员：（签章）　　　　　　　　　　　监盘人（签章）：　　　　　　　　　负责人（签章）：

（二）银行存款的清查

【课堂讨论】

　　新锐家具有限责任公司财务人员在进行对账的过程中发现，2024 年 6 月 30 日，公司的银行存款日记账余额为 152 万元，但从银行打印的银行对账单上却显示银行存款余额为 148.7 万元。银行存款日记账余额和对账单上余额不一致，一定是账簿登记错了吗？有哪些原因会导致两者不一致？该怎样查找产生差异的原因？

　　银行存款的清查是一种审查银行存款的账户数、存款数、存款数是否正常等信息的活动。这种清查一般采用核对法，即将开户银行定期送来的对账单与本单位的银行存款日记账逐笔进行核对。通常将登记的银行存款日记账与开户银行转来的对账单逐笔核对增减数额和同一日期的余额。通过核对，两个方面的原因会造成双方账目不一致：一是双方账目可能发生的错账、漏账；二是未达账项。

　　对于错账、漏账，属于企业方面的，经确定后应立即予以更正；属于银行方面的，应通知银行予以更正。

　　未达账项是企业与银行取得凭证的实际时间不同，记账时间不一致，导致账项上的差异。企业与开户银行之间就同一笔经济业务而言，一方已经入账，而另一方还没有登记入账的事项，主要有以下四种情形：

　　（1）企业已收，银行未收款。例如，企业销售产品收到支票，送存银行后即可根据银行盖章退回的进账单回联单，登记银行存款的增加，而银行则不能马上记增加，要等款项收妥后再记增加，如果此时对账，则形成企业已收，银行未收款。

　　（2）企业已付，银行未付款。例如，企业开出一张支票支付购料款，企业可根据支票存根、发票及收料单等凭证，登记银行存款的减少，而此时银行由于尚未接到支付款项的凭证尚未登记银行存款减少，如果此时对账，则形成企业已付，银行未付款。

　　（3）银行已收，企业未收款。例如，外地某单位给企业汇来款项，银行收到汇款单后，马上登记存款增加，企业由于尚未收到汇款凭证尚未登记银行存款增加，如果此时对账，则形成银行已收，企业未收款。

（4）银行已付，企业未付款。例如，银行代企业支付款项（如电话费、水电费等公共事业费），银行已取得支付款项的凭证已登记存款减少，企业由于尚未接到凭证尚未登记银行存款减少，如果此时对账，则形成银行已付，企业未付款。

上述任何一种未达账项存在，都会使企业银行存款日记账余额与银行转来对账单的余额不符。因此，企业在与银行对账时，应先查明有无未达账项，如果有未达账项可编制银行存款余额调节表，对未达账项进行调整后，再确定企业与银行双方记账是否一致，双方的账面余额是否相符。

现举例说明银行存款余额调节表的具体编制方法。

【例 7-1】2024 年 6 月 30 日，新锐家具有限责任公司银行存款日记账余额为 152 万元，银行对账单余额为 148.7 万元。经逐笔核对，发现有几笔未达账项：

（1）企业开出一张支票 0.2 万元购买办公用品，企业已登记入账，但银行尚未登记入账。

（2）企业将销售商品收到的转账支票 5 万元存入银行，企业已登记入账，但银行尚未登记入账。

（3）银行受托代企业支付水电费 0.5 万元，银行已经登记入账，但企业尚未收到付款通知单、未登记入账。

（4）银行已收到外地汇入货款 2 万元登记入账，但企业尚未收到收款通知单、未登记入账。

基于以上业务编制银行存款余额调节表，如表 7-2 所示。

表 7-2　银行存款余额调节表

2024 年 6 月 30 日　　　　　　　　　　　　　　　　　　　单位：元

银行存款日记账（企业）	金额	银行存款日记账（银行）	金额
银行存款日记账余额	1 520 000	银行对账单余额	1 487 000
加：银行已收，企业未收	20 000	加：企业已收，银行未收	50 000
减：银行已付，企业未付	5 000	减：企业已付，银行未付	2 000
调节后的余额	1 535 000	调节后的余额	1 535 000

从表 7-2 中可以看出，表中左、右两方调节后的金额相等，这说明该企业的银行存款日记账的记账基本正确；否则，说明记账有错误，应该进一步查明原因，予以更正。经过调节后的余额，既不是本企业的银行存款账面余额，也不是银行的本企业银行存款账面余额，但属于企业可以动用的银行存款实有数。

需要注意的是，编制的银行存款余额调节表只起对账的作用，不能以银行存款余额调节表作为原始凭证来调整银行存款的账面记录，各项未达账项应在收到实际收付款原始凭证时入账。银行存款的清查方法也适用于其他货币资金和银行借款。

二、实物资产的清查

实物资产包括固定资产、原材料、在产品、产成品等，实物资产的清查是对这些实物资产在数量和质量上所进行的清查。对实物资产通常采用的清查方法有以下几种。

（一）实地盘点法

这是一种通过逐一清点或使用计量器具来衡量实物资产实际结存数量的方法。它适用于容易清点或计量的财产物资以及现金等货币资金的清查，如原材料、包装物、库存商品、固定资产等。实地盘点法的优点是计量准确、直观，但工作量较大。

（二）技术推算法

这种方法采用推算的方式和量方、计尺等技术方法，按数据计算出各项财产物资的实际数量。它适用于大量成堆、难以逐一清点的财产物资，如煤炭、矿石等。虽然这种方法的计量结果可能存在一定的误差，但它可以大大简化清查过程。

（三）资料查阅法

资料查阅法是通过查阅相关的资料记录来清查实物资产的，如查阅固定资产原始账目、资产验收单，以及相关合同和协议等。这种方法可以帮助快速了解资产的基本情况和数量。

（四）抽查盘点法

抽查盘点法是对清查中包装完整的商品或物资按大件清点、抽查细点的一种方法。

（五）电子扫描法

对于较为简单的资产信息，企业可以采用电子扫描方法进行清查。例如，通过二维码或 RFID 标签快速读取资产信息并进行统计，达到快速清查的目的。这种方法适用于大规模、标准化管理的资产。

对实物资产的数量进行清查的同时，还应对实物资产的质量进行鉴定，根据不同的实物资产采用不同的鉴定方法，如物理法、化学法和直接观测法等。需要注意的是，在进行实物资产清查时，应确保清查人员具备相关知识和技能，并遵循一定的操作规范，确保清查过程的准确性和完整性，以便为后续的资产管理提供可靠的数据支持。

为了明确经济责任，清查时实物保管或使用人员必须在场，并由实物保管或使用人员经手盘点，清查人员进行监盘。对各项实物资产的盘点结果，应登记在盘存单上，由保管或使用人员、监盘人员以及相关负责人共同签章。盘存单是实物资产盘点结果的书面证明，也是反映实物资产实存数量的原始证据。盘存单的一般格式如表 7-3 所示。

表 7-3　盘存单

单位（部门）名称：　　　　　　　　　盘点时间：
资产类别：　　　　　　　　　　　　　存放地点：　　　　　　　　　　　编号：

编号	名称	计量单位	实存数量	单价	金额	备注

保管人（签章）：　　　　　　　　监盘人（签章）：　　　　　　　　负责人（签章）：

为了核实盘点结果与账面结存余额是否相符，应根据盘存单及账簿记录编制实存账存对比表。这份对比表在财产清查过程中发挥着关键作用，它不仅是一份重要的报告表，还是调整账面记录的原始凭证。更重要的是，通过对比表，企业可以深入分析盈亏的原因，明确经济责任，为后续的资产管理决策提供有力支持。因此，在实物资产清查过程中，编制实存账存对比表是必不可少的一环。实存账存对比表的格式如表7-4所示。

表7-4 实存账存对比表

单位（部门）名称：　　　　　　　　　年　　月　　日

编号	类别及名称	计量单位	单价	实存		账存		差异				备注
								盘盈		盘亏		
				数量	金额	数量	金额	数量	金额	数量	金额	

保管人（签章）：　　　　　　　　会计（签章）：　　　　　　　　制表（签章）：

三、往来款项的清查

往来款项（债权债务）的清查主要是对企业的应收账款、应付账款、预收账款、预付账款以及其他应收款、其他应付款等往来款项进行核对和审查，以确认这些款项的准确性和完整性。

往来款项的清查工作，通常是通过发函询证的方式与对方单位进行账目核对。在进行清查之前，企业需要确保自身的往来账目准确无误，这是进行后续核对工作的基础。在确认无误后，企业会向对方单位填发对账单，以对双方的往来款项进行核对。对账单应按明细账逐笔抄列，一式两联，其中一联作为回单，对方单位如核对相符，应在回单上盖章后退回；如核对不相符，应将不符情况在回单上注明或另抄对账单退回，作为进一步核对的依据。往来款项对账单的格式和内容如图7-3所示。

往来款项对账单

_____单位：

　　你单位20×1年×月×日购入我公司××产品××台,已付款项×××元,尚有×××元货款未付,请核对后将回单联寄回。

核查单位:(盖章)
20×1年×月×日

请沿此虚线裁开,将以下回单联寄回。

- -

往来款项对账单(回单联)

_____核查单位：

　　你单位寄来的"往来款项对账单"已经收到,经核对

相符□

不符□,款项内容和金额应为：_____

×××单位(盖章)
20×1年×月×日

图7-3　往来款项对账单

清查单位根据结果填制往来款项清查表，格式如图 7-4 所示。

往来款项清查表							
总分类账户名称：			20×1年×月×日				
明细分类账户		清查结果		核对不符的原因分析			备注
名称	账面余额	核对相符金额	核对不符金额	未达账项金额	有争议款项金额	其他	

清查人员（签章）：　　　　　会计（签章）：　　　　　制表（签章）：

图 7-4　往来款项清查表格式示例

通过往来款项的清查，企业要及时催收应收回的款项，偿还应支付的款项，对呆账和有争议的款项应及时进行处理。同时，企业应加强对往来款项的管理力度，通过严格的管理措施，减少坏账损失的发生，确保企业财务的健康与稳定。

第三节　财产清查结果的处理

财产清查结果的处理

一、清查结果处理的基本含义

财产清查是对各项财产物资进行实地盘点和核对，查明财产物资、货币资金和结算款项的实有数额，确定其账面结存数额和实际结存数额是否一致，以保证账实相符的一种会计专门方法。其结果的基本含义主要包括以下三种情况：

（1）实存数大于账存数，即盘盈。这表示实际存在的财产物资数量或金额大于账面记录的数量或金额，可能是由未记录的购入、错误的支出记录或者其他因素导致的。

（2）实存数小于账存数，即盘亏。这表示实际存在的财产物资数量或金额少于账面记录的数量或金额，可能是由盗窃、损失、错误的收入记录或者其他因素导致的。

（3）实存数等于账存数，账实相符。这表示实际存在的财产物资数量或金额与账面记录的数量或金额完全一致，说明财产物资的管理和记录是准确的。

财产清查结果的处理对于企业的财务管理至关重要，它可以帮助企业及时发现问题，调整管理策略，确保财产物资的安全和完整，提高资金使用效益。同时，财产清查也是内部牵制制度的一个重要组成部分，有助于定期确定内部牵制制度执行是否有效。

二、财产清查结果的处理程序

财产清查结果的处理程序主要包括以下步骤。

（1）核准数字，查明原因。根据清查情况，编制全部清查结果的实存账存对比表（或称财产盈亏报告单）。对各项差异产生的原因进行分析，明确经济责任，据实提出处理意见，并呈报有关领导和部门批准。对于债权债务在核对过程中出现的争议问题，应及时组织清理；对于超储积压物资，应及时提出处理方案。

（2）调整账簿，做到账实相符。在核准数字、查明原因的基础上，根据财产盈亏报告单编制记账凭证，并据以登记账簿，使各项财产物资做到账实相符。这一步骤的目的是确保账簿记录与实际财产情况一致。

（3）经批准，进行账务处理。当有关领导部门对所呈报的财产清查结果提出处理意见后，应严格按批复意见进行账务处理。这包括编制记账凭证，登记有关账簿，并追回由责任者个人原因造成的损失。对于坏账损失及无法偿还的债务，应按规定进行账务处理，如采用直接核销法或备抵法进行坏账处理。

此外，在审批前，企业应根据清查结果报告表、盘点报告表等数据资料，编制记账凭证，记入有关账簿，使账簿记录与实际盘存数相符。但在批准前，对于应收而收不回的应收款项、应付而无法支付的应付款项，不做调整账簿记录，待批准后再作处理。同时，根据企业的管理权限，将财产清查结果及处理建议报送股东大会或董事会等类似机构批准。

三、财产清查账务处理

（一）账户设置

为了反映财产清查的结果及其处理情况，企业应设置"待处理财产损溢"这一暂记账户。"待处理财产损溢"账户用于核算企业在财产清查中发现的盘盈、盘亏或毁损，在查明原因之前暂时运用以保证账实相符，在查明原因报经批准后予以转销的事项。"待处理财产损溢"账户的借方登记发生的待处理财产盘亏或毁损额以及经批准转销的待处理财产盘盈额，贷方登记发生的待处理财产盘盈额以及报经批准转销的待处理财产盘亏或毁损额。为了分别反映企业固定资产和流动资产的盘盈、盘亏或毁损情况，"待处理财产损溢"总账账户下，可以按照资产的类别设置"待处理流动资产损溢"和"待处理固定资产损溢"两个明细账户，进行明细分类核算。对于财产清查发现的各种财产损溢，企业应查明原因，并按管理权限与规定的程序报批后，在期末结账前处理完毕，因此，期末账户通常无余额。"待处理财产损益"账户结构如图7-5所示。

待处理财产损溢（暂记账户）

①财产物资的盘亏、毁损额 ②转销已处理的财产物资的盘盈额	①财产物资的盘盈额 ②转销财产物资的盘亏、毁损额

图 7-5 "待处理财产损溢"账户结构

清查过程中发现的货币资金、流动资产的盘盈或盘亏以及固定资产盘亏的结果通过"待处理财产损溢"账户进行暂记核算，发现的固定资产盘盈以及往来款项的清查结果不通过这一账户核算。

（二）财产物资盘盈的账务处理

1. 库存现金盘盈的账务处理

企业在库存现金清查中，若发现库存现金溢余，除了设法查明原因，还应及时根据库存现金盘点报告表进行会计处理。会计人员应使账实相符，按照盘盈金额借记"库存现金"账户，贷记"待处理财产损溢——待处理流动资产损溢"账户。

经过查明原因后，根据盘盈的具体情况进行处理。如果应支付给其他单位或个人的，应记入"其他应付款"账户；对于无法查明原因的，则记入"营业外收入"账户。

【例 7-2】2024 年 12 月 31 日，新锐家具有限责任公司在清查库存现金时发现盘盈 500 元。根据库存现金盘点报告表编制如下会计分录：

借：库存现金　　　　　　　　　　　　　　　　　　　500
　　贷：待处理财产损溢——待处理流动资产损溢　　　　　　　500

经审核批准，上述多余的现金，无法查明原因，转作营业外收入。

借：待处理财产损溢——待处理流动资产损溢　　　　500
　　贷：营业外收入　　　　　　　　　　　　　　　　　　　500

2. 存货盘盈的账务处理

存货盘盈是指在财产清查中，通过实地盘存核实发现的存货的实有数大于其账面数。

在报经批准前，根据账存实存对比表所列金额，借记"原材料""库存商品"等账户，贷记"待处理财产损溢——待处理流动资产损溢"账户。报经批准后，对于盘盈的存货，一般是由企业日常收发计量或计算上的差错造成的，应借记"待处理财产损溢——待处理流动资产损溢"账户，贷记"管理费用"账户。

【例 7-3】新锐家具有限责任公司在 2024 年年末的财产清查中盘盈 A 材料 90 千克，每千克成本为 10 元，共计 9 000 元。根据实存账存对比表所确定的盘盈数量及金额，编制如下会计分录：

借：原材料——A 材料　　　　　　　　　　　　　　9 000
　　贷：待处理财产损溢——待处理流动资产损溢　　　　　　9 000

经批准，上述多余的材料，冲减管理费用。根据上级批准意见，编制如下会计分录：

借：待处理财产损溢——待处理流动资产损溢　　　　9 000
　　贷：管理费用　　　　　　　　　　　　　　　　　　　9 000

3. 固定资产盘盈的账务处理

固定资产盘盈是指在财产清查中发现的未曾入账或实存数超过账面数额的固定资产。根据《企业会计准则第 28 号——会计政策、会计估计变更和差错更正》的第 11 条规定，企业盘盈的固定资产应作为前期差错处理，通过"以前年度损益调整"账户进行核算，即按盘盈固定资产的重置完全价值减去按其新旧程度估计的价值损耗后的余额，借记"固定资产"账户，贷记"以前年度损益调整"账户。

【例 7-4】新锐家具有限责任公司在年终财产清查时，发现账外机器设备一台，其重置成本为 7 000 元。根据实存账存对比表所确定的盘盈数量及金额，编制如下会计分录：

借：固定资产　　　　　　　　　　　　　　　　　　7 000
　　贷：以前年度损益调整　　　　　　　　　　　　　　　7 000

假设企业所得税税率为 25%，按净利润的 10% 计提法定盈余公积，不考虑增值税及其他因素的影响。计算调整应缴纳的所得税，编制如下会计分录：

借：以前年度损益调整   7 000

    贷：应交税费——应交企业所得税   1 750

        盈余公积——法定盈余公积   525

        利润分配——未分配利润   4 725

（三）财产物资盘亏的账务处理

1. 库存现金盘亏的账务处理

在库存现金清查中，发现库存现金短缺时，需设法查明原因，及时跟进库存现金盘点报告表进行会计处理。按盘亏的金额，借记"待处理财产损溢——待处理流动资产损溢"账户，贷记"库存现金"账户。查明原因并报经批准后，按可收回的保险赔偿或过失人的金额，借记"其他应收款"账户；按无法查明原因等管理不善造成的净损失金额，借记"管理费用"账户；按自然灾害等原因造成净损失的金额，借记"营业外支出"账户；按盘亏的金额，贷记"待处理财产损溢——待处理流动资产损溢"账户。

【例 7-5】2024 年 12 月 31 日，新锐家具有限责任公司在财产清查中发现库存现金短缺 300 元。根据库存现金盘点报告表编制如下会计分录：

借：待处理财产损溢——待处理流动资产损溢   300

    贷：库存现金   300

经核查，上述现金短缺的处理结果为：200 元属出纳王五的责任，其余 100 元无法查明原因。报经批准后，编制如下会计分录：

借：其他应收款——王五   200

     管理费用   100

    贷：待处理财产损溢——待处理流动资产损溢   300

2. 存货盘亏或毁损的账务处理

存货盘亏是指在财产清查中，通过实地盘点后存货的账面结存数大于实际结存数的情况。企业根据存货盘存报告单编制会计分录，借记"待处理财产损溢——待处理流动资产损溢"账户，贷记"原材料""周转材料""库存商品"等账户。

由于种类繁多、收发频繁，在日常收发中，存货可能会发生计量差错和记账差错；在保管过程中，可能发生自然损耗，也可能由于其他原因造成损失等。所以在处理时，企业应根据不同情况，作不同会计处理。企业需要进一步查明盘亏的原因，根据原因的不同，处理方式也会有所差异。

对于应由过失人赔偿的损失，应借记"其他应收款"账户，贷记"待处理财产损溢——待处理流动资产损溢"账户。

对于自然灾害等不可抗拒的原因而发生的存货损失，即非正常损失，应借记"营业外支出——非常损失"账户，贷记"待处理财产损溢——待处理流动资产损溢"账户。

对于无法收回的其他损失，经批准后记入"管理费用"账户，借记"管理费用"账户，贷记"待处理财产损溢——待处理流动资产损溢"账户。

对于定额内损耗以及存货日常收发计量上的差错，即正常损失，经批准后转作管理费用，借记"管理费用"账户，贷记"待处理财产损溢——待处理流动资产损溢"账户。

【例 7-6】新锐家具有限责任公司在 2024 年年末财产清查中发现乙材料短缺 2 000 元。根据实存账存对比表所确定的盘亏数量及金额，编制如下会计分录：

借：待处理财产损溢——待处理流动资产损溢　　　　　　　　2 000

　　贷：原材料——乙材料　　　　　　　　　　　　　　　　　　　2 000

经核查，上述盘亏材料的处理结果为：1 800 元属定额内自然损耗；200 元属保管人员保管不善造成。报经批准后，编制如下会计分录：

借：管理费用　　　　　　　　　　　　　　　　　　　　　1 800

　　其他应收款　　　　　　　　　　　　　　　　　　　　　200

　　贷：待处理财产损溢——待处理流动资产损溢　　　　　　　　2 000

3. 固定资产盘亏的账务处理

固定资产盘亏是指在财产清查中发现的有账无物或实际数小于账面数的固定资产。企业发生固定资产盘亏时，按照盘亏固定资产的净值，借记"待处理财产损溢"账户，按已提累计折旧额借记"累计折旧"账户，按固定资产原值贷记"固定资产"账户；盘亏的固定资产报经批准转销时，借记"营业外支出"账户，贷记"待处理财产损溢"账户。

【例 7-7】新锐家具有限责任公司在财产清查中，发现短缺设备一台，其原值为 12 000 元，已提折旧 2 000 元。批准前根据盘存单和实存账存对比表，编制如下会计分录：

借：待处理财产损溢——待处理固定资产损溢　　　　　10 000

　　累计折旧　　　　　　　　　　　　　　　　　　　　2 000

　　贷：固定资产　　　　　　　　　　　　　　　　　　　　　12 000

经批准，上述固定资产转作营业外支出处理。编制会计分录：

借：营业外支出　　　　　　　　　　　　　　　　　　10 000

　　贷：待处理财产损溢——待处理固定资产损溢　　　　　　　10 000

【拓展思考】

随着数字化时代的到来，财产清查的方式正经历着前所未有的变革。区块链技术以其去中心化、透明性和不可篡改性的特点，为财产清查提供了全新的视角。通过区块链，企业可以确保每一笔交易都被准确记录，提高了财产清查的效率和准确性。同时，大数据技术的应用也使得企业能够更快速地分析海量数据，从而发现潜在的风险和机会。

然而，数字化时代也带来了新的挑战。如何确保数据安全、如何有效整合各种数据源、如何培养具备数字化素养的会计人员等问题亟待解决。请你谈一谈作为会计从业人员该如何来应对这些挑战。

本章小结

本章主要介绍了财产清查在企业管理中的重要性及其具体实施方法。财产清查不仅是确保企业资产信息真实性和完整性的关键手段，更是预防和揭露企业财务舞弊、保障企业财务稳健与声誉的重要举措。

1. 财产清查的概念与意义

财产清查是指对货币资金、实物资产及往来款项进行盘点和核对，以查明各项财产物资实存数，并与账面数进行核对，确保账实相符。其意义在于确保核算资料的真实可靠、健全财产物资的管理制度、促进财产物资的安全完整及有效使用，以及保证结算制度的贯彻执行。

2. 财产清查的种类

财产清查按清查对象和范围的不同，可分为全面清查与局部清查；按清查的时间不同，可分为定期清查与不定期清查；按清查的执行系统不同，可分为内部清查和外部清查。

3. 财产清查的方法

库存现金清查采用实地盘点法，银行存款清查采用核对法，并编制银行存款余额调节表。实物资产清查采用实地盘点法、技术推算法、资料查阅法、抽查盘点法、电子扫描法等。往来款项清查通过发函询证的方式与对方单位进行账目核对。

4. 财产清查结果的处理

财产清查处理程序包括核准数字、查明原因、调整账簿、进行账务处理。设置"待处理财产损溢"账户，用于核算财产清查中的盘盈、盘亏或毁损情况。对盘盈、盘亏的财产物资，根据具体情况进行账务处理，如库存现金盘盈计入营业外收入，存货盘盈冲减管理费用，固定资产盘盈通过"以前年度损益调整"账户处理，盘亏则根据原因分别计入管理费用、营业外支出等。

课后习题

一、单选题

1. 财产清查的主要目的是（　　　　）。

　　A. 确定财产数量　　　　　　　　　　B. 确定财产价值

　　C. 保证账实相符　　　　　　　　　　D. 评估财产风险

2. 下列各项中，不属于财产清查范围的是（　　　　）。

　　A. 库存现金　　　　B. 银行存款　　　　C. 应付账款　　　　D. 固定资产

3. 在财产清查中，对盘盈的固定资产处理为（   ）。

    A. 直接计入当期损益　　　　　　　B. 增加固定资产原值

    C. 减少固定资产累计折旧　　　　　D. 转入其他应收款

4. 银行存款余额调节表的主要作用是（   ）。

    A. 登记银行存款日记账　　　　　　B. 编制银行存款余额调节表

    C. 核对银行存款账目　　　　　　　D. 反映企业实际现金余额

5. 下列各项中，不属于财产清查基本程序的是（   ）。

    A. 成立清查小组　　　　　　　　　B. 制订清查计划

    C. 编制财务报表　　　　　　　　　D. 编制清查报告

6. 对无法收回的应收账款，应（   ）。

    A. 转为其他应收款　　　　　　　　B. 计入坏账准备

    C. 直接冲减营业收入　　　　　　　D. 计入营业外支出

7. 在财产清查中，对盘亏的原材料处理为（   ）。

    A. 直接计入当期损益　　　　　　　B. 增加原材料库存

    C. 转入其他应收款　　　　　　　　D. 计入生产成本

8. 财产清查报告应由（   ）负责编制。

    A. 财务部门　　　　B. 仓库管理员　　　　C. 审计人员　　　　D. 总经理

二、多选题

1. 财产清查的作用包括（   ）。

    A. 保证账实相符

    B. 揭示财产物资使用中存在的问题

    C. 监督财产物资的安全完整

    D. 核定企业盈亏

2. 下列各项中，属于财产清查方法的有（   ）。

    A. 实地盘点法　　　　　　　　　　B. 函证法

    C. 核对账目法　　　　　　　　　　D. 估计法

3. 财产清查中的实地盘点法通常适用于（   ）。

    A. 库存现金　　　　　　　　　　　B. 银行存款

    C. 库存商品　　　　　　　　　　　D. 应收账款

4. 财产清查中，对于银行存款的清查应进行（   ）。

    A. 核对银行存款日记账与银行对账单

    B. 编制银行存款余额调节表

    C. 实地盘点银行存款

    D. 函证银行存款余额

5. 财产清查中，对于应收账款的清查的步骤有（　　　）。

A. 核对应收账款明细账

B. 编制应收账款账龄分析表

C. 实地盘点应收账款

D. 函证应收账款余额

三、判断题

1. 财产清查是保证账实相符的唯一方法。　　　　　　　　　　（　　）

2. 实地盘点法只适用于有形资产的清查。　　　　　　　　　　（　　）

3. 银行存款余额调节表是原始凭证，可以作为记账依据。　　　（　　）

4. 财产清查中发现的盘盈或盘亏，都应直接计入当期损益。　　（　　）

5. 财产清查报告应由企业内部审计部门负责编制。　　　　　　（　　）

四、业务分析题

1. 大华公司在年终进行财产清查时，发现以下问题：

（1）库存现金比账面少 200 元，初步怀疑是出纳的疏忽造成的。

（2）仓库中的原材料盘盈 500 元，经查实是前期进货时多计入库存造成的。

（3）在与银行对账时，发现有一笔应收账款 3 000 元已被银行收妥，但公司尚未收到银行通知，也未在账上记录。

要求：根据上述清查结果，编制相应的会计分录，并说明每项清查结果对财务报表的潜在影响。

2. 大华公司在进行固定资产清查时，发现以下情况：

（1）一台设备因技术落后被提前报废，原价为 100 000 元，已提折旧 80 000 元，净残值为0。

（2）另一台设备盘亏，原价为 50 000 元，已提折旧 20 000 元，尚未找到原因。

（3）盘点过程中发现一台设备原值记录错误，实际价值比账面少 3 000 元。

要求：根据上述清查结果，编制相应的会计分录，并说明每项清查结果对财务报表的潜在影响。

第八章

财务会计报告

学习目标 ....

1. 理解企业财务会计报告构成体系。

2. 掌握资产负债表的原理及其编制。

3. 掌握利润表的原理及其编制。

4. 明确现金流量表的原理及表中各项目的含义。

5. 认识所有者权益变动表的格式。

6. 了解财务报表附注的作用。

知识地图及思政元素

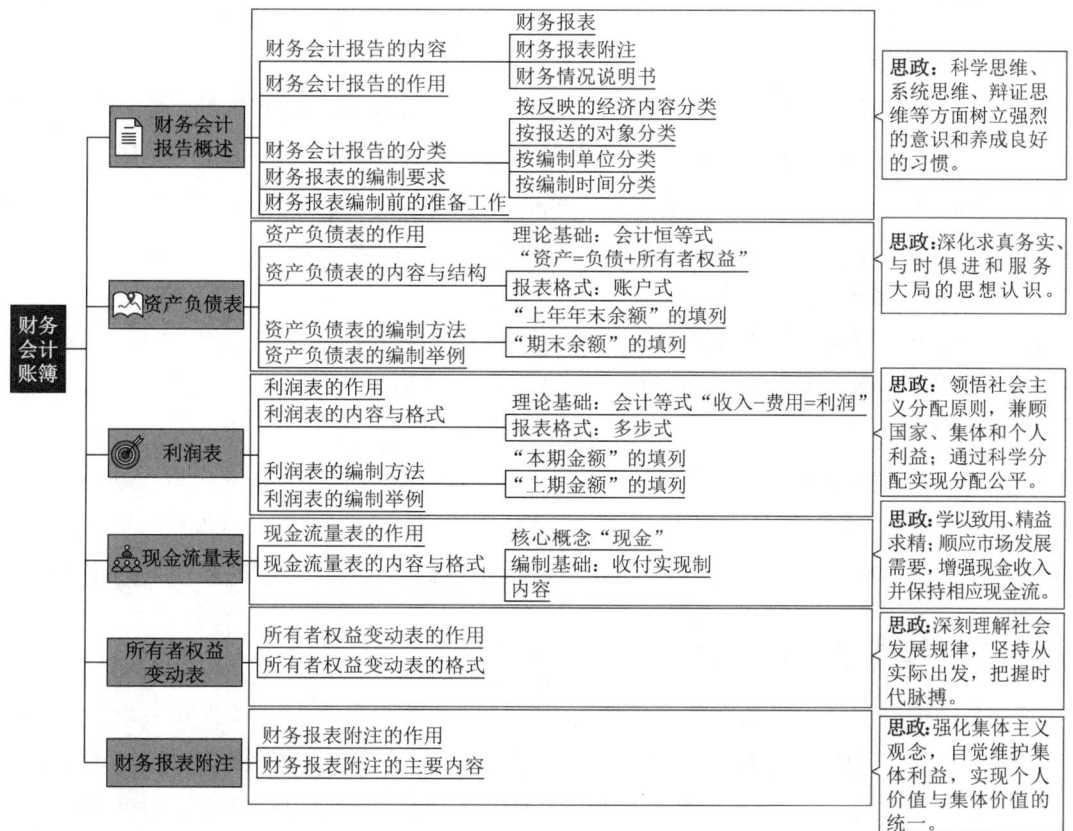

案例讨论

湖南丽臣股份有限公司为制造业企业,是增值税一般纳税人。2024年,该公司财务部及时对企业的经济活动进行了相应的会计确认与计量,通过填制与审核后的会计凭证将湖南丽臣股份有限公司的经济活动转换为会计信息并登记会计账簿系统。2024年年末,为了解企业的财务状况,总结一年的经营结果,需要为湖南丽臣股份有限公司编制年度财务报告。

【思考1】企业的年度财务会计报告包括哪些内容?

【思考2】企业在编制财务会计报告前需要做哪些准备工作?

【思考3】编制财务报表有哪些基本要求?

【思考4】编制企业的资产负债表与利润表需要重点注意哪些问题?

第一节 财务会计报告概述

财务会计报告又称财务报告,是财务报表、财务报表附注和财务情况说明书等文件的统称。

一、财务会计报告的内容

（一）财务报表

财务报表是财务会计报告的主体和核心，是指企业以一定的会计方法依据会计账簿的数据编制而成，能够反映企业财务状况、经营成果和现金流量。企业财务报表主要分为资产负债表、利润表、现金流量表、所有者权益（或股东权益）变动表。财务会计报告里的相关附表是对主报表的补充说明，如利润分配表以及国家统一会计制度规定的其他附表。

（二）财务报表附注

财务报表附注对财务报表起到解释说明的作用，方便财务报表使用者理解财务报表。财务报表附注是财务会计报告的一个重要组成部分。

（三）财务情况说明书

财务情况说明书是企业分析总结对通常为一年的时期的财务、成本等情况的说明。财务情况说明书通常讲述过去一年企业的财务、预算、成本的情况以及存在问题，企业资产、现金的使用情况及增减变化的原因，为企业改善经营管理、提高经济效益等方面提供建议。

二、财务会计报告的作用

财务会计报告的目标是向财务报告使用者提供与企业财务状况、经营成果和现金流量等有关的会计信息，反映企业管理层受托责任履行情况，有助于财务报告使用者作出经济决策。

（1）财务报告提供的会计信息是企业内部改善经营管理、作出正确决策的重要依据。

（2）财务报告提供的会计信息是企业的投资者和债权人进行正确决策的依据。

（3）财务报告提供的会计信息是企业的上级主管部门和国家宏观管理部门进行宏观管理的重要依据。

三、财务会计报告的分类

财务会计报告的分类主要是指财务报表的分类。财务报表可按如下标准进行分类。

（一）按财务报表反映的经济内容分类

按反映的经济内容的不同，财务报表可以分为静态报表和动态报表。

静态报表是指综合反映企业某一特定日期资产、负债和所有者权益状况的报表，如资产负债表；动态报表是指综合反映企业一定期间的经营成果或现金流量情况的报表，如利润表、现金流量表。

（二）按财务报表的报送对象分类

按报送对象的不同，财务报表可以分为内部报表和外部报表。

内部报表是指为满足企业内部经营管理需要而编制的财务报表，无须对外公开，所以没有规定统一的格式和编制要求；外部报表是指企业对外提供的财务报表，主要供投资者、债权人、政府部门和社会公众等有关方面使用，《企业会计准则》对其规定了统一的格式和编制要求。

（三）按财务报表的编制单位分类

按编制单位的不同，财务报表可以分为单位报表和合并报表。

单位报表是指由企业在自身会计核算的基础上，对账簿记录进行汇总编制的财务报表；合并报表是指以母公司和子公司组成的企业集团为会计主体，根据母公司和所属子公司的财务报表，由母公司编制的综合反映企业集团财务状况、经营成果及现金流量的财务报表。

（四）按财务报表的编制时间分类

按财务报表编制时间的不同，可以分为月报、季报、半年报和年报。

月报要求简明扼要、及时反映；年报要求揭示完整、反映全面；季报和半年报在披露会计信息的详细程度方面，则介于月报和年报两者之间。半年报、季报和月度财务会计报告统称为中期财务会计报告。季度和月度财务会计报告仅指财务报表，但国家另有要求的，则应按国家要求增加相关资料。

四、财务报表的编制要求

企业应当以持续经营为基础，根据实际发生的交易和事项，按照《企业会计准则——基本准则》和其他各项会计准则的规定进行确认和计量，在此基础上编制财务报表。企业不应以附注披露代替确认和计量，不恰当的确认和计量也不能通过充分披露相关会计政策而纠正。如果按照各项会计准则规定披露的信息不足以让报表使用者了解特定交易或事项对企业财务状况和经营成果的影响时，企业还应当披露其他的必要信息。财务报表具体编制要求如下。

（一）以持续经营为基础编制

企业如有近期获利经营的历史且有财务资源支持，则通常表明以持续经营为基础编制财务报表是合理的。

企业正式决定或被迫在当期或在下一个会计期间进行清算或停止营业的，则表明以持续经营为基础编制财务报表不再合理。在这种情况下，企业应当采用其他基础编制财务报表，并在附注中声明财务报表未以持续经营为基础编制的事实、披露未以持续经营为基础编制的原因和财务报表的编制基础。

（二）采用正确的会计基础

除现金流量表按照收付实现制原则编制外，企业应当按照权责发生制原则编制财务报表。

（三）保持各个会计期间财务报表项目列报的一致性

财务报表项目的列报应当在各个会计期间保持一致，不得随意变更，但下列情况除外：

（1）会计准则要求改变财务报表项目的列报。

（2）企业经营业务的性质发生重大变化或对企业经营影响较大的交易或事项发生后，变更财务报表项目的列报能够提供更可靠、更相关的会计信息。

（四）财务报表列报的重要性原则

重要性是指在合理预期下，财务报表某项目的省略或错报会影响报表使用者据此作出经济决策的，该项目具有重要性。

重要性应当根据企业所处的具体环境，从项目的性质和金额两方面予以判断，且对各项目重要性的判断标准一经确定，不得随意变更。判断项目性质的重要性，应当考虑该项目在性质上是否属于企业日常活动、是否显著影响企业的财务状况、经营成果和现金流量等因素；判断项目金额大小的重要性，应当考虑该项目金额占资产总额、负债总额、所有者权益总额、营业收入总额、营业成本总额、净利润、综合收益总额等直接相关项目金额的比重或所属报表单列项目金额的比重。

财务报表列报的重要性原则如下：

（1）性质或功能不同的项目，应当在财务报表中单独列报，但不具有重要性的项目除外。

（2）性质或功能类似的项目，其所属类别具有重要性的，应当按其类别在财务报表中单独列报。

（3）某些项目的重要性程度不足以在财务报表中单独列示，但对财务报表附注具有重要性，则应当在附注中单独披露。

（五）各财务报表项目之间的金额不得相互抵销

财务报表中的资产项目和负债项目的金额、收入项目和费用项目的金额、直接计入当期利润的利得项目和损失项目的金额不得相互抵销，但其他会计准则另有规定的除外。

（1）一组类似交易形成的利得和损失应当以净额列示，但具有重要性的除外。

（2）资产或负债项目按扣除备抵项目后的净额列示，不属于抵销。

（3）非日常活动产生的利得和损失，以同一交易形成的收益扣减相关费用后的净额列示更能反映交易实质的，不属于抵销。

（六）至少应提供列报项目上一个可比会计期间的比较数据

财务报表的列报项目发生变更的，应当至少对可比期间的数据按照当期的列报要求进行调整，并在附注中披露调整的原因和性质，以及调整的各项目金额。对可比数据进行调整不切实可行的，应当在附注中披露不能调整的原因。

不切实可行，是指企业在作出所有合理努力后仍然无法采用某项会计准则规定。

（七）关于表头信息的规定

财务报表的表头信息应当包含以下内容：

（1）编报企业的名称。

（2）资产负债表日或财务报表涵盖的会计期间。

（3）人民币金额单位。

另外，财务报表是合并财务报表的，应当予以标明。

（八）财务报表的编制期间

财务报表的编制期间通常应遵循一定的会计准则和规定，一般为固定的会计年度，如公历1月1日至12月31日，也可能根据企业的特殊情况或行业要求进行调整，但需在财务报表中明确说明编制期间的起止日期，以确保财务信息的准确性、可比性和及时性。

（九）关于单列项目的规定

财务报表单列项目的规定通常要求对重要的财务信息进行单独列示，以突出其重要性和便于使用者清晰理解财务状况、经营成果等，这些单列项目需符合会计准则和相关法规的要求，并在财务报表中明确界定和披露其含义、计量方法等相关内容。

五、财务报表编制前的准备工作

财务报表编制前的准备工作包括以下事项：

（1）严格审核会计账簿的记录和有关资料。

（2）进行全面财产清查、核实债务，并按规定程序报批，进行相应的会计处理。

（3）按规定的结账日进行结账，结出有关会计账簿的余额和发生额，并核对各会计账簿之间的余额。

（4）检查相关的会计核算是否按照国家统一的会计制度的规定进行。

（5）检查是否存在因会计差错、会计政策变更等原因需要调整前期或本期相关项目的情况等。

第二节 资产负债表

资产负债表
的编制

资产负债表是反映企业在某一特定日期的财务状况的财务报表，也称财务状况表。资产负债表所列报的是资产、负债、所有者权益项目在某时点的数据，故又称为静态报表。

一、资产负债表的作用

资产负债表的作用如下：

（1）提供某一日期资产的总额及其结构，表明企业拥有或控制的资源及其分布、来源情况。

（2）提供某一日期的负债总额及其结构，表明企业未来需要用多少资产或劳务清偿债务以及清偿时间。

（3）反映所有者所拥有的权益，据以判断资本保值增值的情况以及对负债的保障程度。

二、资产负债表的内容与格式

资产负债表以"资产＝负债＋所有者权益"这一会计恒等式为理论基础。在我国，资产负债表采用账户式的格式，即资产列于报表的左侧，负债和所有者权益（股东权益）分别列于报表右侧的上端、下端。在资产负债表中，资产和负债分别按流动性进行列示，所有者权益按照永久性列示。其中：

流动资产是预计在一个正常营业周期中变现、出售或耗用，主要为交易目的而持有，预计在资产负债表日起 1 年内（含 1 年，下同）变现，自资产负债表日起 1 年内，交换其他资产或清偿负债的能力不受限制的现金或现金等价物。非流动资产是指未列入流动资产的资产。

流动负债是预计在一个正常营业周期内清偿，主要为交易或事项而承担的义务，自资产负债表日起 1 年内到期应予以清偿，企业无权自主将清偿推迟至资产负债表日后 1 年以上。非流动负债是指未列入流动负债的负债。

一般企业资产负债表的内容与格式如表 8-1 所示。

表 8-1 资产负债表

会企 01 表

编制单位：　　　　　　　　　　年　　月　　日　　　　　　　　　单位：元

资产	期末余额	上年年末余额	负债和所有者权益（或股东权益）	期末余额	上年年末余额
流动资产：			流动负债：		
货币资金			短期借款		
交易性金融资产			交易性金融负债		
衍生金融资产			衍生金融负债		
应收票据			应付票据		
应收账款			应付账款		
预付款项			预收款项		
其他应收款			合同负债		
存货			应付职工薪酬		
合同资产			应交税费		
持有待售资产			其他应付款		
一年内到期的非流动资产			持有待售负债		
其他流动资产			一年内到期的非流动负债		
流动资产合计			其他流动负债		
非流动资产：			**流动负债合计**		
债权投资			非流动负债：		
其他债权投资			长期借款		
长期应收款			应付债券		
长期股权投资			其中：优先股		
其他权益工具投资			永续债		

（续表）

资产	期末余额	上年年末余额	负债和所有者权益（或股东权益）	期末余额	上年年末余额
其他非流动金融资产			长期应付款		
投资性房地产			预计负债		
固定资产			递延收益		
在建工程			递延所得税负债		
生产性生物资产			其他非流动负债		
油气资产			非流动负债合计		
无形资产			负债合计		
开发支出			所有者权益（或股东权益）：		
商誉			实收资本（或股本）		
长期待摊费用			其他权益工具		
递延所得税资产			其中：优先股		
其他非流动资产			永续债		
非流动资产合计			资本公积		
			减：库存股		
			其他综合收益		
			盈余公积		
			未分配利润		
			所有者权益（或股东权益）合计		
资产总计			**负债和所有者权益（或股东权益）总计**		

三、资产负债表的编制方法

资产负债表"上年年末余额"栏的填列方法：应根据上年年末资产负债表"期末余额"栏内所列数字填列。资产负债表"期末余额"栏的填列方法：主要根据总分类账簿及明细分类账簿记录中的期末余额来填列，各项目余额通过不同方式取得。

（一）资产负债表各项目的填列

这里主要介绍资产负债表中常见项目的填列方法。

（1）"货币资金"项目：根据"库存现金""银行存款""其他货币资金"账户期末余额的合计数填列。

（2）"交易性金融资产"项目：根据"交易性金融资产"账户的相关明细科目期末余额分析填列。自资产负债表日起超过 1 年到期且预期持有超过 1 年的以公允价值计量且其变动计入当期损益的非流动金融资产的期末账面价值，在"其他非流动金融资产"项目反映。

（3）"应收票据"项目：根据"应收票据"账户的期末余额，减去"坏账准备"所属明细账户中相应的有关应收票据计提的坏账准备期末余额后的金额填列。

（4）"应收账款"项目：根据 "应收账款"和"预收账款"所属明细分类账户的期末借方余额合计，减去"坏账准备"所属明细账户中相应的有关应收账款计提的坏账准备期末余额后的金额填列。

（5）"预付款项"项目：根据"预付账款"和"应付账款"账户所属各明细科目的期末借方余额合计数填列。如"预付账款"科目所属有关明细科目期末有贷方余额的，应在资产负债表"应付账款"项目内填列。

（6）"其他应收款"项目：根据"应收股利"和"其他应收款"账户的期末余额合计数，减去"坏账准备"科目中相关坏账准备期末余额后的金额填列。

（7）"存货"项目：根据原材料、生产成本、库存商品、周转材料等科目的期末余额合计数，减去"存货跌价准备"账户期末余额后的金额填列。

（8）"一年内到期的非流动资产"项目：将于1年内（含1年）到期的非流动资产项目金额，如1年内到期的长期应收款。

（9）"其他流动资产"项目：除上述流动资产以外的其他流动资产。根据有关科目的期末余额填列。

（10）"长期股权投资"项目：根据"长期股权投资"账户的期末余额，减去"长期股权投资减值准备"科目期末余额后的金额填列。

（11）"固定资产"项目：根据"固定资产"账户的期末余额，减去"累计折旧"和"固定资产减值准备"账户的期末余额后的金额，以及"固定资产清理"科目的期末余额填列。

（12）"在建工程"项目：根据"在建工程"账户的期末余额，减去"在建工程减值准备"账户的期末余额后的金额，以及"工程物资"账户的期末余额，减去"工程物资减值准备"账户的期末余额后的金额填列。

（13）"短期借款"项目：根据"短期借款"账户的期末余额填列。

（14）"应付票据"项目：根据"应付票据"账户的期末余额填列。

（15）"应付账款"项目：根据"应付账款"和"预付账款"账户所属的相关明细科目的期末贷方余额合计数填列。

（16）"预收款项"项目：根据"预收账款"和"应收账款"账户所属各明细科目的期末货方余额合计数填列。如"预收账款"账户所属有关明细科目有借方余额的，应在资产负债表"应收账款"项目内填列。

（17）"应付职工薪酬"项目：根据"应付职工薪酬"账户期末贷方余额填列。

（18）"应交税费"项目：根据"应交税费"账户的期末贷方余额填列，如"应交税费"账户期末为借方余额，应以"－"号填列。

（19）"其他应付款"项目：根据"应付利息""应付股利"和"其他应付款"账户的期末余额合计数填列。

（20）"一年内到期的非流动负债"项目：根据非流动负债中将于资产负债表日后 1 年内到期部分的金额填列，如将于 1 年内偿还的长期借款。

（21）"长期借款"项目：根据"长期借款"账户所属明细科目的期末余额计算填列。

（22）"实收资本（或股本）"项目：根据"实收资本（或股本）"账户的期末余额填列。

（23）"资本公积"项目：根据"资本公积"账户的期末余额填列。

（24）"盈余公积"项目：根据"盈本公积"账户的期末余额填列。

（25）"未分配利润"项目：根据"本年利润"账户和"利润分配"账户的余额计算填列。未弥补的亏损在本项目内以"－"号填列。

（二）资产负债表的填列方法归纳

（1）根据有关总分类账户的期末余额直接填列：如"交易性金融资产""短期借款""应付票据""应付职工薪酬""应交税费""实收资本""资本公积""盈余公积"等项目。

（2）根据几个总分类账户的期末余额计算填列：如"货币资金""其他应付款"等。

（3）根据有关明细分类账户的期末余额计算填列：如"应收账款""预收账款""预付账款""应付账款"。

（4）根据总分类账户和所属明细分类账户期末余额分析计算填列：1 年内到期的非流动资产列入流动资产，1 年内到期的非流动负债列入流动负债，如 1 年内到期的"长期借款"。

（5）根据总分类账户余额减去其备抵项目后的净额填列：如"固定资产""在建工程""无形资产"等项目。

（6）综合运用上述方法填列：如"存货"项目。

四、资产负债表的编制举例

【例 8-1】新锐家具有限责任公司为制造业企业，属于增值税一般纳税人，现假设该公司 2024 年 12 月 31 日有关账户余额数据如表 8-2 所示，其余有关数据如下：

（1）"长期借款"账户余额中将于 1 年内到期的借款金额为 98 000 元。

（2）"应收账款"账户的有关明细账户余额具体如下：

"应收账款——甲公司"借方余额 680 000 元。

"应收账款——乙公司"借方余额 568 000 元。

"应收账款——丙公司"贷方余额 198 000 元。

"坏账准备——应收账款"贷方余额 5 000 元。

（3）"预付账款"账户的有关明细账户余额具体如下：

"预付账款——A 公司"借方余额 58 000 元。

"预付账款——B 公司"贷方余额 18 000 元。

表 8-2　新锐家具有限责任公司有关账户余额表

2024 年 12 月 31 日　　　　　　　　　　　　　　　　单位：元

账户名称	借方余额	贷方余额
库存现金	38 000	
银行存款	1 782 000	
其他货币资金	80 000	
应收票据	100 000	
应收账款	1 050 000	
坏账准备（应收账款坏账准备）		5 000
应收股利	8 000	
预付账款	40 000	
其他应收款	4 000	
在途物资	80 000	
原材料	250 000	
库存商品	425 000	
生产成本	55 000	
长期股权投资	505 000	
长期股权投资减值准备		4 000
固定资产	1 600 000	
累计折旧		51 000
在建工程	200 000	
无形资产	500 000	
短期借款		100 000
应付票据		400 000
应付账款		1 200 000
预收账款		20 000
其他应付款		5 000
应付职工薪酬		90 000
应付股利		10 000
应交税费		155 000
长期借款		600 000
实收资本		2 600 000
资本公积		500 000
盈余公积		200 000
利润分配		777 000
合计	6 717 000	6 717 000

现将上述数据进行归纳分析后填入资产负债表，分析如下：

（1）"货币资金"项目＝"库存现金"账户期末余额 38 000＋"银行存款"账户期末余额 1 782 000＋"其他货币资金"账户期末余额 80 000＝1 900 000（元）。

（2）"应收票据"项目＝"应收票据"账户期末余额 100 000＝100 000（元）。

（3）"应收账款"项目＝"应收账款"账户期末明细借方余额 1 253 000(680 000＋573 000)－"坏账准备"账户贷方余额 5 000＝1 248 000（元）。

（4）"预付款项"项目＝"预付账款"账户期末明细借方余额 58 000＋"应付账款"账户期末明细贷方余额 0＝58 000（元）。

（5）"其他应收款"项目＝"其他应收款"账户期末余额 4 000＋"应收股利"账户期末余额 8 000＝12 000（元）。

（6）"存货"项目＝"在途物资"账户期末余额 80 000＋"原材料"账户期末余额 250 000＋"库存商品"账户期末余额 425 000＋"生产成本"账户期末余额 55 000＝810 000（元）。

（7）"长期股权投资"项目＝"长期股权投资"账户期末余额 505 000－"长期股权投资减值准备"账户期末余额 4 000＝501 000（元）。

（8）"固定资产"项目＝"固定资产"账户期末余额 1 600 000－"累计折旧"账户期末贷方余额 51 000＝1 549 000（元）。

（9）"应付票据"项目＝"应付票据"账户期末余额 400 000＝400 000（元）。

（10）"应付账款"项目＝"应付账款"账户期末余额 1 200 000＋"预付账款"账户期末明细贷方余额 18 000＝1 218 000（元）。

（11）"预收账款"项目＝"预收账款"账户期末余额 20 000＋"应收账款"账户期末明细贷方余额 198 000＝218 000（元）。

（12）"其他应付款"项目＝"其他应付款"账户期末余额 5 000＋"应付股利"账户期末余额 10 000＝15 000（元）。

（13）"长期借款"项目＝"长期借款"账户期末余额 60 000－长期借款中于 1 年内到期的借款 98 000＝502 000（元）。

根据上述资料，编制新锐家具有限责任公司 2024 年 12 月 31 日的资产负债表，如表 8-3 所示。

表 8-3　资产负债表

编制单位：新锐家具有限责任公司　　　　　2024 年 12 月 31 日

会企 01 表
单位：元

资产	期末余额	上年年末余额	负债和所有者权益（或股东权益）	期末余额	上年年末余额
流动资产：			流动负债：		
货币资金	1 900 000	（略）	短期借款	100 000	（略）
交易性金融资产			交易性金融负债		
衍生金融资产			衍生金融负债		

（续表）

资产	期末余额	上年年末余额	负债和所有者权益（或股东权益）	期末余额	上年年末余额
应收票据	100 000		应付票据	400 000	
应收账款	1 248 000		应付账款	1 218 000	
预付款项	58 000		预收款项	218 000	
其他应收款	12 000		合同负债		
存货	810 000		应付职工薪酬	90 000	
合同资产			应交税费	155 000	
持有待售资产			其他应付款	15 000	
一年内到期的非流动资产			持有待售负债		
其他流动资产			一年内到期的非流动负债	98 000	
流动资产合计	**4 123 000**		其他流动负债		
非流动资产：			**流动负债合计**	**2 294 000**	
债权投资			非流动负债：		
其他债权投资			长期借款	502 000	
长期应收款			应付债券		
长期股权投资	501 000		其中：优先股		
其他权益工具投资			永续债		
其他非流动金融资产			长期应付款		
投资性房地产			预计负债		
固定资产	1 549 000		递延收益		
在建工程	200 000		递延所得税负债		
生产性生物资产			其他非流动负债		
油气资产			非流动负债合计	502 000	
无形资产	500 000		**负债合计**	**2 796 000**	
开发支出			所有者权益（或股东权益）：		
商誉			实收资本（或股本）	2 600 000	
长期待摊费用			其他权益工具		
递延所得税资产			其中：优先股		
其他非流动资产			永续债		
非流动资产合计	**2 750 000**		资本公积	500 000	
			减：库存股		
			其他综合收益		
			盈余公积	200 000	
			未分配利润	777 000	
			所有者权益（或股东权益）合计	**4 077 000**	
资产总计	**6 873 000**		**负债和所有者权益（或股东权益）总计**	**6 873 000**	

利润表的编制

第三节　利润表

利润表又称损益表，是反映企业在一定会计期间的经营成果的财务报表。因其所记载的是一定会计期间的期间数据，故又称动态报表。

一、利润表的作用

利润表的作用如下：

（1）提供本期各项收入与成本费用项目，通过各类收入与费用的配比，有助于了解企业当期的收益情况，评价企业在一定期间的经济活动效益及其盈利质量。

（2）提供企业各类利润的构成信息，有助于了解企业利润的结构，并通过不同时期数字的比较，分析企业的盈利能力和盈利水平，预测企业的盈利趋势。

二、利润表的内容与格式

利润表一般有表首、正表两部分。其中，表首说明报表名称编制单位、编制日期、报表编号、货币名称、计量单位等；正表是利润表的主体，反映形成经营成果的各个项目和计算过程，正表包括的项目主要有营业收入、营业成本、税金及附加、销售费用、管理费用、研发费用、财务费用、资产减值损失、信用减值损失、其他收益、投资收益、公允价值变动收益、资产处置收益、营业利润、营业外收入、营业外支出、利润总额、所得税费用、净利润、其他综合收益的税后净额、综合收益总额、每股收益等。

当前国际上常用的利润表格式有单步式和多步式。单步式利润表是将当期收入总额相加，然后将所有费用总额相加，一次计算出当期收益的方式，其特点是所提供的信息都是原始数据，便于理解。多步式利润表是将各种利润分多步计算求得净利润的方式，便于使用人对企业经营情况和盈利能力进行比较和分析。在我国，企业利润表采用的基本上是多步式结构，即通过对当期的收入、费用、支出项目按性质加以归类，按利润形成的主要环节列示一些中间性利润指标，如营业利润、利润总额、净利润，分步计算当期净损益。

利润表的格式如表 8-4 所示。

表 8-4　利润表

会企 02 表

编制单位：　　　　　　　　　　年　　月　　　　　　　　　　单位：元

项目	本期金额	上期金额
一、营业收入		
减：营业成本		
税金及附加		

（续表）

项目	本期金额	上期金额
销售费用		
管理费用		
研发费用		
财务费用		
其中：利息费用		
利息收入		
资产减值损失		
信用减值损失		
加：公允价值变动收益（损失以"－"号填列）		
投资收益（损失以"－"号填列）		
其中：对联营企业和合营企业的投资收益		
资产处置收益（损失以"－"号填列）		
其他收益		
二、营业利润（亏损以"－"号填列）		
加：营业外收入		
减：营业外支出		
三、利润总额（亏损以"－"号填列）		
减：所得税费用		
四、净利润（亏损以"－"号填列）		
五、其他综合收益的税后净额		
（一）以后不能重分类进损益的其他综合收益		
（二）以后将重分类进损益的其他综合收益		
六、综合收益总额		
七、每股收益：		
（一）基本每股收益		
（二）稀释每股收益		

三、利润表的编制方法

（一）利润表编制的步骤

我国企业多步式利润表的编制主要分五个步骤完成：

（1）以营业收入为基础，减去营业成本、税金及附加、销售费用、管理费用、研发费用、财务费用、资产减值损失、信用减值损失，加上其他收益、投资收益（或减去投资损失）、公允价值变动收益（或减去公允价值变动损失）、加上资产处置收益（或减去资产处置损失），计算出营业利润。

（2）以营业利润为基础，加上营业外收入，减去营业外支出，计算出利润总额。

（3）以利润总额为基础，减去所得税费用，计算出净利润（或净亏损）。

（4）以净利润（或净亏损）为基础，计算每股收益。

（5）以净利润（或净亏损）和其他综合收益为基础，计算综合收益总额。

利润表各项目均需填列"本期金额"和"上期金额"两栏，其中"上期金额"栏内各项数字，应根据上年同期利润表的"本期金额"栏内所列数字填列。"本期金额"栏内各期数字，除"基本每股收"和"稀释每股收益"项目外，其他应当按照相关科目的发生额分析填列。例如，"营业收入"项目，根据"主营业务收入""其他业务收入"账户的发生额分析计算填列；"营业成本"项目根据""主营业务成本""其他业务成本"账户的发生额分析计算填列。

（二）利润表各项目的填列

（1）"营业收入"项目，反映企业经营主要业务所取得的收入总额。本项目应根据"主营业务收入""其他业务收入"等账户的本期发生额合计数填列。

（2）"营业成本"项目，反映企业经营活动的实际成本。本项目应根据"主营业务成本""其他业务成本"账户的本期发生额合计数填列。

（3）"税金及附加"项目，反映企业经营活动应负担的消费税、城市维护建设税、资源税、土地增值税和教育费附加等相关税费，但不包括增值税。本项目应根据"税金及附加"账户的发生额分析填列。

（4）"销售费用"项目，反映企业在销售商品过程中所发生的各项费用。本项目应根据"销售费用"账户的发生额分析填列。

（5）"管理费用"项目，反映企业为组织和管理生产经营发生的管理费用。本项目应根据"管理费用"账户的发生额分析填列。

（6）"研发费用"项目，反映企业进行研究与开发过程中发生的费用化支出。该项目应根据"管理费用"账户下的"研发费用"明细科目的发生额分析填列。

（7）"财务费用"项目，反映企业筹集生产经营所需资金等而发生的筹资费用。本项目应根据"财务费用"账户的发生额分析填列。其中："财务费用"项目下的"利息费用"明细项目，反映企业为筹集生产经营所需资金等而发生的应予费用化的利息支出，该项目应根据"财务费用"账户的相关明细账户的发生额分析填列。"财务费用"项目下的"利息收入"明细项目，反映企业按照相关会计准则确认的应冲减财务费用的利息收入。该项目应根据"财务费用"账户的相关明细账户的发生额分析填列。

（8）"资产减值损失"项目，反映企业各项资产发生的减值损失。本项目应根据"资产减值损失"账户的发生额分析填列。

（9）"信用减值损失"项目，反映企业计提的各项金融工具减值准备所形成的预期信用损失。该项目应根据"信用减值损失"账户的发生额分析填列。

（10）"其他收益"项目，反映计入其他收益的政府补助等，本项目应根据"其他收益"账户的发生额分析填列。

（11）"投资收益"项目，反映企业以各种方式对外投资所取得的收益。本项目应根据"投资收益"账户的发生额分析填列。如为投资损失，本项目以"－"号填列。

（12）"公允价值变动收益"项目，反映企业应当计入当期损益的资产或负债公允价值变动收益。本项目应根据"公允价值变动损益"账户的发生额分析填列。如为净损失，本项目以"－"号填列。

（13）"资产处置收益"项目，反映企业出售划分为持有待售的非流动资产（金融工具、长期股权投资和投资性房地产除外）或处置组（子公司和业务除外）时确认的利得或损失，以及处置未划分为持有待售的固定资产、在建工程、生产性生物资产及无形资产而产生的处置利得或损失；债务重组中因处置非流动资产产生的利得或损失、非货币性资产交换中换出非流动资产产生的利得或损失也包括在本项目内。本项目应根"资产处置损益"账户的发生额分析填列；如为处置损失，以"－"号填列。

（14）"营业利润"项目，反映企业实现的营业利润。如为亏损，本项目以"－"号填列。

（15）"营业外收入"项目，反映企业发生的除营业利润以外的收益，主要包括债务重组利得、与企业日常活动无关的政府补助、盘盈利得、捐赠利得（企业接受股东或股东的子公司直接或间接的捐赠，经济实质属于股东对企业的资本性投入的除外）等。本项目应根据"营业外收入"账户的发生额分析填列。

（16）"营业外支出"项目，反映企业发生的与经营业务无直接关系的各项支出，主要包括债务重组损失、公益性捐赠支出、非常损失、盘亏损失、非流动资产毁损报废损失等。本项目应根据"营业外支出"账户的发生额分析填列。

（17）"利润总额"项目，反映企业实现的利润。如为亏损，本项目以"－"号填列。

（18）"所得税费用"项目，反映企业应从当期利润总额中扣除的所得税费用。本项目应根据"所得税费用"账户的发生额分析填列。

（19）"净利润"项目，反映企业实现的净利润。如为亏损，本项目以"－"号填列。

（20）"其他综合收益的税后净额"项目，反映企业根据企业会计准则规定未在损益中确认的各项利得和损失扣除所得税影响后的净额。

（21）"综合收益总额"项目，反映企业净利润与其他综合收益（税后净额）的合计金额。

（22）"每股收益"项目，包括"基本每股收益"和"稀释每股收益"两项指标，反映普通股或潜在普通股已公开交易的企业，以及正处在公开发行普通股或在普通股过程中的企业的每股收益信息。

四、利润表的编制举例

【例8-2】仍以新锐家具有限责任公司2024年12月份发生的有关经济业务为例，该公司各损益类账户的发生额如表 8-5 所示。

表 8-5　2024 年 12 月份新锐家具有限责任公司各损益类账户的发生额

单位：元

账户名称	借方发生额	贷方发生额
主营业务收入		12 800 000
其他业务收入		280 000
投资收益		15 000
营业外收入		280 000
主营业务成本	8 800 000	
其他业务成本	170 000	
税金及附加	580 000	
销售费用	600 000	
管理费用	1 200 000	
财务费用	1 100 000	
营业外支出	120 000	
所得税费用	284 000	

根据资料，计算利润表各项目内容如下：

营业收入 = 12 800 000 + 280 000 = 13 080 000（元）

营业成本 = 8 800 000 + 170 000 = 8 970 000（元）

营业利润 = 13 080 000 − 8 970 000 − 580 000 − 600 000 − 1 200 000 − 1 100 000 +
15 000 = 645 000(元)

利润总额 = 645 000 + 280 000 − 120 000 = 805 000（元）

净利润 = 805 000 − 284 000 = 521 000（元）

编制利润表如表 8-6 所示。

表 8-6　利润表

会企 02 表

编制单位：　　　　　　　　　2024 年 12 月　　　　　　　　　　单位：元

项目	本期金额	上期金额
一、营业收入	13 080 000	（略）
减：营业成本	8 970 000	
税金及附加	580 000	
销售费用	600 000	
管理费用	1 200 000	
研发费用		

（续表）

项目	本期金额	上期金额
财务费用	1 100 000	
其中：利息费用		
利息收入		
资产减值损失		
信用减值损失		
加：公允价值变动收益（损失以"－"号填列）		
投资收益（损失以"－"号填列）	15 000	
其中：对联营企业和合营企业的投资收益		
资产处置收益（损失以"－"号填列）		
其他收益		
二、营业利润（亏损以"－"号填列）	645 000	
加：营业外收入	280 000	
减：营业外支出	120 000	
三、利润总额（亏损以"－"号填列）	805 000	
减：所得税费用	284 000	
四、净利润（亏损以"－"号填列）	521 000	
五、其他综合收益的税后净额		
（一）以后不能重分类进损益的其他综合收益		
（二）以后将重分类进损益的其他综合收益		
六、综合收益总额		
七、每股收益：		
（一）基本每股收益		
（二）稀释每股收益		

第四节　现金流量表

现金流量表是反映企业一定时期内经营活动、投资活动和筹资活动对其现金及现金等价物所产生影响的财务报表。它用来揭示企业经营活动、投资活动和筹资活动所引起的各种现金流入、流出与净流量的情况。

一、现金流量表的作用

企业编制现金流量表的目的是，为财务报表使用者提供企业在一定时期内现金及现金等价物流入、流出与净流量的情况，以便财务报表使用者能够更好地了解和评价企业获取现金及现金等价物的能力，并据以预测未来的现金流量。现金流量表的作用主要有以下几个方面。

（一）现金流量表可以帮助财务报表使用者分析企业现金流入和流出的原因

现金流量表将现金流量划分为经营活动、投资活动和筹资活动三个方面，按照流入现金和流出现金项目分别反映。例如，企业当期从银行借入200万元，偿还利息1万元，在现金流量表的筹资活动产生的现金流量中分别反映借款200万元，支付利息1万元。因此，通过现金流量表能够反映企业现金流入与现金流出的原因，即现金是从哪里来的，又流到哪里去了。这些信息是资产负债表和利润表所不能提供的。

（二）现金流量表可以提供企业收益质量方面的相关信息

利润表所列示的利润，反映了企业在一定期间的经营成果。但是，净利润是根据权责发生制原则编制出来的，它含有那些销售已经实现，但尚未收到货款的销售收入，并没有直接体现企业已实现的利润中哪些是已经收到货款的，哪些是尚未收到货款的，这不利于企业对现金的充分利用——有些企业虽然有很好的净利润，但还是由于资金周转问题而破产、倒闭。现金流量表中经营活动产生的现金流量很好地揭示了那些已收到货款的销售，通过它和净利润的比较，可以判断企业收益的质量，从而提高企业现金的利用效率。

（三）现金流量表能够说明企业偿还债务和支付股利的能力

企业一定期间获得的利润并不代表其真正具有偿还或支付能力。在某些情况下，虽然企业利润表反映的经营业绩很可观，但企业还是不能偿还到期债务；还有些企业虽然利润表上反映的经营成果并不可观，但却有足够的偿债能力。现金流量表可以使投资者、债权人等了解企业获得现金的能力和现金偿付的能力，为筹资提供有用的信息，也使有限的资源流向了最能产生效益的地方。

（四）现金流量表能够帮助财务报表使用者分析企业未来获取现金的能力

现金流量表反映了企业一定期间内现金流入与流出的整体情况，说明企业现金从哪里来，又用到哪里去。现金流量表中的经营活动产生的现金流量，代表企业运用经济资源创造现金流量的能力，便于投资者分析企业一定期间内产生的净利润与经营活动产生的现金流量的差异；投资活动产生的现金流量，代表企业运用资金产生现金流量的能力；筹资活动产生的现金流量，代表企业筹资获得现金流量的能力。通过现金流量表及其他财务信息，使用者可以分析企业未来获取或支付现金的能力。

二、现金流量表的内容与格式

（一）现金流量表的内容

1. 现金的定义

现金流量表中使用的"现金"概念，包括库存现金、银行存款、其他货币资金和现金等价物，其中，现金等价物主要是指企业持有的期限短、流动性强、易于转换为已知金额现金、价值变动风险很小的投资。现金等价物虽然不是现金，但其支付能力与现金的差别不大，可视为现金。例如，企业为保证支付能力，手持必要的现金，为了不使现金闲置，可以购买短期债券，在需要现金时，随时可以变现。其中，期限较短，一般是指从购买日起 3 个月内到期。例如，可在证券市场上流通的 3 个月内到期的短期债券投资等。通常 3 个月内到期或清偿的国库券、可转让定期存单及银行承兑汇票等皆可列为现金等价物。企业应当根据具体情况确定现金等价物的具体范围，按照一致性原则的要求确定划分标准。

2. 经营活动产生的现金流量

对企业而言，经营活动的业务主要包括购买原材料、对原材料进行加工生产产品，最后进行产品销售。经营活动既有企业现金（现金收入）的增加，也有现金（现金收出）的减少。经营活动产生的现金流入主要包括销售商品、提供劳务收到的现金以及收到的税费返还。

经营活动产生的现金流出主要包括购买原材料支付的现金，为工人支付工资，支付广告费、办公费等的现金，这些都是经营活动产生的现金流出。较之于投资、筹资活动所产生的现金流量，对企业而言，经营活动所产生的现金流量更为重要。

3. 投资活动产生的现金流量

投资活动中的投资是广义的概念，既包括对外投资，也包括对内投资。对外投资主要是指不包括现金等价物在内的投资和处置活动；对内投资主要是指企业长期资产如固定资产、无形资产的购建和处置活动。

投资活动产生的现金流入主要包括投资股票收到的股利、投资债券收到的利息、收回投资收到的现金，以及处置长期资产收到的现金。例如，企业购买国债每年收到的利息收入，国债到期收回本金时收到的现金。投资活动产生的现金流出主要包括购买股票、债券等付出的现金，购买厂房和设备等支付的现金。

4. 筹资活动产生的现金流量

筹资活动是指企业筹集资金的活动。企业筹资来源有两个，即吸收投资者的投资和向银行等金融机构借入的款项。所以，企业的筹资活动具体是指企业吸收投资者投资、发行股票、向银行借款和发行企业债券，以及企业支付股利、偿还利息和到期偿还本金等活动。

筹资活动产生的现金流入包括企业收到投资者投入的资金、向银行贷款借入的资金。例如，企业发行股票筹集资金，购买股票的投资者通过证券公司支付的投资款已经划到企业账上。筹资活动产生的现金流出包括企业向投资者支付利息、支付股利以及到期偿还债务本金，如企业每年向股东支付现金股利的现金流出。

（二）现金流量表的格式

现金流量表分为主表和补充资料，其主表的基本格式如表 8-7 所示。

表 8-7 现金流量表

会企 03 表

编制单位： 年 月 单位：元

项目	本期金额	上期金额
一、经营活动产生的现金流量：		
销售商品、提供劳务收到的现金		
收到的税费返还		
收到其他与经营活动有关的现金		
经营活动现金流入小计		
购买商品、接受劳务支付的现金		
支付给职工以及为职工支付的现金		
支付的各项税费		
支付其他与经营活动有关的现金		
经营活动现金流出小计		
经营活动产生的现金流量净额		
二、投资活动产生的现金流量：		
收回投资收到的现金		
取得投资收益收到的现金		
处置固定资产、无形资产和其他长期资产收回的现金净额		
处置子公司及其他营业单位收到的现金净额		
收到其他与投资活动有关的现金		
投资活动现金流入小计		
购建固定资产、无形资产和其他长期资产支付的现金		
投资支付的现金		
取得子公司及其他营业单位支付的现金		
支付其他与投资活动有关的现金		
投资活动现金流出小计		
投资活动产生的现金流量净额		
三、筹资活动产生的现金流量：		
吸收投资收到的现金		
其中：子公司吸收少数股东投资收到的现金		
取得借款收到的现金		
发行债券收到的现金		
收到其他与筹资活动有关的现金		
筹资活动现金流入小计		
偿还债务支付的现金		
分配股利、利润或偿付利息支付的现金		
其中：子公司支付给少数股东的股利、利润		
支付其他与筹资活动有关的现金		

项目	本期金额	上期金额
筹资活动现金流出小计		
筹资活动产生的现金流量净额		
四、汇率变动对现金及现金等价物的影响		
五、现金及现金等价物净增加额		
加：期初现金及现金等价物余额		
六、期末现金及现金等价物余额		

第五节　所有者权益变动表

所有者权益变动表是反映构成所有者权益的各组成部分当期的增减变动情况的报表。2007 年以前，企业所有者权益变动情况是以资产负债表附表形式予以体现的。《企业会计准则》颁布后，要求上市公司于 2007 年正式对外呈报所有者权益变动表，所有者权益变动表将成为与资产负债表、利润表和现金流量表并列披露的第四张财务报表。

一、所有者权益变动表的作用

所有者权益变动表既可以为财务报表使用者提供所有者权益总量增减变动的信息，也能为其提供所有者权益增减变动的结构性信息，特别是能够让财务报表使用者理解所有者权益增减变动的根源。

二、所有者权益变动表的格式

在所有者权益变动表上，企业至少应当单独列示反映下列信息的项目：

（1）综合收益总额。

（2）会计政策变更和差错更正的累积影响金额。

（3）所有者投入的资本和向所有者分配的利润等。

（4）提取的盈余公积。

（5）实收资本、其他权益工具、资本公积、盈余公积、未分配利润的期初和期末余额及其调节情况。

所有者权益变动表以矩阵的形式列示：一方面，列示导致所有者权益发生变动的交易或事项，即所有者权益变动的来源，对一定时期所有者权益的变动情况进行全面反映；另一方面，按照所有者权益各组成部分（即实收资本、其他权益工具、资本公积、库存股、其他综合收益、盈余公积、未分配利润）列示交易或事项对所有者权益各部分的影响。所有者权益变动表的基本格式如表 8-8 所示。

表 8-8　所有者权益变动表

编制单位：　　　　　　　　　　　年度　　　　　　　　　　　　　　　　　　　　　　　　　　合企 04 表
单位：元

项目	本年金额										上年金额									
	实收资本（或股本）	其他权益工具			资本公积	减：库存股	其他综合收益	专项储备	盈余公积	未分配利润	所有者权益合计	实收资本（或股本）	其他权益工具			资本公积	减：库存股	其他综合收益	专项储备	盈余公积	未分配利润	所有者权益合计
		优先股	永续债	其他									优先股	永续债	其他							
一、上年年末余额																						
加：会计政策变更																						
前期差错更正																						
其他																						
二、本年年初余额																						
三、本年增减变动金额（减少以"—"号填列）																						
（一）综合收益总额																						
（二）所有者投入和减少资本																						

209

（续表）

项目	本年金额											上年金额										
	实收资本（或股本）	其他权益工具			资本公积	减：库存股	其他综合收益	专项储备	盈余公积	未分配利润	所有者权益合计	实收资本（或股本）	其他权益工具			资本公积	减：库存股	其他综合收益	专项储备	盈余公积	未分配利润	所有者权益合计
		优先股	永续债	其他									优先股	永续债	其他							
1. 所有者投入的普通股																						
2. 其他权益工具持有者投入资本																						
3. 股份支付计入所有者权益的金额																						
4. 其他																						
（三）利润分配																						
1. 提取盈余公积																						
2. 对所有者（或股东）的分配																						
3. 其他																						
（四）所有者权益内部结转																						

（续表）

项目	本年金额										上年金额									
	实收资本（或股本）	其他权益工具			资本公积	减：库存股	其他综合收益	专项储备	盈余公积	未分配利润	所有者权益合计	实收资本（或股本）	其他权益工具			资本公积	减：库存股	其他综合收益	专项储备	盈余公积	未分配利润	所有者权益合计
		优先股	永续债	其他									优先股	永续债	其他							
1. 资本公积转增资本（或股本）																						
2. 盈余公积转增资本（或股本）																						
3. 盈余公积弥补亏损																						
4. 设定收益计划变动额结转留存收益																						
5. 其他综合收益结转留存收益																						
6. 其他																						
四、本年末余额																						

三、所有者权益变动表的编制

所有者权益变动表各项目均需填列"本年金额"和"上年金额"两栏。

所有者权益表变动表"上年金额"栏内各项数字，应根据上年度所有者权益变动表"本年金额"内所列数字填列。上年度所有者权益变动表规定的各个项目的名称和内容同本年度不一致的，应对上年度所有者权益变动表各项目的名称和数字按照本年度的规定进行调整，填入所有者权益变动表的"上年金额"栏内。

所有者权益变动表"本年金额"栏内各项数字一般应根据"实收资本（或股本）""资本公积""盈余公积""利润分配""库存股""以前年度损益调整"账户的发生额分析填列。

第六节 财务报表附注

财务报表附注是对资产负债表、利润表、现金流量表和所有者权益变动表等报表中列示项目的文字描述或明细资料，以及对未能在这些报表中列示项目的说明等。

一、财务报表附注的作用

财务报表附注主要起到两个方面的作用：

（1）财务报表附注的披露，是对资产负债表、利润表、现金流量表和所有者权益变动表列示项目含义的补充说明，以帮助财务报表使用者更准确地把握其含义。例如，通过阅读附注中披露的固定资产折旧政策的说明，使用者可以掌握报告企业与其他企业在固定资产折旧政策上的异同，以便进行更准确的比较。

（2）财务报表附注提供了对资产负债表、利润表、现金流量表和所有者权益变动表中未列示项目的详细或明细说明。例如，通过阅读附注中披露的存货增减变动情况，财务报表使用者可以了解资产负债表中未单列的存货分类信息。

通过财务报表附注与资产负债表、利润表、现金流量表和所有者权益变动表列示项目的相互参照关系，以及对未能在财务报表中列示项目的说明，财务报表使用者可以全面了解企业的财务状况、经营成果和现金流量以及所有者权益的情况。

二、财务报表附注的主要内容

附注是财务报表的重要组成部分。根据《企业会计准则》的规定，企业应当按照如下顺序披露附注的内容。

（一）企业基本情况

企业的基本情况主要包括以下几种：

（1）企业注册地、组织形式和总部地址。

（2）企业的业务性质和主要经营活动。

（3）母公司以及集团最终母公司的名称。

（4）财务报告的批准报出者和财务报告批准报出日，或者以签字人及其签字日期为准。

（5）营业期限有限的企业，还应当披露有关营业期限的信息。

（二）财务报表的编制基础

财务报表附注应当说明企业财务报表的编制基础。

（三）遵循企业会计准则的声明

财务报表附注应当包含遵循《企业会计准则》的声明。

（四）重要会计政策和会计估计

财务报表附注应当解释企业当期重要的会计政策和会计估计有关内容。

（五）会计政策和会计估计变更以及差错更正的说明

对于会计政策和会计估计变更以及差错更正的说明，财务报表附注应当详细说明。

（六）报表重要项目的说明

企业应当按照资产负债表、利润表、现金流量表、所有者权益变动表及其项目列示的顺序，对报表重要项目的说明采用文字和数字描述相结合的方式进行披露。

（七）或有和承诺事项、资产负债表日后非调整事项、关联方关系及其交易等需要说明的事项

企业应当按照或有和承诺事项、资产负债表日后非调整事项、关联方关系及其交易等需要说明的事项的实际情况，在财务报表附注中说明。

（八）有助于财务报表使用者评价企业管理资本的目标、政策及程序的信息

企业应当在附注中披露在资产负债表日后、财务报告批准报出日前提议或宣布发放的股利总额和每股股利金额（或向投资者分配的利润总额）。

本章小结

本章介绍了会计核算的基本方法——编制财务会计报告，目的是让学习者明确财务会计报告的有关理论，掌握财务报表的结构和基本编制方法。需重点掌握以下内容：

财务会计报告是指企业对外提供的反映企业某一特定日期财务状况和某一会计期间经营成果、现金流量等会计信息的文件。一套完整的财务会计报告包括资产负债表、利润表、现金流量表、所有者权益（或股东权益）变动表、财务报表附注和财务情况说明书。

资产负债表是反映企业某一特定日期全部资产、负债和所有者权益及其构成情况的报表，它是一张静态的报表。我国资产负债表的格式是账户式。其基本结构是左方反映资产情况，右方反映负债及所有者权益情况，其中资产及负债各项目按流动性排列。它的编制根据总分类账户的期末余额填列，有的可以直接填列，有的需要整理、汇总、计算后填列。

利润表是反映企业在某一时期内经营成果的报表，它是一张动态的报表。利润表的格式一般采用多步式，分步计算营业利润、利润总额及净利润等。其基本结构分为四段。它的编

制根据收入、费用类账户的净发生额和其他有关资料填列。

现金流量表是反映企业在某一会计年度内，现金流入与流出情况的报表，它也是一张动态的报表。现金流量表的基本内容分为三部分：经营活动的现金流量、投资活动的现金流量和筹资活动的现金流量。它根据资产负债表、利润表及其他有关账簿分析、汇总后编制。

课后习题

一、单选题

1. 财务报表编制的依据是（　　）。
   A. 原始凭证　　　　　　　　　　　B. 记账凭证
   C. 科目汇总表　　　　　　　　　　D. 账簿记录

2. 编制资产负债表的理论依据是（　　）。
   A. 复式记账法的记账规则　　　　　B. 复式记账法的试算平衡公式
   C. 会计等式　　　　　　　　　　　D. 总账、明细账的平行登记

3. 在编制资产负债表时，（　　）项目是根据总账账户期末余额直接填列的。
   A. 存货　　　　　　　　　　　　　B. 实收资本
   C. 固定资产　　　　　　　　　　　D. 应收账款

4. 目前我国利润表的格式一般为（　　）。
   A. 单步式　　　　　　　　　　　　B. 多步式
   C. 报告式　　　　　　　　　　　　D. 余额式

5. 不能通过资产负债表了解的会计信息是（　　）。
   A. 企业的偿债能力
   B. 企业资金的来源渠道和构成
   C. 企业所掌握的经济资源及其分布情况
   D. 企业在一定时期内现金的流入和流出的信息及其现金增减变动的原因

6. 资产负债表中的"未分配利润"项目，应根据（　　）填列。
   A. "本年利润"账户余额
   B. "利润分配"账户余额
   C. "资本公积"账户余额
   D. "本年利润"和"利润分配"账户余额计算填列

7. 下列财务报表中，属于静态报表的是（　　）。
   A. 资产负债表　　　　　　　　　　B. 现金流量表
   C. 利润表　　　　　　　　　　　　D. 所有者权益变动表

8. 现在我国资产负债表的格式一般为（　　）。

    A. 账户式   B. 报告式

    C. 财务状况式   D. 多步式

9. 资产负债表表首的编报日期应填列（   ）。

    A. 一定期间，如×××年 12 月 1 日至 12 月 15 日

    B. 一个会计期间，如×××年 12 月份

    C. 任何一个时点，如×××年 12 月 15 日

    D. 某一个会计期间的期末，如×××年 12 月 31 日

10. 下列属于"投资活动现金流量"的是（   ）。

    A. 取得短期借款 5 000 元存入银行

    B. 向股东分配现金股利 1 800 元

    C. 销售商品 55 000 元，款项存入银行

    D. 用存款购买机器一台 20 000 元

二、多选题

1. 在编制资产负债表时，需要根据若干明细账户的期末余额计算填列的项目有（   ）。

    A. 存货   B. 应收账款

    C. 预付款项   D. 应付账款

2. 常见的对外财务报表主要有（   ）。

    A. 资产负债表   B. 利润表

    C. 所有者权益变动表   D. 现金流量表

3. 现金流量表中的现金等价物应同时具备的条件有（   ）。

    A. 期限短   B. 易于转变为现金

    C. 价值变动风险小   D. 流动性强

4. 下列项目中，属于经营活动产生的现金流量的有（   ）。

    A. 支付所得税款   B. 支付管理人员工资

    C. 支付借款利息   D. 购买固定资产

5. 能记入利润表中"营业利润"的项目有（   ）。

    A. 主营业务收入   B. 管理费用

    C. 投资收益   D. 其他业务收入

6. 资产负债表中的存货项目，应根据（   ）账户的余额分析填列。

    A. "生产成本"   B. "在途物资"

    C. "原材料"   D. "材料成本差异"

7. 下列各项中，属于现金流量表中现金及现金等价物的有（   ）。

    A. 库存现金   B. 其他货币资金

    C. 随时用于支付的银行存款   D. 应收账款

8. 按照财务报表所反映的经济内容不同，可将财务报表分为（   ）。

A. 反映财务状况的报表　　　　　　　B. 反映经营成果的报表

C. 个别财务报表　　　　　　　　　　D. 反映费用成本的报表

三、判断题

1. 资产负债表是反映企业一定时期全部资产、负债和所有者权益情况的财务报表。

（　　）

2. 利润表主要反映从某一指定日期起至另一指定日期止企业利润实现情况的财务报表。

（　　）

3. 现金流量表中的投资活动不仅包括企业对外投资活动，而且还包括企业购建和处置固定资产等长期资产的活动。　　　　　　　　　　　　　　　　　（　　）

4. 企业往往通过编制与提供现金流量表来弥补权责发生制的不足。　　（　　）

5. 资产负债表是一种静态报表，应根据有关账户的期末余额直接填列。（　　）

6. 资产负债表是根据权责发生制基础编制的反映企业财务状况的财务报表。（　　）

7. 某企业 2025 年 3 月 31 日结账后的"固定资产"账户余额为 1 000 万元，"累计折旧"账户余额为 160 万元，"固定资产减值准备"账户余额为 120 万元。该企业 2025 年 3 月 31 日资产负债表中的"固定资产"项目金额为 1 000 万元。　　　　　　（　　）

8. 利润表是在会计期间终了编制的从静态上反映一定日期财务成果的财务报表。

（　　）

9. 现金流量表的"现金"即为货币资金。　　　　　　　　　　　　（　　）

10. 利润表中计算出来的净利润即为每股收益。　　　　　　　　　　（　　）

四、填空题

1. 资产负债表是根据有关账户的（　　　）填制的，所以属于（　　　）。

2. 损益表是根据有关账户的（　　　）填制的，所以称为（　　　）。

3. 资产负债表中各资产项目的排列是按照资产的（　　　）为序的。

4. 资产负债表中各负债项目的排列是按照负债的（　　　）为序的。

5. 资产负债表中各所有者权益项目的排列是按照所有者权益的（　　　）为序的。

6. 利润表是反映企业在（　　　）利润（或亏损）实现情况的财务报表，而资产负债表则是反映企业在（　　　）全部资产、负债和所有者权益情况的报表。

7. 利润表的格式有（　　　）和（　　　）。

8. 资产负债表的格式有（　　　）和（　　　）。

9. 资产负债表的理论公式是（　　　）。

10. 资产负债表中"应收账款"项目，应根据（　　　）和（　　　）两个总账科目所属各明细科目的期末（　　　）合计数填列。

11. 利润表的理论公式是（　　　）。

12. 利润表中的各个项目应根据收入类和费用类各个总分类账户的（　　　）和（　　　）分

析填列。

13. 现金流量表是在（　　　　）和（　　　　）已经反映企业财务状况和经营成果信息的基础上进一步提供现金流量的信息。

14. 企业的现金流量是指某一时期内（　　　　）的数量。

15. 企业的现金流量可以分为（　　　　）、（　　　　）和（　　　　）。

五、业务分析题

1. 练习资产负债表"货币资金""存货""长期借款"和"未分配利润"四个项目的填列。

资料：A 公司 5 月末有关总账账户余额如下：

（1）"库存现金"账户借方余额 1 371.82 元。

（2）"银行存款"账户借方余额 95 641.27 元。

（3）"原材料"账户借方余额 24 554 元。

（4）"生产成本"账户借方余额 1 703 元。

（5）"库存商品"账户借方余额 9 126 元。

（6）"长期借款"账户贷方余额 239 000 元，其中，将在 1 年内到期的为 51 000 元。

（7）"本年利润"账户贷方余额 21 137 元。

（8）"利润分配"账户借方余额 5 064 元。

要求：

（1）计算填列 A 公司 5 月 31 日资产负债表中"货币资金""存货""长期借款"和"未分配利润"四个项目的金额。

（2）指出上述四个项目在资产负债表中是属于资产类、负债类还是所有者权益类。

2. 综合练习资产负债表中部分项目的填列。

资料：B 公司某年 5 月份总分类账户及有关明细分类账户余额表如表 8-9、表 8-10 所示。

表 8-9　B 公司 5 月份总分类账户余额表

单位：元

账户名称	借方余额	账户名称	贷方余额
库存现金	800	累计折旧	200 000
银行存款	220 000	应付账款	3 800
应收账款	2 000	预收账款	4 300
原材料	25 000	应交税费	12 000
在途物资	5 000	应付股利	6 800
预付账款	6 000	应付职工薪酬	16 000
库存商品	43 000	固定资产减值准备	145 000
生产成本	20 000	无形资产减值准备	36 000
固定资产	1 080 000	累计摊销	9 800
无形资产	500 000	实收资本	1 468 100
合计	**1 901 800**	合计	**1 901 800**

表 8-10　B 公司 5 月份有关明细分类账户期末余额表

单位：元

总账科目	明细科目	借方余额	贷方余额
应收账款	甲公司	6 800	
	乙公司		2 500
	丙公司		2 300
应付账款	丁公司		9 800
	戊公司	5 000	
	己公司	1 000	
预收账款	庚公司		6 500
	辛公司	2 200	
预付账款	壬公司	11 000	
	癸公司		3 000

要求：根据上述资料填列 B 公司 5 月份资产负债表（表 8-11）。

表 8-11　B 公司某年 5 月份资产负债表

单位：元

项目名称	金额	项目名称	金额
货币资金		应付账款	
应收账款		预收款项	
存货		应付职工薪酬	
预付款项		应交税费	
固定资产		应付股利	
无形资产		实收资本	

模块三

拓展学习

——会计信息系统

第九章

会计信息系统初识

学习目标

1. 理解会计信息系统的含义。
2. 认识会计信息系统的组成。
3. 了解国内外会计信息化发展历程及趋势。
4. 认识账务处理系统的功能。
5. 了解账务处理系统日常处理的内容。

知识地图及思政元素

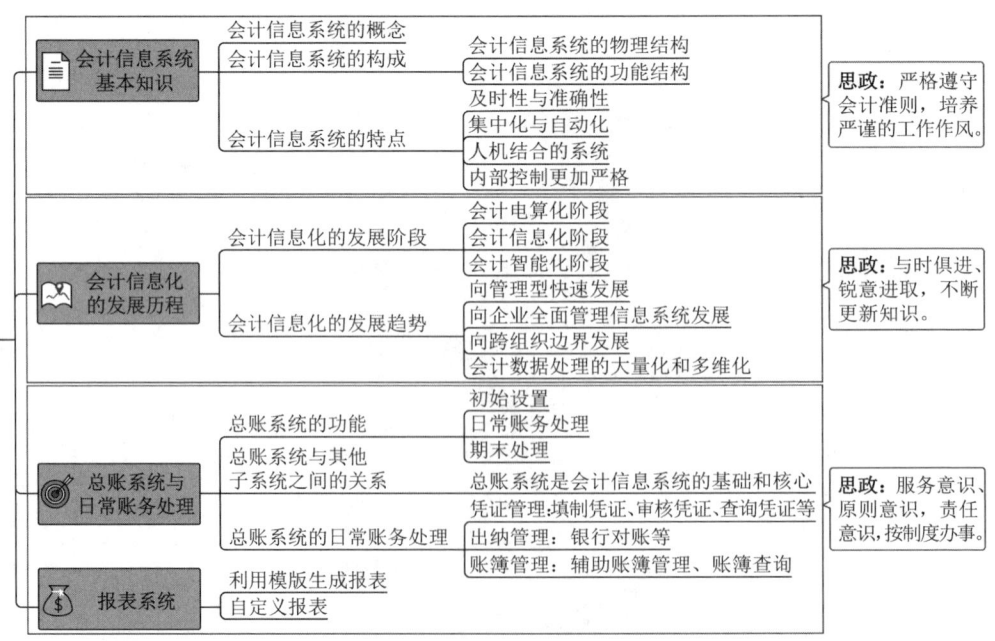

企业资源计划（enterprise resource planning，ERP）是一种集成化的管理信息系统，它将企业各个部门的信息汇聚起来,形成一个整体的信息平台,帮助企业实现全面的管理和控制。ERP 包括了财务、生产、销售、采购、库存等多个方面,可以在减少企业成本和提高效率方面发挥重要作用。某制造企业应用了 ERP 系统。经过使用后,企业发现该系统在以下方面发挥了重要的作用：

（1）财务管理方面：集成了公司的财务信息,包括应收款、应付款、现金流等,可以通过系统分析财务数据，进行预算和管理决策。

（2）生产管理方面：通过 ERP 可以掌握全部生产流程的实时情况,如订单处理、物料管理和包装运输等。这些数据是企业管理决策的重要数据来源。

（3）采购管理方面：ERP 系统可以帮助企业实现供应链管理，包括对延迟交货、物料缺失等异常情况的监测，有利于企业及时处理这些问题，避免产生额外的成本。

【思考 1】对现代企业而言，一个完善的管理信息系统是否必要？

【思考 2】ERP 管理信息系统与传统的管理系统相比的主要优势有哪些？

第一节　会计信息系统基本知识

会计是一个信息系统。会计信息处理从手工发展到电算化，是会计操作技术和信息处理方式的重大变革。它对会计理论和会计方法提出一系列新的课题，使传统会计格局逐渐被打破，新的会计思想和理论逐渐确立，从而在推动会计自身发展和变革的同时，也促进会计信息系统的进一步完善和发展。

一、会计信息系统的概念

（一）会计数据和会计信息

会计数据是记录下来的会计业务，是产生会计信息的源泉。在会计工作中，从不同的来源和渠道取得的各种原始会计资料、原始凭证及记账凭证等都称为会计数据，如某日仓库的进货量、金额，某日某产品的产量、费用等。

会计信息是指按照一定的要求或需要进行加工、计算、分类、汇总而形成的有用的会计数据，如原始凭证经过数据处理后变成总账、明细账等。会计信息在经济管理中有着极其重要的作用，因此，准确、及时是对会计信息的基本要求。

（二）系统与信息系统

系统是由若干相互联系、相互作用的要素，为实现某一目标而组成的具有一定功能的有机整体。

信息系统是以收集、处理和提供信息为目标的系统，它不仅可以收集、输入和处理数据，而且可以存储、管理及控制信息，还能向信息的使用者报告信息，使其达到预定的目标。

（三）会计信息系统

会计信息系统是一个对会计数据进行采集、存储、加工、传输并输出大量会计信息的系统。它通过输入原始凭证和记账凭证，运用特有的一套计算方法，从价值方面对本单位的生产经营活动以及经营成果进行全面、连续和系统的定量描述，并将账簿、报表、计划分析等输出反馈给各有关部门，为企业的经营和决策活动提供帮助，为投资人、债权人及政府部门提供会计信息，以便更加有效地组织和运用现有资金。

（四）电算化会计信息系统

电算化会计信息系统是一个以计算机为主要工具，运用会计所特有的方法，通过对各种会计数据进行收集或输入，借助特殊的媒介对信息进行存储、加工、传输和输出，并以此对经营活动情况进行反映、监督、控制和管理的会计信息系统。它是一个人机相结合的系统。

二、会计信息系统的构成

（一）会计信息系统的物理结构

1. 计算机硬件

计算机硬件设备可以有不同的组合方式，不同的组合方式构成了不同的硬件体系构成，不同的硬件体系构成也决定了不同的工作方式和功能。综合会计信息系统的发展历程，一般可以分成以下三种结构方式：单机结构、多用户结构、网络结构。

2. 软件

软件是控制计算机运行的程序和文档资料的统称。会计信息系统的软件包括系统软件、常用应用软件和财务软件。财务软件是会计信息系统最重要的部分，没有财务软件，会计信息系统就无法进行处理财务数据。

3. 人员

从事会计信息化的人员一般可以分为两类：一类是系统开发人员，包括系统分析员、系统设计员、系统编程人员和测试人员；另一类是系统的使用操作人员和维护人员。

4. 法规和制度

会计信息化必须有一整套严格的法规和制度。法规是指政府的法令、条例、规定；制度是指各企业单位在会计信息化工作中的各项具体规定，如岗位责任制度、软件操作制度、会计档案管理制度等。

（二）会计信息系统的功能结构

会计信息系统的功能结构，就是从系统的功能这个角度来分析会计信息系统的构成及其内部的相互联系，即一个完整的会计信息系统由哪几个子功能系统组成，各个子功能系统相互之间又有什么关系等。

会计信息系统从功能模块构成来看，一般包括：总账系统、购销存系统、应收应付款系统、薪资管理系统、固定资产管理系统、财务报表系统等。会计信息系统各功能子系统的划分及关系如图 9-1 所示。

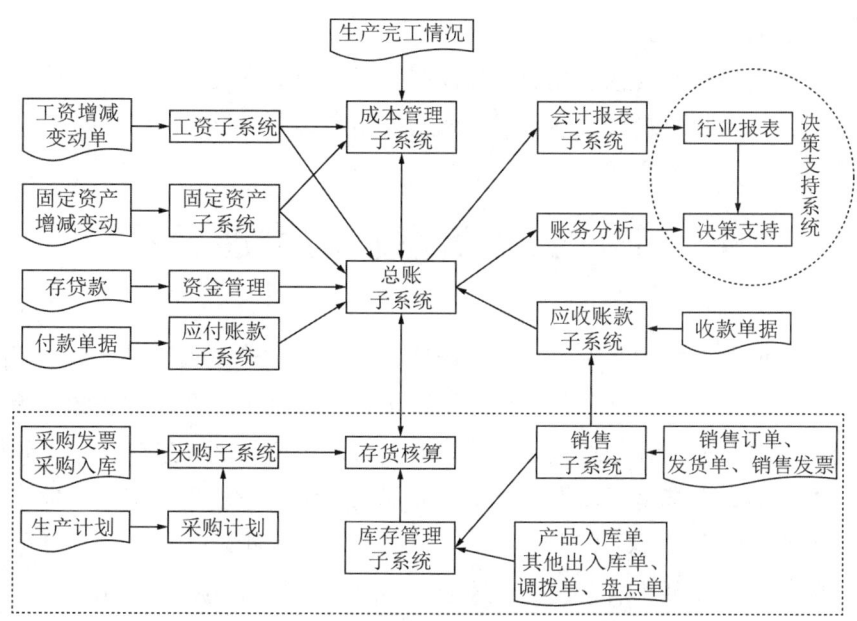

图 9-1 会计信息系统各功能子系统的划分及关系

三、会计信息系统的特点

计算机方式下会计信息系统不仅具有电子数据处理系统的共性，而且具有以下特征。

（一）及时性与准确性

以计算机为工具的会计信息系统，数据处理更及时、准确。计算机运算速度决定了对会计数据的分类、汇总、计算、传递及报告等处理几乎是在瞬间完成的，并且计算机运用正确的处理程序可以避免手工处理出现的错误。计算机可以采用手工条件下不易采用或无法采用的复杂的、精确的计算方法，如材料收发的移动加权平均法等，从而使会计核算工作更细、更深，能更好地发挥其参与管理的职能。

（二）集中化与自动化

以计算机为工具的会计信息系统，各种核算工作都由计算机集中处理。在网络环境中信息可以被不同的用户共享，数据处理更具有集中化的特点，所以集团公司多建设财务共享服务中心等新的会计组织形式。对于大的系统，如大型集团或企业，规模越大，数据越复杂，数据处理就越要求集中。计算机方式下会计信息系统，在会计信息的处理过程中，人工干预较少，由程序按照指令进行管理，具有自动化的特点。

（三）人机结合的系统

会计工作人员是会计信息系统的组成部分，不仅要进行日常的业务处理，还要进行计算机软硬件故障的排除。会计数据的输入、处理及输出是手工处理和计算机处理两方面的结合。有关原始资料的收集是进行计算机处理的关键性环节，原始数据目前多为手工收集、处理后输入计算机，由计算机按照一定的指令进行数据的加工和处理，将处理的信息通过一定的方式存入磁盘，打印在纸张上或通过显示器显示出来。

（四）内部控制更加严格

以计算机为工具的会计信息系统的内部控制有了更明显的变化，其内部控制制度更强调手工与计算机结合的控制形式，控制要求更严，控制内容更广泛。

第二节　会计信息化的发展历程

信息化是当今世界发展的必然趋势，是推动我国现代化建设和经济社会变革的技术手段和基础性工程。管理水平的提高和科学技术的进步对会计理论、会计方法和会计数据处理技术提出了更高的要求，使会计信息系统从简单到复杂、由落后到先进、由手工到机械、由机械到计算机。会计信息系统是不断发展、不断完善的。为科学规划、全面指导"十四五"时期会计信息化工作，根据《会计改革与发展"十四五"规划纲要》（财会〔2021〕27号）的总体部署，财政部制定了《会计信息化发展规划（2021—2025年）》，为"十四五"时期会计信息化工作指出了明确的方向。

一、会计信息化的发展阶段

会计管理从电算化到信息化（狭义），再到目前方兴未艾的智能化、数字化，是广义会计信息化（包含会计电算化、狭义会计信息化和会计智能化，以下统一简称为"会计信息化"）发展的缩影，也是会计行业不断转变思想、创新管理、再造组织、培养人才、探索新技术应用，以服务财政中心工作、服务中国经济发展的辉煌历程。自1979年财政部在长春第一汽车制造厂启动会计电算化试点工作以来，会计信息化经历了40多年的发展历程，这40多年也恰逢中国改革开放大潮。

（一）会计电算化阶段

1. 缓慢发展阶段

会计电算化缓慢发展阶段（1982年以前）始于20世纪70年代少数企事业单位单项会计业务的电算化，计算机技术应用在会计领域的范围十分狭窄，涉及的业务较为单一，最普遍的是工资核算的电算化。在这个阶段，由于会计电算化人员缺乏，计算机硬件比较昂贵，软件汉化不理想，会计电算化没有得到高度重视。因此，会计电算化的发展比较缓慢。

2. 自我发展阶段

会计电算化自我发展阶段（1982—1987年）中，1983年下半年起在全国掀起了一个应用计算机的热潮，微型计算机在国民经济各个领域得到了广泛的应用。然而，由于应用电子计算机的经验不足，理论准备与人才培训不够，管理水平跟不上，造成在会计电算化过程中出现许多盲目的低水平重复开发的现象，浪费了许多人力、物力和财力。

3. 普及与提高阶段

会计电算化普及与提高阶段（1987—1998 年）相继出现了以开发经营会计核算软件为主的专业公司，而且业务发展很快，逐步形成了会计软件产业。由于我国经济发展水平的影响和计算机技术发展的限制，会计电算化的演进具有多态性。这一发展阶段有如下几个主要标志：一是会计软件的开发向通用化、规范化、专业化和商品化方向发展；二是各级行政部门和业务主管部门加强了对会计电子化的管理，许多地区和部门制定了相应的发展规划、管理制度和会计软件开发标准；三是急于求成的思想逐渐被克服，失败和成功的经验给人们以启示。

（二）会计信息化阶段

1. 会计信息化产生阶段

在会计信息化产生阶段（1998—1999 年），中国软件行业协会财务及企业管理软件分会在 1998 年召开了"向 ERP 进军"发布会，改变了商品化会计软件的功能以会计核算为主的局面，管理型软件开始受到企业的关注。与此同时，1999 年 4 月，深圳市财政局和金蝶软件有限公司联合举办的"新形势下会计软件市场管理暨会计信息化理论专家座谈会"中首次提出会计信息化概念。20 世纪 90 年代末推出的大型企业管理信息系统更多地借鉴国外企业管理软件的发展道路，同时又发挥了中国会计软件公司在会计软件领域上的优势，是以财务为中心的企业资源计划（ERP）系统，它不仅要解决企业财务管理问题，而且要对企业的资金流、物流和信息流进行一体化、集成化管理。

2. 会计信息化初步应用阶段

在会计信息化初步应用阶段（1999—2003 年），随着互联网的成熟，2000 年开始，用友网络科技股份有限公司和金蝶软件有限公司分别推出了自己的网络会计软件服务，中国开始进入网络财务阶段。由于企业资源计划（ERP）、供应链管理（SCM）、客户关系管理（CRM）等综合性管理信息化系统涉及企业生产经营的全过程，对管理基础工作的规范性和各项管理业务的协同性要求很高，2002 年《关于大力推进企业管理信息化的指导意见》（国经贸企改〔2002〕123 号）颁布，提出推进管理信息化是促进企业管理创新和各项管理工作升级的重要突破口，企业应实施财务管理、采购管理、营销管理、质量管理信息化，管理信息化要与技术改造相结合，增强企业市场竞争力。

3. 会计信息化标准建设阶段

在会计信息化标准建设阶段（2004—2015 年），经济全球化使规则、流程、制度进一步趋同，2004 年，国家质量监督检验检疫总局和国家标准化管理委员会发布《信息技术会计核算软件数据接口》标准，使会计核算软件进入标准化阶段。2005 年，上海国家会计学院召开

XBRL 在中国的应用与推广研讨会，拉开了中国会计信息化标准建设的序幕。经济全球化也使企业面临着成本上升、创新不足、风险管控难度大的困境，一种新型的财务管理模式——财务共享服务应运而生，2005 年财务共享服务模式开始在集团企业应用。随后几年，财政部相继颁布了《关于发布企业会计准则通用分类标准的通知》《关于企业会计准则通用分类标准实施若干事项的通知》《关于发布 2015 版企业会计准则通用分类标准的通知》等政策，我国进入了会计信息化标准建设阶段。

（三）会计智能化阶段

在会计智能化阶段（2016 年至今），大数据时代的到来要求企业具有经营管理敏捷性和信息决策实时性，现代企业以数据驱动来带动业务发展，需要从大数据环境下获取决策信息。企业借助人工智能（AI）技术智能化地处理会计工作，挖掘数据背后隐含的秘密，让数据通过洞察变成信息和知识，辅助管理决策。2016 年德勤和 Kira Systems 联手宣布将人工智能引入会计、税务、审计等工作中，标志着中国进入了会计智能化阶段。

二、会计信息化的发展趋势

（一）向管理型快速发展

在企业管理中，会计信息是最普及和最大的信息系统，它的"触角"延伸到其他各个子系统中。因此，会计信息系统是企业管理信息的加工中心，在管理信息系统中具有举足轻重的地位。管理型会计软件所依赖的信息主要来自会计核算系统。正因为如此，发展管理型会计软件要将现有的各核算软件整合，如销售核算、工资核算、成本核算、销售管理和工资及人事管理等财务管理软件，并加强各软件之间的联系和数据共享。功能较强的信息化会计系统包括分析、预测、决策、规划、控制和责任评价等方面的功能，并向管理会计方面延伸。会计信息系统要提高管理层次，就要和企业管理信息系统的其他系统进行有机结合，这种结合应是密切的而不是松散的，各系统之间数据充分共享和互换。

（二）向企业全面管理信息系统发展

计算机技术的发展和会计信息系统开发与应用智能化的实现，使会计信息系统做到以不同的形式、不同的方法实时为各类信息使用者提供具有时效性的信息，使其迅速了解单位的生产经营活动情况。会计信息系统的开发与应用必然渗透到整个企业的管理信息系统的开发与运用中。会计信息化将会计信息系统与企业的生产经营管理信息系统、市场营销管理信息系统等其他系统有机结合，形成企业的全面管理信息系统网，使会计信息化向综合应用和高级管理等方面发展。

（三）向跨组织边界发展

鉴于财务工作涉及范围越来越广，未来会计信息化系统必将跨组织边界。会计信息处理核心功能的企业供需链管理系统，体现人工智能先进算法的机器人流程自动化（robotic process automation，RPA）以及新型的智能财务系统，包含预算和绩效管理等功能的管理会计信息系统等融业务活动、财务会计与管理会计为一体的财务共享服务系统将成为市场的主流。金税系统与企业风险管控系统有机集成、财务大数据与商业智能有机结合、物联网和区块链技术有机融合的新型会计信息系统将会陆续出现和不断优化。在互联网环境下，能帮助企业提供所需的完善业务模式，创造竞争机会并打造敏捷财务团队的新一代财务云产品也将会出现。

（四）会计数据处理的大量化和多维化

预测、决策、控制、管理和分析，不仅需要企业内部数据，也需要企业外部数据，而且需要历史数据；不仅需要反映企业生产经营活动的会计数据，而且需要市场、物价、金融、政策和投资等经济数据，系统数据量明显加大。另外，为了有效支持预测、决策的实施，需要对各项数据进行多维分析与观察。目前市场上新推出的数据仓库、联机分析处理、数据挖掘等技术，将有力地支持大量数据的处理和存储，支持数据的多维分析和多维观察。

第三节　总账系统与日常账务处理

总账系统与
日常账务处理

总账系统又称账务处理系统是财务业务一体化信息处理系统的核心，总账系统既可以独立运行，也可以与其他系统协同运行。

一、总账系统的功能

总账系统的主要功能包括以下三个方面。

（一）初始设置

用户可以根据企业需要建立账套，通过总账系统初始设置，设置总账系统运行所需要各项基础信息，主要包括总账参数设置、基础数据设置、期初余额录入等，为日常业务处理建立应用环境。

（1）总账参数设置包括制单控制、凭证控制、权限控制等。

（2）基础数据设置包括设置和定义常用凭证、常用摘要，设置明细账权限等。

（3）期初余额录入包括总账期初余额录入和辅助账期初余额录入。

用户在初次使用总账系统时，必须将经过整理的手工账目的各科目期初余额以及发生额等相关数据录入总账系统中。年初开始建账，用户需要录入期初余额即年初余额；年中开始建账，用户应该将建账月份的月初余额和年初至建账月份的各账户借贷方累计发生额录入系统，系统将自动计算年初余额。如果科目有辅助核算，还应整理辅助项目期初余额，然后在期初余额中录入。最后要确保期初余额试算平衡，期初对账无误，如图9-2、图9-3所示。

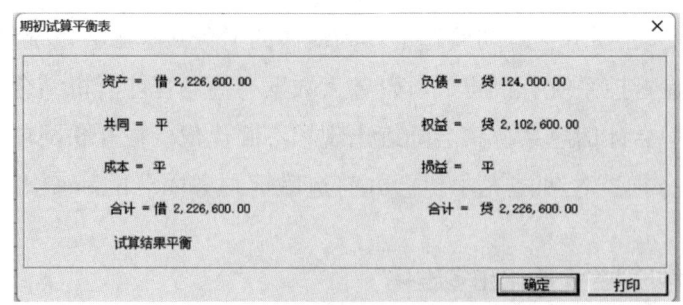

图 9-2　期初余额试算平衡

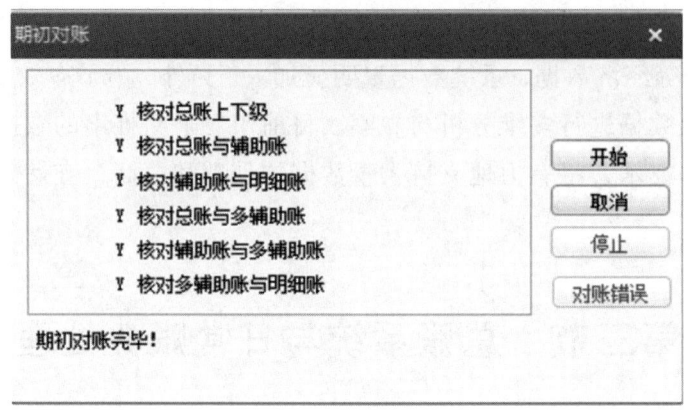

图 9-3　期初对账

（二）日常账务处理的内容

日常账务处理是各岗位会计人员每天面临的工作，包括以下方面。

1. 凭证管理

凭证管理的内容包括填制凭证、审核凭证、凭证汇总、凭证记账等功能。

2. 出纳管理

出纳管理的内容包括银行存款日记账、库存现金日记账、资金日报表的输出、支票登记簿的管理、银行对账等功能。

3. 账簿管理

账簿管理的内容包括总账、明细账、余额表、序时账、多栏账、各种辅助核算账簿等各种账簿的查询和输出。

（三）期末处理的内容

期末处理是指每个会计期间的期末所要完成的特定业务。期末处理一般包括期末转账业务、试算平衡、对账、结账等，很多企业把银行对账放在期末进行。

很多期末转账业务每月必须做，但是方法很少改变，因此，可以将这些相对固定的业务先定义好框架，并定义好取数的公式，以后每个月用这个框架和公式就可以生成凭证。转账凭证中定义的公式基本取自账簿，因此每月在进行月末转账之前，必须将所有的未记账凭证全部记账，否则生成的转账凭证中的数据可能不准确。尤其是一些相关的转账分录，必须按顺序依次进行转账生成、审核、记账。总账系统操作流程如图 9-4 所示。

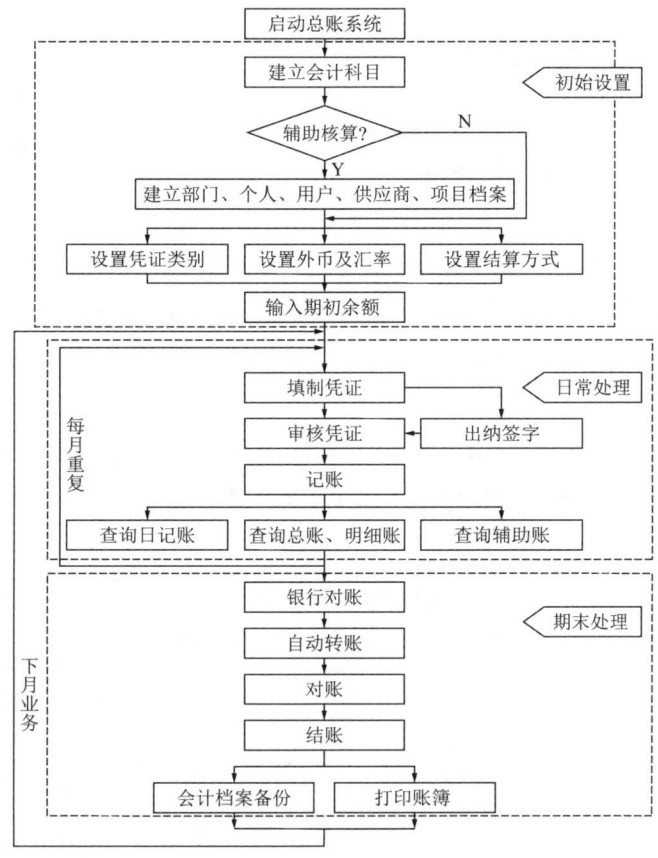

图 9-4　总账系统操作流程

二、总账系统与其他子系统之间的关系

总账系统是会计信息系统的基础和核心，是整个会计信息系统最基本和最重要的内容，其他财务和业务子系统有关资金的数据生成凭证后，最终要归集到总账系统中进行审核记账，最后生成完整的会计账簿。也就是说，总账系统不仅可以直接输入记账凭证，而且可以接收各个子系统传递过来的凭证，进行总分类核算。它汇集了所有的财务数据，还为财务报表和财务分析系统等提供有效数据，为企业投资者、企业管理人员、政府部门等服务。

以用友会计信息系统为例，总账系统与其他子系统之间的关系如图 9-5 所示。

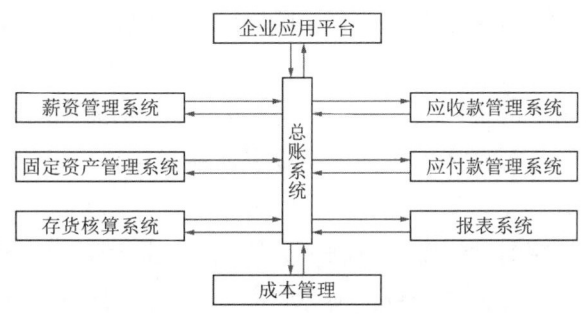

图 9-5　总账系统与其他子系统之间的关系

三、总账系统的日常账务处理

总账系统的初始设置完成后，就可以开始进行日常账务处理。总账系统的日常业务处理包括凭证管理、出纳管理、账簿管理等。

（一）凭证管理

记账凭证是登记账簿的依据，是总账系统的唯一数据源，因此准确填制凭证、严格审核凭证并据以记账是凭证管理的主要内容。凭证管理的内容包括填制凭证、审核凭证、科目汇总、记账等功能。

1. 填制凭证

总账系统的日常业务处理是从填制凭证开始的，正确地填制凭证，是登记账簿、编制报表的保证，具体操作包括增加记账凭证、修改记账凭证、删除记账凭证等。填制记账凭证如图 9-6 所示。

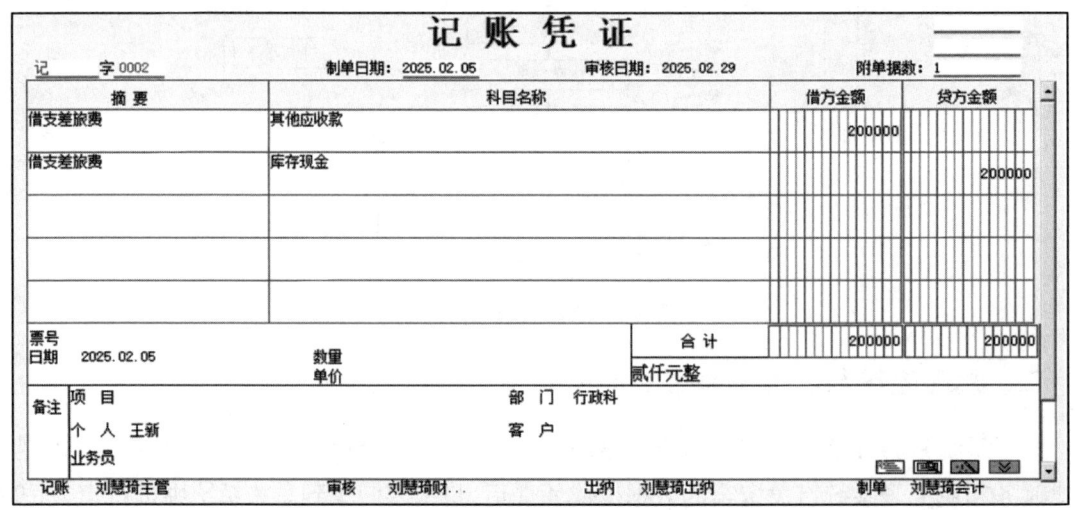

图 9-6　填制记账凭证

2. 出纳签字

在凭证的填制过程中，如果涉及企业现金的收入与支出，出纳人员要通过"出纳签字"功能对制单员填制的带有现金科目、银行科目的凭证进行检查核对，主要核对凭证的出纳科目的金额是否正确。审查认为有错误或者有异议的凭证，应交与制单员修改后再核对。

3. 主管签字

为了加强会计人员制单的管理，系统提供"主管签字"功能供用户选择。选择该功能后，会计人员填制的凭证必经主管签字才能记账，签字人不能与制单人相同。

4. 审核凭证

审核凭证是审核员按照财会制度，对制单员的记账凭证进行检查核对，主要审核记账凭证是否与原始凭证相符、会计分录是否正确等。审查认为错误或有异议的凭证，交与制单员修改后再审核，只有具有审核权的人才能进行审核操作。

5. 查询凭证

在制单过程中，会计人员可以通过查询功能，对凭证进行查看，以便随时了解经济业务发生的情况，保证填制凭证的正确性。

6. 科目汇总

记账凭证全部输入完毕并进行审核签字后，可以进行汇总并同时生成一张科目汇总表。进行汇总的凭证可以是已记账的凭证，也可以是未记账凭证，因此，财务人员可以在凭证未记账前，随时查看企业当前的经营状况和其他财务信息。

7. 记账

记账凭证经审核签字后，即可用来登记总账和明细账、部门账、往来账以及备查账等。记账一般采用向导方式，使记账过程更加明确。

（二）出纳管理

出纳管理是总账系统为出纳人员提供的一套管理工具，包括出纳签字、库存现金日记账和银行存款日记账（系统中亦称银行日记账）的输出、支票登记簿的管理及银行对账功能，并可对银行长期未达账项提供审计报告。

1. 日记账及资金日报表

日记账是指库存现金和银行存款日记账。日记账由计算机登记。日记账的作用只是用于输出，只要在建立会计科目时在"日记账"复选框中打"√"，即表明该科目要登记日记账。银行日记账如图9-7所示。

								银行日记账			
科目	1002银行存款	▼									
年	月	日	凭证号数	摘要	结算号	对方科目	借方金额	贷方金额	方向	余额金额	
2022	07			期初余额					借	400,000.00	
2022	07	06	记-0002	转账税金附加		222101,222102		2,380.00	借	397,620.00	
2022	07	06		本日合计				2,380.00	借	397,620.00	
2022	07	09	记-0003	采购辅材		140301,140302,22...		53,313.40	借	344,306.60	
2022	07	09		本日合计				53,313.40	借	344,306.60	
2022	07			本月合计				55,693.40	借	344,306.60	
2022	07			本年累计				55,693.40	借	344,306.60	

图9-7 银行日记账

2. 银行对账

银行对账是指企业的银行会计科目和银行的对账单进行核对，包括已达账项和未达账项。

银行存款余额调节表由计算机自动编制完成。在对银行账进行两清勾对后，计算机自动整理汇总未达账和已达账，生成银行存款余额调节表，以检查对账是否正确。该余额表为截止到对账截止日期的余额调节表；若无对账截止日期，则为最新余额调节表。

3. 支票登记簿

总账系统为出纳人员提供了"支票登记簿"功能，用来详细登记支票等情况。

（三）账簿管理

1. 各种辅助核算账簿管理

辅助核算账簿管理包括个人往来、部门核算、项目核算账簿的总账、明细账查询输出，以及部门收支分析和项目统计表的查询输出。当供应商往来和客户往来采用总账系统核算时，其核算账簿的管理在总账系统中进行，否则，应在应收应付系统中进行。

1）部门辅助账管理

部门辅助账的管理主要涉及部门辅助总账、明细账的查询、正式账簿的打印，以及如何得到部门收支分析表。

2）客户和供应商往来辅助账管理

客户和供应商往来辅助账的管理主要涉及客户和供应商往来辅助账余额表、明细账的查询、正式账簿的打印，以及客户和供应商往来的两清。

3）个人往来辅助账管理

个人往来辅助账的管理主要涉及个人往来辅助账余额表、明细账的查询、正式账簿的打印，以及个人往来账的清理。

4）项目辅助账管理

项目辅助账的管理包括项目总账、项目明细账的查询，以及项目统计表的查询。

5）账簿打印

账簿打印的管理包括科目账簿打印和辅助账打印。

2. 账簿查询

1）总账查询

总账查询不但可以查询各总账科目的年初余额、各月份发生额合计和月末余额，还可以查询所有各级明细科目的年初余额、各月发生额和月末余额。

2）发生额及余额表的查询

发生额及余额表查询用于查询统计各级科目的本月发生额、累计发生额和余额等。

3）明细账查询

明细账查询用于平时查询各账户的明细发生情况，以及按任意条件组合查询明细账，在查询过程中，可以包含未记账凭证。库存商品明细账（属于数量金额式明细账）如图 9-8 所示。

图 9-8 库存商品明细账

4）序时账查询

序时账是以流水账的形式反映单位的经济业务，其格式如图 9-9 所示。

序时账

日期	凭证号数	科目编码	科目名称	摘要	币种	方向	数量	原币	金额
22-07-03	记-0001	6602	管理费用	报销差旅费		借			4,890.00
22-07-03	记-0001	1001	库存现金	报销差旅费		借			110.00
22-07-03	记-0001	1221	其他应收款	报销差旅费_郭广周2_2022.07.03		贷			5,000.00
22-07-09	记-0002	222101	应交城建费	缴纳城建税和教育费		借			1,666.00
22-07-09	记-0002	222102	应交教育费附价	缴纳城建税和教育费		借			714.00
22-07-09	记-0002	1002	银行存款	缴纳城建税和教育费		贷			2,380.00
22-07-09	记-0003	140301	铝材	采购铝材		借	1.00000		27,180.00
22-07-09	记-0003	140302	钢管	采购铝材		借	5.00000		20,000.00
22-07-09	记-0003	22210301	进项税额	采购铝材		借			6,133.40
22-07-09	记-0003	1002	银行存款	采购铝材		贷			53,313.40
22-07-15	记-0004	5101	制造费用	领用原料生产		借			3,950.00
22-07-15	记-0004	500101	东芝电机	领用原料生产		借			34,930.00
22-07-15	记-0004	500102	三菱电机	领用原料生产		借			77,760.00
22-07-15	记-0004	140301	铝材	领用原料生产		贷			81,090.00
22-07-15	记-0004	140302	钢管	领用原料生产		贷			31,600.00
22-07-15	记-0004	140303	油漆	领用原料生产		贷			3,950.00
22-07-18	记-0005	1122	应收账款	销售三菱电机_推章创锦_2022.07.16_~		借			271,200.00
22-07-18	记-0005	600102	三菱电机	销售三菱电机		贷	20.00000		240,000.00
22-07-18	记-0005	22210302	销项税额	销售三菱电机		贷			31,200.00
22-07-25	记-0006	640102	三菱电机	结转已售三菱电机成本		借	20.00000		140,000.00
22-07-25	记-0006	140502	三菱电机	结转已售三菱电机成本		贷	20.00000		140,000.00
22-07-25	记-0007	500101	东芝电机	计提工资费用		借			18,200.00
22-07-25	记-0007	600102	三菱电机	计提工资费用		借			19,500.00
22-07-25	记-0007	5101	制造费用	计提工资费用		借			7,296.00
22-07-25	记-0007	6602	管理费用	计提工资费用		借			14,800.00
22-07-25	记-0007	6601	销售费用	计提工资费用		借			10,250.00
22-07-25	记-0007	2211	应付职工薪酬	计提工资费用		贷			70,046.00
22-07-31	记-0008	5101	制造费用	计提累计折旧		借			5,700.00
22-07-31	记-0008	6602	管理费用	计提累计折旧		借			5,200.00
22-07-31	记-0008	1602	累计折旧	计提累计折旧		贷			10,900.00
22-07-31	记-0009	500101	东芝电机	按工时比率分配制造费用		借			6,946.00
22-07-31	记-0009	500102	三菱电机	按工时比率分配制造费用		借			10,000.00
22-07-31	记-0009	5101	制造费用	按工时比率分配制造费用		贷			16,946.00
22-07-31	记-0010	140501	东芝电机	结转完工产品		借	61.00000		62,624.00
22-07-31	记-0010	140502	三菱电机	结转完工产品		借	16.00000		109,990.00
22-07-31	记-0010	500101	东芝电机	结转完工产品		贷			62,624.00
22-07-31	记-0010	500102	三菱电机	结转完工产品		贷			109,990.00

图 9-9　序时账

5）多栏账查询

总账系统中，普通多栏账由系统将要分析科目的下级科目自动生成多栏账。一般负债、收入类科目分析其下级科目的贷方发生额，资产、费用类科目分析其下级科目的借方发生额，并允许随时调整。

第四节　财务报表管理系统

在会计核算中，无论是手工会计还是使用财务软件，其会计流程大体相同，都是从会计凭证→会计账簿→财务报表。使用财务软件进行会计核算时，企业通过总账系统和其他子系统的记账、核算工作，把各项经济业务分类的登记在会计账簿中，但就某一会计期间的经济活动而言，其所能提供的仍然是分散的、部分的会计信息，不能集中地揭示和反映会计期间经营活动和财务收支全貌。财务报表管理系统所提供的财务报表是会计信息系统的最终输出结果。财务报表管理系统不仅可以设计报表的格式和编制公式，还可以从总账系统或其他子系统中取得有关会计信息，自动编制财务报表，并对报表进行审核、生成各种分析图表，同时按预定程序输出各种财务报表。财务报表管理系统可以大大减少手工会计下编制报表的工作量。

一、财务报表管理系统的主要功能

财务报表管理系统有文件管理、格式管理、数据处理、图表和打印、二次开发的功能，并提供各行业报表模板。

（一）文件管理

财务报表管理系统可以对报表文件的创建、读取、保存的备份进行管理；财务报表管理系统数据文件还能够转换为不同的文件格式，如文本文件、*.MDB 文件、*.DBF 文件、Excel文件、Lotus 文件等；支持多个窗口同时显示和处理，可同时打开 40 多个文件和图形窗口；提供标准财务数据的"导入"和"导出"，可以实现和其他流行财务软件之间的数据交换。

（二）格式管理

财务报表格式管理功能可以设置报表尺寸、组合单元、画表格线、调整行高列宽，以及设置字体和颜色、显示比例等。同时，财务报表管理系统还内置各行业的标准财务报表模板，包括最新的现金流量表。对于用户单位内部常用的管理报表，财务报表管理系统提供了自定义模板功能。

（三）数据处理

财务报表管理系统数据处理功能能够以固定的格式管理大量数据不同的表页，能够将多达 99 999 张具有相同格式的报表资料统一在一个报表文件中管理，并在每张表页中建立有机联系。此外，财务报表管理系统数据处理功能还提供了排序、查询、审核、舍位平衡、汇总功能；提供了绝对单元公式和相对单元公式，可以方便、迅速地定义计算公式、审核公式、舍位平衡公式，可以从总账系统和其他子系统中提取数据，生成财务报表。

（四）图表和打印

财务报表管理系统可以对数据进行图形组织和分析，能够制作包括直方图、立体图、圆饼图、折线图等分析图表，并能编辑图表的位置，大小、标题、字体、颜色、打印输出图表。

（五）二次开发

财务报表管理系统的二次开发功能为使用者提供了批命令和自定义功能。自动定义命令窗口中输入的多个命令，可将有规律性的操作过程编成批命令文件；自定义菜单可综合利用批命令，在短时间开发出适合本企业的专用系统。

二、财务报表管理系统的界面

确定某一数据位置的要素称为"维"。在一张有方格的纸上填写一个数，这个数的位置可通过行和列来描述，那么这个表就是二维表。表页是由若干行和若干列组成的一个二维表，每一张表页是由许多单元组成的。一个报表中的所有表页具有相同的格式，但其中的数据不同。表页的序号在表页的下方以标签的形式出现，称为页标。页标用"第 1 页"或"第 99 999 页"表示，当前表的第 2 页，可以表示为@2。

在实际工作中，经常需要将相同格式的多张报表作为一个整体来处理，如企业一年12 个月的资产负债表，这种叠放在一起的具有同一格式的报表就称为三维表。此时，要找到某一个数据的要素需增加一个表页号。如果将多个不同的三维表放在一起，要从这多个三维表中找到一个数据，则需要再增加一个要素，即表名，所以三维表的表间操作称为四维运算。

财务报表管理系统将报表制作分为两大部分来处理，即报表格式及公式设计工作与报表数据处理工作。这两部分的工作是在不同状态即格式状态或数据状态下进行的。

（一）格式状态

在报表格式设计状态下进行有关格式设计的操作，如表尺寸、行高列宽、单元属性、单元风格、组合单元、关键字，以及定义报表的单元公式（计算公式）、审核公式及舍位平衡公式。

在格式状态下所设计的报表格式和公式对本报表所有的表格都发生作用，但不能进行数据的录入、计算等操作。由于格式状态下只能设计报表格式和公式，因而在格式状态下只能看到报表的格式，看不到报表的数据。

（二）数据状态

在报表的数据状态下管理报表的数据，如输入数据、增加或删除表页、审核、舍位平衡、制作图形、汇总、合并报表等，但不能修改报表的格式，在数据状态下看到的是报表的全部内容，包括格式和数据。报表工作区的左下角有一个"格式/数据"按钮。单击这个按钮可以在格式状态和数据状态之间进行切换。

三、财务报表管理系统的操作流程

在自定义报表方式下，需要设置报表格式，如报表尺寸、单元格式、关键字，然后设置报表单元公式、审核公式。设置好这些后，就完成了自定义报表的初始设置。

使用报表模板的初始设置比较简单，只需调用系统中预置的报表模板，然后对模板进行格式及单元公式的调整，即完成了报表模板的初始设置。财务报表管理系统直接从总账及其他子系统中提取数据，生成财务报表。财务报表管理系统可以对财务报表进行审核、进行图表处理、最后输出报表。财务报表管理系统的操作流程如图 9-10 所示。

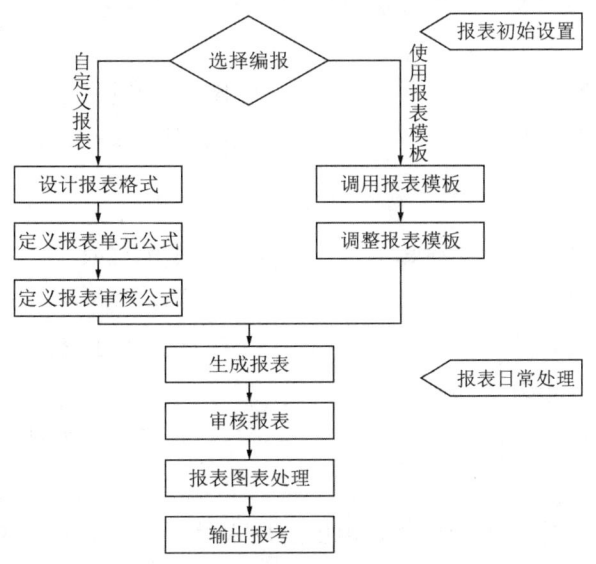

图 9-10 财务报表管理系统的操作流程

本章小结

根据总账系统的主要功能的特点，其操作过程分三个处理阶段。第一阶段是初始设置，包括系统参数的设置、会计科目的设置、凭证类别的设置、外币及汇率的设置、项目目录的设置、结算方式的设置和期初余额的录入。第二阶段是日常业务的处理，包括凭证管理、出纳管理和账簿管理。每一项经济业务的会计处理如凭证的填制、凭证的审核、账簿的登记等都在这个阶段完成。第三阶段是期末处理阶段，转账、对账、结账功能的实现都在这个阶段完成。

课后习题

一、单选题

1.（　　）是会计信息系统最重要的构成部分。

    A. 计算机硬件   B. 财务软件

    C. 人员   D. 法规和制度

2. 当前我国会计信息化的发展进入了（　　）阶段。

    A. 会计电算化   B. 会计信息化

    C. 会计智能化   D. 会计无纸化

3.（　　）是财务业务一体化信息处理系统的核心，既可以独立运行，也可以与其他系统协同运行。

    A. 总账系统   B. 薪资管理系统

    C. 固定资产管理系统   D. 财务报表系统

二、多选题

1. 一个完整的会计信息系统由（　　）子功能系统组成。

    A. 总账系统   B. 购销存系统

    C. 应收应付款系统   D. 薪资管理系统

2. 总账系统的主要功能包括（　　）。

    A. 总账系统初始设置   B. 日常账务处理

    C. 期末处理   D. 报税处理

3. 总账系统的日常账务处理是各岗位会计人员每天面临的工作，具体包括（　　）。

    A. 凭证管理   B. 出纳管理   C. 账簿管理   D. 报表管理